KB155975

동화와 심리치료

Märchen als Therapie

저자 소개_ 베레나 카스트 Verena Kast

「국제분석심리학회」 회장직을 역임하고 있는 한편, 스위스 취리히 대학 심리학 교수이자 이 대학의 융 연구소에서 강의와 심리치료를 맡고 있다. 또한 그는 상트 갈렌에 심리치료센터를 개원하여 심리치료사로 활동하고 있으며, 저술에도 활발한 활동을 보여주는 매우 의욕적인 여성 심리학자이다. 독일에서 그의 책은 베스트셀러로서 꾸준히 대중적 인기를 누리고 있다. 그는 융 심리학의 계보를 잇는 심층심리학자이다. 그의 동화치료에는 문학작품이나 성서, 동화, 신화, 인류학, 심리학, 철학 등 인류의 정신 문화 자료들이 총망라되며, 스스로 동화치료사를 자처하고 있다. 그의 동화치료는 융의 심층심리학적 확충 방법에 따른 것인데, 심리적 사례를 이에 적합한 동화와 연계시키는 것이 특징적이다. 카스트는 동화에서 제시되는 주제나 모티브, 동화상 등을 중심으로 그 상징적 의미를 해석하고, 인류 정신의 보편적 요소들을 확인하면서 이를 심리치료에 적용하고 있다.

역자 소개_ 최연숙

현재 영남대 독어독문학과 교수로 재임 중이며, 저서로는 『민담 · 상징 · 무의식』, 논문으로는 「그림민담 속 자연모상과 융의 에로스 원리」, 「동화와 동화상의 상징」 등 다수가 있다.

동화와 심리치료

Märchen als Therapie

베레나 카스트 지음

최 연 숙 옮김

들어가기 전에

이 책은 1985년 독일 린다우에서 열린 심리치료 기간 중에 강연한 내용을 담고 있다. 강연 제목은 「치료과정에서 나타난 동화의 의미Die Bedeutung der Märchen im therapeutischen Prozeß」였다. 이와 연장선 상에서 나는 1985년 츄리히대학 여름학기 동안 같은 강좌명으로 약간 보완해서 강의한 바 있었다.

무엇보다도 나는 이 기회에 내게 보여준 뜨거운 관심과, 일부 수긍하지 않을 수 없었던 따가운 질타에 감사드리고 싶다. 또한 동화치료 과정에 참여했던 사람들의 이야기와 그들이 보여주었던 창조적인 작업에 감사드리고, 또 출판을 허락해 준 분들께 이 자리를 빌려 마음의 감사를 드리고 싶다.

St. Gallen에서, 1985년 8월 Verena Kast

들어가는 말

부모나 형제자매, 친구들, 남편과 아내, 자녀는 우리 삶 속에서 아주 소중한 존재들일 뿐만 아니라, 우리 이야기 속에 등장하는 인물이기도 하다. 우리들 대부분은 이야기를 읽고 듣는 가운데 특히 좋아하게 되는 이야기를 접하게 된다. 또는 어느 이야기에 매혹당할 때가 있다.

우리가 언젠가 이야기에 사로잡힌 적이 있거나 아직도 우리에게 매혹적으로 남아 있는 이야기가 있다는 것은 그 이야기들이 우리에게 무언가 말을 건네고 있다는 뜻이다. 그 이야기 속에는 우리의 동경, 소망, 인간의 행동방식이 다루어지고 있다. 그러한 이야기 속에서 우리는 스스로 동일시하게 되는 태도나 선호하는 인간 유형을 찾을 수 있다. 그것은 이야기들이 바로 우리 자신의 문제에 대해 이야기하고 있다는 것을 말하고 있는 것이다. 문제는 타인에게서 뚜렷이 나타나며, 그들 가운데 해결된다. 이야기들은 우리 삶을 동반하고 있으며, 우리의 실제 삶보다도 더 구체적이고 현실적인 내용을 담고 있다.

동화는 우리가 어린 시절부터 알고 있는 아주 독특한 이야기들이다. 동화 속에서는 경이로운 일들이 벌어지며, 실제로 가능할 수 없다고 보이는 지점에서 어떤 전환이 이루어지기도 한다. 이것이 우리가 말하는 '동화', 혹은 '동화적인 것'이다. 우리가 동화를 읽으면서 현실적인 억압에서 벗어나는 것 역시 동화를 읽으면서 느낄 수 있는 내밀한 기쁨 중 하나다. 동화적 해결은 예기치 못했던 해결이며, 창조적 해결이다. 또한 우리는 동화의 주인공들과 스스로를 동일시하면서 문제를 해결하기도 한다. 이때 동화는 우리에게 창조적 변화가 가능할 것이라는 희망을 제공한다. 동화는 우리가 과거에 집착하지 않도록 함으로써, 미래에 대해 용기를 품게 한다.

동화는 오랜 세월을 거쳐 이루어진 서사적 전통 속에서 발생한 특별한 이야기들이다. 사람들의 극히 사적인 이야기들은 전승과정에서 누락되기 때문에 이야기는 결국 아주 단순한 구조로 남게 된다. 이야기에는 수많은 사람들이 관심을 갖는 주제들이 담겨 있다. 물론 그림형제와 같은 동화채록자들이 그림Grimm 동화 속에 그들의 세계관을 삽입시켰음은 부인하기 어렵다.●

동화는 그 구조에 따라●● 언제나 문제적 상황에서 출발하

●Vgl. Rölleke H.: Zur Biographie der Grimmschen Märchen. In: Grimms Kinder- und Hausmärchen, Diederichs, Köln 1982.

●●Propp V.: Morphologie des Märchens, Suhrkamp Taschenbuch Wissenschaft 131. Frankfurt a.M. 1975.

며, 문제적 상황이 전개되다가 문제적 상황이 극복되어서야 끝난다. 동화의 남녀 주인공들은 그 상황에 부합하는 인간의 태도를 상징적으로 드러낸다. 동화의 주인공이 마주치게 되는 난관들은 동화가 말하는 보편적인 인간들의 문제들, 바로 우리 인간의 문제다.

동화는 우리에게 총체적 구조로 짜여진 상징으로, 상像으로써 말한다. 동화가 무의식적 과정인 꿈과 유사성을 띤다면, 신화와도 연관된다.● 신화는 인간의 문제를 상징적인 언어로 말하면서 우주적인 연관성 아래에서 인간에 대해 이해할 수 있도록 해 준다. 모든 신화적 이야기들은 이야기 속에 숨어 있는 어떤 사실을 지시한다. 모든 신화는 인간집단이 스스로 이해한 것을 표현하고 있다. 말하자면 신화는 내재성과 초월성이 결합한 의미를 띠는 것이다. 개별성은 보다 큰 전체와 결합된다. 이러한 결합은 신화 속에서 상징으로 표현된다. 상징의 의미는 우리에게 어떤 것을 회상시키면서도, 언제나 현재적인 상황 너머에 존재하는 어떤 것을 지시한다.

신화보다도 인간과 훨씬 유사한 발전과정을 보이는 동화에서 상징은 매개적 공간에 머문다. 다시 말해 상징은 우리에게 개인적인 실존을 말해주면서, 동시에 개인적 문제가 집단적 문

● Smith P.: Stellung des Mythos. In: Lévi-Strauss C., Vernant J.-P. u.a.: Mythos ohne Illusion, Suhrkamp, 1984, S.51f.

제라는 사실을 알려준다. 또한 상징은 아직 잘 알려지지 않은 배경, 내재적 근원을 제시한다. 이러한 중간 지점은 판타지와 창조적 세계, 즉 예술의 지점이자 삶과 동화의 상징적 공간인 것이다.

상징 속에는 경험들, 다시 말해 심리적 내용들, 무엇보다도 감정들이 농축되어 있다. 그것들은 달리 표현될 수 없는 것이다. 브로흐는 상징을 "농축카테고리verdichtungs-kategorien"로 명명했다. 그리고 우리가 상징을 아무리 해석하려고 시도하더라도 해석은 상징의 일부분만을 조명할 수 있을 뿐이다. 상징은 의미의 과잉을 낳는다. 상징이 약간 입을 열면, 어떤 관점들이 열린다. 우리는 그러한 관점들을 점차적으로 이해하게 된다. 우리가 상징 해석과 동일한 방법으로 동화를 해석하면, 다양한 해석 또한 가능하게 된다.

심층심리학적 동화해석에서는 동화가 인류의 전형적인 발전과정과 연관된다고 보고 있는데, 그것은 우리가 꿈 해석에서 다루는 해석의 기법들로 풀이된다. 이때 해석은 주관적 단계에서 이루어지게 된다. 이러한 해석에서 이야기 속 인물들은 주인공의 인격적 특징들을 나타내고 있다. 예를 들어 어느 남성 주인공이 마녀를 만났다면, 그는 바로 자신의 마녀적 측면과 만나는 것이다. 우리가 주인공을 어떤 인물로 보느냐에 따라 상이한 해석이 가능하다.•

상징은 다의적이다. 동화 또한 다의적이다. 우리를 긴장시키는 것은 바로 그러한 다의성 때문이다. 해석의 정확성은 명백한 체험에 기인한다. 그러나 해석이란 결코 단일한 진리를 요구하는 법이 없다. 해석은 폐쇄성을 띠고 동화의 가장 중요한 모티브들과 연관될 때 그 타당성을 띤다. 우리가 동화에 어떤 해석을 하게 되면, 그것은 우리들의 삶, 실존적 문제들, 심리적 과정에 대해 유희적으로 숙고하는 것이 된다.

동화치료의 여러 방법에서 중요한 것은 바로 개별동화에서 다루고 있는 것을 이해해야 한다는 점이다. 즉 우리는 동화를 항상 명료하게 해석해야 하는 것이다. 물론 동화를 통한 치료적 수행이 중요한 이유는 동화가 상상적 단계에서 우리 인간에게 말을 건네고 있으며, 우리 자신의 상들을 이야기하기 때문이다. 종종 고정된 상상이나 선입견을 띠는 상들도 우리의 판타지, 감정적 과정에 영향을 강하게 미치는 수가 있다. 아주 일반적인 방식의 치료는 동화를 듣는 과정에서 동화상들이 우리에게 미치는 영향 여부와 결부되어 있다. 이때 몇몇 모티브들이 우리에

● 이에 관한 융 학파의 참고 도서는 다음과 같다.

Von Franz M.-L.: Der Schatten und das Böse im Märchen. Kösel, München 1985.

dies.: Das Weibliche im Märchen. Bonz, Stuttgart 1977.

Jacoby M./ Kast V./ Riedel I.: Das Böse im Märchen. Bonz 1978.

Riedel I.: Hans mein Igel. Wie ein abgelehntes Kind sein Glück findet. Kreuz, Stuttgart 1984.

dies.: Tabu im Märchen. Die Rache der eingesperrten Natur. Walter, Olten 1985.

게 더 절실하게 다가올 수도 있고, 다가오지 않을 수도 있다. 우리에게 의미를 띠는 동화 모티브들은 우리의 심리적 상태를 드러내는 상징이 된다. 그러한 상태를 우리는 파악할 수 없다. 실제로 우리가 말로 다 표현하지 못해 만족스럽지 못한 상태로 남아 있는 갈등들은 어떤 동화 속에서 상징의 옷을 입은 하나의 상像으로 나타날 수 있다.

> 어느 여성이 자기 자신의 심리상태를 표현해 보려고 했다. 갑자기 그녀는 이렇게 말했다. "나는 가시울타리에 갇힌 공주처럼 느껴져요. 잠은 오는데, 점점 더 무시무시한 가시들이 찔러대네요." 이와 같은 동화상에서 그 여성은 자신의 마비적 상태를 보다 뚜렷하게 경험할 수 있으며, 무시무시한 파괴적 힘을 체험하게 된다. 또한 그녀는 주변에 영향을 미치는 자신의 감정적 상태를 파악할 수도 있다.

이러한 동화상은 뚜렷하게 제시된다. 그것은 우리의 상이거나, 또는 우리의 상이 아닐 수도 있다. 상은 이러한 상에서 표현되는 우리의 문제를 다루기 위해 필요한 필수적인 거리를 마련해 준다. 또한 이러한 상들은 마법동화의 구조에 맞게 그 자체 속에서 창조적 결말로 이어지면서 활동한다. 동화상으로 작업할 경우, 우리는 그 상들을 어떤 발전과정 속에 삽입시킨다. 그 과정은 그 자체로 희망적이며 난관 극복을 지향한다. 브로흐는 모든 활동적인 상징은 그 상징이 우리에게 말할 때, "원형 캡슐의 희망archtypisch eingepackte Hoffnung"●을 내포하고 있다고 말한다. 이러한 희망을 체험하고 해방시키는 것이 분명 동화치료의 주요 관심사일 것이다.

동화치료는 여러 측면에서 다룰 수 있다. 우리의 유년기나 그 이후 삶의 이야기들 모두가 동화치료의 대상이 될 수 있다. 어떤 동화가 문제적 단초에 해당되는지, 유년시절의 문제를 회상하면서 동화가 우리에게 어떠한 문제 해결을 제시하고 있는지를 찾아낼 수 있다. 우리는 동화라는 거울에 비추어 삶의 이야기와 실제적 상황을 바라볼 수 있다. 무엇보다도 우리는 상징을 통해 상징화 능력을 키워 나가면서, 동화상을 통해 우리의 상을 전개시킬 수 있다. 막힌 물줄기가 동화상과 마주치면서 다시 뚫려 활기차게 흘러가게 된다. 다시 말해 희망을 갖게 되는 것이다. 상징 작업을 하게 되면서 체험하게 되는 것은 우리의 문제들이 보편적인 인간적 · 실존적 문제이기 때문에 해결 가능하다는 사실이다.

나는 이 책에서 동화치료의 다양한 방법들을 자세하게 다룰 것이다.

●Bloch E.: Das Prinzip Hoffnung. Frankfurt 1959, S.187.

차례

_빨간모자

빨간모자

어린 시절 총애동화와 공포동화_

한스 디이크만Hans Dieckmann은 어린 시절에 특별히 좋아했던 동화에 천착하면서, 그러한 총애동화가 내담자의 주요 콤플렉스와, 이와 결부된 태도를 드러낸다고 주장한 바 있다. 그는 동화 주인공이 제시하는 과제를 풀지 못한 사람들을 노이로제적 인간으로 본다. 말하자면 그들은 자신들이 읽은 동화가 제시하는 과제를 완성하지 못했거나, 동화 주인공의 삶을 잘 파악하지 못했거나, 동화를 대부분 잘못 이해했거나 몰이해한 사람들이다.●

●Dieckmann H.: Der Ödipuskomplex in der Analytischen Psychologie C.G.Jungs. In: Zeitschrift für Analytische Psychologie 15.2, 1984, S.88f.

디이크만의 주장이 옳다면, 총애동화나 공포동화는 다소 우리 삶을 지배하는, 핵심적인 콤플렉스 구조에 대해 말하는 것이라고 할 수 있다. 물론 총애동화가 한 편인 사람과 여러 편인 사람의 차이도 있을 수 있을 것이다. 여러 사람의 삶의 단계에는 여러 총애동화가 있을 수 있다. 그리고 언제나 이와 유사 또는 똑같은 문제를 다루는 동화가 있는지 그 여부를 점검해야 한다. 물론 인간은 자신의 콤플렉스로 인해 어느 하나의 행동으로 고정되지 않고, 몇몇 행동방식을 드러낼 수 있다. 그런데 중요한 점은 콤플렉스의 짜임 구조를 의미하는 구속적인 틀 속에서 해방의 가능성이 훨씬 더 커질 수 있다는 사실이다. ●

우리가 총애동화를 치료적 관점에서 다루고자 할 때, 디이크만은 내담자들이 어느 동화 주인공의 태도에 이입해야 치료가 가능해진다고 주장한다. 내담자는 동화 속 남녀 주인공처럼 자신에게 주어진 과제를 풀게 되며, 그런 연후 남녀 주인공과의 동일시에서 벗어날 수 있게 된다. 동화의 주인공들은 좌절을 겪을 때가 많다. 이때 중요한 것은 내담자가 동화 주인공의 역할에 이입해야 동화 속에서 전개되는 불가항력적인 파멸을 면할 수 있게 된다는 점이다.

총애동화를 치료적 관점에서 다룰 때 우리는 문제의 콤플

● Kast V.: Das Assoziationsexperiment in der therapeutischen Praxis. Bonz, Fellbach 1980.

렉스가 어떻게 짜여졌는지 그 구조를 밝혀낼 수 있다. 경험에 비춰볼 때 나는 디이크만의 주장을 조금 수정하고 싶다. 누구든 간에 동화를 회상하면서 자신의 콤플렉스 구조를 찾아내기란 쉽지 않다. 그런데 나는 이렇게 회상된 동화에는 본질적인 근본 문제가 표현되어 있다고 생각한다. 실제 작업에서 볼 때, 잘 알려진 콤플렉스 구조를 바탕으로 동화를 회상하게 하는 것이 오히려 내담자를 치료하는 데 도움이 된다. 그러기 위해선 콤플렉스 구조를 밝힐 수 있는 동화를 가지고 작업해야 하며, 이때 치료에 알맞는 시점을 찾아낼 수 있다.

어린 시절 총애동화를 다룰 때 어려운 점은 종종 회상이 제대로 되지 않는다는 것이다. 이러한 시점에서 스스로 물어 보아야 할 것은 어린 시절 총애동화를 제대로 회상해낼 수 있는지 고려해야 한다는 점이다. 때로 어린 시절에 즐겨 선호했던 가면놀이나, 자꾸만 반복해서 그리게 되는 그림이나 특별히 어떤 동화를 자꾸만 읽은 나머지 책이 닳게 되는 경우가 있다. 종종 치료 과정에서 꿈 속 착상들이 회상의 대상들이 되기도 한다. 그것은 치료사의 치료 여부에 달려 있다. 치료사가 동화 모티브를 확인하게 되면 동화치료는 활기를 띠게 된다.

치료 사례_

38살 여성이 150분 동안 상담치료 과정을 받았다. 어떤 동화에 자극을 받은 후 짧은 꿈을 꾸었다. "늑대 꿈을 꾸었어요. 그 늑대들에게 누군가 먹을 것을 좀 주어야 할 것 같았어요. 그리고선 잠에서 깼어요. 나는 눈을 떴어요. 그런데 아직 꿈 속처럼 내가 혼자 어딜 가는 중이구나 하는 생각이 들었어요."

나는 연상작업에 들어가지 않고 즉흥적으로 그 꿈에 대고 말했다. "「빨간모자」에 한번 집중해 봐요." 내담자는 약간 놀란 듯이 나를 쳐다보더니, 자신에게 「빨간모자」는 어린 시절 매우 좋아했던 동화이며, 가장 환상적인 대목은 '길에서 벗어나는' 것이라고 했다. 그녀는 얼굴빛이 환해졌고, 여전히 이 동화가 맘에 든다고 했다. 또한 그녀는 사육제 때에 빨간모자처럼 분장하곤 했다고 회상했다. 그리고 자신의 어머니가 입을 벌리고 자면서 코를 골아댈 때면 엄마가 늑대일지도 모른다는 생각을 품을 때도 있었다고 말했다.

나는 그녀에게 개입하여 그녀의 총애동화를 드러내도록 했다. 그리고 그 여성에게 이 동화를 가지고 조금만 더 '놀이' 하도록 주문했다. 물론 늑대에 대한 꿈이 「빨간모자」 동화와 무관할 때도 있다. 또 늑대가 다른 동화 속에서 나오는 경우도 있다. 그런데 왜 「빨간모자」 동화가 떠올랐던 것일까? 나는 여기서 통합적 역전이syntone Gegenübertragungsreaktion(내담자에 대한 치료사의 반응)를 생각하게 되었다. 나는 즉흥적으로 상징적 자료를 치료 과정에 도입하면서, 내담자의 무의식적 상황이 표현되도록 했다. 치료사는 이러한 통합적 역전이 역할을 통해 내담자의 감정을 인지하고 표현하게 된다. 그것은 치료사의 무의식적 정황이나 감정과 일치한다. 감정을 통해 상호 체험이 가능하게 되고, 보다 직접적인 상관성을 띠면서 대화를 할 수 있게 된다. 이러한 역전이를 통해 내담자의 기본적인 콤플렉스 정황을 알게 된다. 지금 다루고 있는 문제와 같은 경우, 그녀의 꿈 속에 나타나는 늑대와 늑대를 만난 고독한 존재의 연계성, 즉 「빨간모자」 속에 반복되어 나타나는 문제적 관점을 치료사가 다룰 수 있게 된다. 그리고 이러한 개입과정에는 설명하기 힘든 동인들이 언제나 첨가된다.

내담 여성은 여러 세대가 엇물린 집안 출신이었다. 그녀는 아버지의 둘째 부인의 딸이었는데, 위로 오빠들을 두고 있었으며, 오빠들의 나이는 아버지뻘이었다. 그리고 그녀가 네 살 때 아버지가 사망했다. 그때 그녀가 가장 의지하고 있던 사람은 어머니였다. 어머니와 딸의 관계가 무엇보다도 소중했으므로 서로 좋은 사이로 지내게 되었다. 어머니는 가정에서 이리저리 동분서주하면서도 가정의 구심점 역할을 맡을 만큼 매우 안정적이고 인내심 많고, 열심히 일하는 분이었다. 내담자의 이름은 안젤라(가명. 앞으로 제시되는 내담자의 이름은 모두 가명임)였는데, 매우 심각한 불안 증세를 보이고 있었다. 특히 그녀가 새로운 일자리를 구했을 때 그러한 경향이 짙었다. 안젤라는 보조수로 일하였는데, 고등학교의 교육과정을 마친 후 일자리를 얻게 되었다. 매우 우수한 대학생이었으나 종종 불안해했으며, 타인 앞에 설 때 특히 그러했다. 집단을 대상으로 할 경우 더욱 심했다. 그럴 경우 그녀는 온 몸을 떨었는데, 특히 목덜미와 목 부위가 그러했다.

불안에 대한 상담치료가 잘 이루어질 수 있었지만, 그녀의 공포가 여러 상황에서 나타난다는 사실에 대해서는 분석하기가 힘들었다. 그래서 나는 이것을 「빨간모자」에서 밀도 짙게 나타나는 늑대에 대한 공포, 즉 그녀의 꿈 속 늑대에 대한 공격성과 결부시켜 해결하려고 했다.

치료사는 통합적 역전이에서 상징적 자료를 어느 동화에서 확인 가능한지를 잘 알고 있어야 하며, 어떤 동화가 어느 의미의 범주에 속하는지, 또 그 동화가 어떤 문제점을 말하고 있는지를 잘 살필 수 있어야 한다.

동화 해석은 치료사에게 중요하다. 치료 과정에서 내담자의 삶이나 체험과 연관되는 개별 모티브들이 있다 하더라도 일단 거의 연관짓지 말고 다루는 것이 좋다. 치료 과정에서 중요한 것은 동화가 치료과정에 도입될 때 주목되는 치료사와 내담자 간의 특이한 관계이다. 동화는 치료사와 내담자 모두와 연관된다. 치료사는 문제를 다루는 전략을 짤 만큼 용기를 갖고 동화와 내담자를 서로 매개시켜 나가면서, 우선적으로 알맞은 동화를 바탕으로 간접적으로 다루어야 한다. 또한 치료사에 의해 한 발짝씩 단계적으로 진행되는 것이 중요하다. 적절치 못한 시점에 동화가 개입하게 되면, 그 동화는 대부분 내담자로부터 간과되거나 전혀 주목받지 못하게 된다.

동화●_

옛날에 아주 귀여운 꼬마 여자 아이가 있었다. 누구나 그 아이를 보게 되면 사랑하게 되었다. 그 중에서도 할머니는 아이를 어느 누구보다도 사랑했다. 할머니의 사랑은 아이에게 이 세상 모든 것을 다 주어도 부족하다고 여길 정도였다. 어느 날 할머니는 아이에게 빨간 벨벳으로 만든 작은 모자를 선물했다. 그 모자는 아이에게 무척 잘 어울렸고, 다른 모자는 아예 쓰고 다

●Rotkäppchen. Aus: Grimms Kinder- und Hausmärchen I, hrsg. von Heinz Rölleke. © 1982 Eugen Diederichs Verlag, Köln.

니려 들지 않았다. 그래서 사람들은 아이를 빨간모자라고 불렀다. 어느 날 엄마가 빨간모자에게 말했다. “이리 온, 빨간모자야. 케이크와 포도주 한 병을 할머니께 갖다드리렴. 할머니께서 아프셔서 이걸 드시고 기운을 차리셔야 되거든. 할머니 말씀 잘 듣고, 할머니께 안부 전하는 것 잊지 말아라. 엄마 말대로 길을 가야 하고, 길에서 벗어나 딴 길로 들어서서는 안 된다. 네가 넘어지게 되면, 병을 깨뜨리게 되고, 그럼 편찮으신 할머니께선 아무 것도 드시지 못하게 된단다.”

빨간모자가 말했다. “네, 엄마, 잘 하고 올게요.” 그렇게 엄마와 손을 잡으며 약속했다. 할머니는 마을에서 30분 떨어진 숲 가에 살고 계셨다. 빨간모자가 숲 속으로 막 들어섰을 때, 늑대를 만났다. 그러나 빨간모자는 늑대가 못된 짐승이라는 것을 전혀 몰랐다. 그래서 늑대를 전혀 두려워하지 않았다. “안녕? 빨간모자야.” 늑대가 말했다. “안녕하세요, 늑대 아저씨.” “너 이렇게 일찍 어디 가는 거니?” “할머니 댁에요.” “앞치마 속에 가지고 가는 것이 뭐니?” “케이크와 포도주예요. 할머니가 아프셔서 기운 내시라고 어제 엄마와 만들었어요.” “할머니는 어디에 사시니, 빨간모자야?” “숲 속으로 15분 정도 더 걸어가면 세 그루의 커다란 떡갈나무가 있어요. 그 곳에 사세요. 아저씨도 아실 거예요. 호두나무 울타리가 쳐진 집이에요." 빨간모자가 말했다. 늑대는 속으로 생각했다. '자, 머리 한번 잘 굴려볼까? 요 여리고 부드러운 계집애, 한 입에 먹기 딱 좋겠는걸.' 그러면서 늑대는 잠시 동안 빨간모자 옆을 걸어가면서 말했다. "빨간모자야, 숲 속에 있는 이 아름다운 꽃들 좀 봐. 넌 왜 주위를 둘러보지 않는 거니? 새들이 사랑스럽게 지저귀는 소리가 들리지 않니? 넌 마치 학교 가는 아이들처럼 걸어가는구나! 숲 속엔 아주 신기한 게 많단다!"

빨간모자가 눈을 치켜 올려다보았다. 햇살이 나무들 사이를 비추고, 아름다운 꽃들이 가득 피어 있는 것을 보았을 때, 빨간모자는 생각했다. '내가 할머니에게 꽃다발 한아름 갖다 드리면 할머니는 무척 좋아 하실 거야. 아직 시간이 넉넉히 남아 있잖아?' 그리고 나서 숲 속으로 뛰어 들어가 꽃을 찾아 다녔다. 어느 꽃이 아름다워서 따고 나면 더 아름다운 꽃들이 눈에 띄어 그 곳으로 뛰어 들어 가게 되었고, 그렇게 해서 점점 더 멀리 깊숙한 숲 속으로 들어가게 되었다. 그러나 늑대는 곧장 할머니 집으로 가 문을 두드렸다. "밖에 누구요?" "빨간모자예요. 제가 케이크와 포도주를 갖고 왔어요, 문 좀 열어 주세요." 할머니가 말했다. "손잡이를 밀면 열린단다. 난 힘이 없어서 도저히 일어 설 수가 없구나." 늑대는 손잡이를 밀고 한마디 말도 없이 집안으로 들어왔다. 할머니의 침대 쪽으로 곧바로 다가온 늑대는 할머니를 통째로 꿀꺽 삼켜 버렸다. 그리고 난 다음 늑대는 할머니의 옷을 입고, 할머니의 두건을 두르고 난 뒤, 침대에 누워 커튼을 쳤다.

빨간모자는 꽃을 찾아 이리저리 뛰어다녔다. 꽃이 더 이상 두 팔 가득 담아 갈 수 없을 만큼 되자, 할머니에게 가야겠다는 생각이 떠올라 길을 재촉했다. 빨간모자가 도착했을 때 할머니 집 문이 열려 있었다. 이상하다는 생각을 하면서 방에 들어섰는데, 방 안 분위기가 이상했다. 그래서 빨간모자는 생각했다. '아, 참 이상도 해라, 오늘따라 기분이 이상스레 불안하네. 다른 때와 아주 다르네.' 빨간모자는 침대 쪽으로 가 커튼을 젖혔다. 할머니가 침대에 누워 계셨는데, 두건을 얼굴 깊이 눌러 쓰고 계시는 것이 매우 이상스레 보였다. "할머니, 할머니 귀가 어쩜 이렇게 커요?" "네 목소리를 잘 들으려고 그러지!" "할머니, 할머니 눈이 왜 이리 커요?" "너를 좀 더 잘 보려고 그러지!" "그렇다면, 할머니, 할머니 입은 왜 이렇게 엄청나게 커요?" "그건 내가 너를 잘 잡아먹으려고 그러지!" 그렇게 말하면서 늑대는 침대에서 뛰어 나와 불쌍한 빨간모자를 잡아 꿀꺽 삼켜 버렸다.

늑대가 빨간모자를 몸통째로 잡아 먹고 나서 다시 침대에 누워 코를 드르렁드르렁 골면서 잠이 들었다. 때마침 사냥꾼이 집 앞을 지나가면서 속으로 생각했다. '할머니께서 어떻게 저렇게 코를 고신담, 무슨 일인지 한번 확인해 봐야겠어.' 이런 생각을 하면서 사냥꾼은 방안으로 들어왔다. 침대 앞에 다가갔을 때, 그가 오랫동안 찾아 헤매던 늑대가 침대에 누워 있는 것을 보았다. 바로 총을 쏘려고 하는데 문득 이런 생각이 떠올랐다. '만약 이 늑대가 할머니를 잡아먹었다면 아직 구할 수도 있을 거야.' 그래서 총을 쏘지 않고, 자고 있는 늑대의 배를 가르기 시작했다. 두어 번 가위질을 하자, 빨간색 모자가 보였고 조금 더 가위질을 하자 빨간모자가 밖으로 나오더니 말했다. "아, 늑대 몸 속이 왜 그렇게 어두운가요? 무서워서 혼났어요!" 그런 다음 할머니도 살아서 나오셨다. 그러자 빨간모자는 크고 무거운 돌들을 가지고 와서 늑대의 몸통에 가득 채웠다. 늑대가 잠에서 깨어나자, 도망치려고 하였다. 그러나 돌이 너무 무거웠기 때문에 늑대는 그 자리에 주저앉아, 쓰러져 죽었다.

늑대가 죽자, 모두들 기뻤다. 사냥꾼은 늑대의 모피를 벗겨 가지고 가고, 할머니는 빨간모자가 가지고 온 케이크를 먹고, 와인을 마셨다. 빨간모자는 속으로 생각했다. '엄마가 하지 말라고 한 것은 이제 다시는 하지 말아야지. 다시는 혼자 숲 속으로 들어가지 않을 거야.'

어느 날, 빨간모자는 할머니에게 또 다시 구운 케이크를 가지고 가게 되었는데, 또 다른 늑대 한 마리가 빨간모자에게 숲 속으로 들어가도록 꼬드겼다. 그러나 빨간모자는 전혀 대응하지 않고 할머니 집으로 곧장 걸어갔다. 빨간모자는 할머니에게 늑대를 만났으며, 늑대가 인사를 했지만 그 눈길이 사악해 보였다고 말했다. "만일 숲 속이었다면, 늑대가 절 잡아 먹어 버렸을 거예요." "이리 오너라." 할머니가 말했다. "늑대가 들어오지 못하도록 문을 잠궈야겠구나." 잠시 후 늑대가 곧바로 다가와 문을 두드리면서 말했다. "할머니, 문 좀 열어주세요, 저 빨간모자예요. 제가 구운 케이크를 가져 왔어요." 할머니와 빨간모자는 아무 말도 하지 않았고 문도 열지 않았다. 결국 늑대는 화가 나서 집 주위를 돌다가 지붕 위로 뛰어 올라갔다. 늑대는 이렇게 생각했다. '빨간모자가 밤이 되어 집으로 갈 때까지 기다렸다가 몰래 뒤따라가 어두운 곳에서 잡아 먹어야지.' 그러나 할머니는 늑대가 무슨 생각을 품고 있는지 알아 차렸다. 집 앞에는 커다란 돌구유가 있었다. 할머니는 빨간모자에게 말했다. "양동이를 가지고 오너라,

빨간모자야. 어제 내가 소시지 요리를 해먹고 난 나머지 국물을 그 구유에 부어 놓아라!" 빨간모자는 커다란 돌구유가 가득 찰 때까지 오랫동안 물을 길러 날랐다. 그러자 소시지 냄새가 펴져 늑대의 코로 올라갔다. 늑대는 킁킁 코를 벌름거리면서 아래를 쳐다 보았다. 마침내 늑대가 목을 길게 뻗어 더 이상 몸을 가누지 못하더니 미끄러지기 시작했다. 그래서 늑대는 지붕에서 아래로 미끄러졌고 곧바로 떨어져 돌구유에 빠져 죽었다. 빨간모자는 무사히 집으로 돌아갔고, 이제 빨간모자가 두려워할 늑대는 이 세상 어디에도 없었다.

언제나 흥미있게 드러나는 점은 어린 시절 읽었던 동화에 대해 우리가 회상하고 있는 것과, 실제로 적혀 있는 부분과는 차이가 난다는 사실이다. 물론 다양한 진술이 있을 수 있을 것이다. 종종 우리는 동화에 대한 우리 나름의 이야기들을 지니고 있다. 그것은 우리의 어린 시절에 대한 진술이다. 우리가 동화를 읽을 때 흥미롭게 나타나는 점은 동화가 우리에게 가능한 한 상像으로 말한다는 것이다. 우리가 어느 상에 머무른다는 것은 동화가 제공하는 특이성을 수용하는 것이다. 상의 층위, 즉 감정적 층위에서 수용한다는 뜻이다.●

● Vgl. Kast V.: Familienkonflikte im Märchen. Waltter, Olten 1984(2), S.10f.

해석의 가능성_

「빨간모자」는 매우 유명한 동화다. 수없이 패러디된 동화이기도 하다. 내용이 변형되거나, 영화화되기도 했다. 최근에 이르러 빨간모자는 점차 해방적 인물로 그려지고, 결코 간단히 늑대밥이 되지는 않는다. 빨간모자에 대한 무수한 책들이 쏟아져 나오고 있고, 수많은 해석이 시도되고 있다.● 결코 소홀히 넘길 동화가 아니다. 어느 동화가 어린이들의 어느 시기에 중요한 의미로 다가온다면 성인이 되어서도 그 동화는 중요한 의미를 띤다고 볼 수 있다.

우리가 어린 시절 총애동화 혹은 공포동화에 대해 질문을 하게 되면, 「빨간모자」가 자주 선택의 대상이 되는 것을 확인할 수 있다.●● 안젤라의 회상 속에서처럼, 숲 길에서 멈춰서서, 숲 속으로 아름다운 꽃을 찾아 가는 빨간모자와 동일시되면서 총애동화로서 다루어지거나, 또는 늑대의 좁고 어두운 배 속에서 늑대밥이 되는 공포동화로 다루어지기도 한다.

무수한 해석이 시도된다는 것은 많은 사람들이 이 동화와 관계를 맺고 있다는 것을 말한다. 이 동화는 여러 부분에서 이해하기 어렵다. 그래서 단선적인 해석이 불가능하다. 나 또한

● Ritz H.: Die Geschichte vom Rothkäppchen. Ursprünge, Analysen, Parodien. Muri, Göttingen 1981.

●● Tausch A.: Einige Auswirkungen von Märchenverhalten. In: Psychol. Rundschau 2/1967, S.104-116.

해석이 간단하지 않다. 셰르프Scherf● 같은 동화연구가는 「빨간모자」가 마법동화가 아니라고 짤막하게 단정한다. 마법동화에 필수적인 변신이 결여되어 있기 때문이다. 사실 「빨간모자」는 미완성의 동화일 수 있다. 여러 이야기들로 합성된 것이다. 그럼에도 불구하고 영향력이 크며 개작의 가능성 또한 클 수 있다. 다른 동화보다 동화의 해석이 많이 시도된다는 것은 상이한 해석 층위가 가능하고 서로 혼선의 가능성이 빚어진다는 것을 의미한다.

도덕적 상부구조_

우선 「빨간모자」는 상부구조적, 도덕적 의미를 띠면서, 여성의 사회화 과정에 밀접한 영향을 미치고 있다는 데 그 특징이 있다. '착하게 길에서 벗어나지 말고, 조심해야 한다' 고 말한다. 빨간모자가 조심해야 할 것은 늑대, 즉 남성, 성적인 것에 대한 것이다. 그것은 특히 뻬로본에 잘 표현되어 있다. ●●어느 후기에 따르면 이 동화는 도덕성과 결부되어 있음을 볼 수 있다. 즉, 늑대들은 여아들의 뒤를 밟아 방으로 침입해 들어가 아주 달콤하게 해를 끼치는 가장 나쁜 사례이기 때문

● Scherf W.: Lexikon der Zaubermärchen. Kröner, Stuttgart 1982.
●● Perrault Ch.: Märchen aus alter Zeit. Melzer, Buchschlag 1976.

에, 어린 여아들은 달콤한 늑대를 조심해야 한다는 것이다. 뻬로본은 「빨간모자」 동화의 원본으로 간주된다. 뻬로본에서는 빨간모자와 할머니가 늑대의 밥이 되며, 결말에 어떤 구원도 제시되지 않는다.

도덕적 의미에서 볼 때 늑대를 절제되지 않는 성적 욕망을 지닌 남성으로 해석한다면, 그것은 해묵은 해석이다. 이러한 해석은 함께 완성해 나가거나, 아니면 아예 해석을 포기하거나 둘 중 하나다. 그러나 늑대가 남성으로 표상된다는 것은 사실 불가피한 것이다. 그림본의 결론에서는 사냥꾼은 늑대의 모피를 얻고, 할머니는 케이크와 포도주를, 빨간모자는 이제는 엄마가 하지 말라면 길에서 벗어나지 말아야 한다는 도덕적 각성을 얻게 된다. 아마도 누군가가 이런 질문을 제기할 수도 있을 것이다. "빨간모자가 늑대의 뱃속에 머물지 않는다면, 아마도?"

그리고 관점을 아무리 도덕적 층위에 맞추려 해도 문제는 발생한다. 아이가 엄마에게 구속되어 있다는 것, 구속에서 풀려나려고 시도한다는 것, 그리고 어머니와의 공생에서 벗어나 자기 길을 찾지 못해 실패하는 경우, 또는 그러할 때 위험 등의 문제점이 도출된다. 동화는 엄마 말을 잘 듣게 되면 일이 잘 될 것이라고 한다. 그렇다면 그 대가는?

순진한 희생양과 간교한 늑대_

두 번째 해석은 순진무구한 희생양인 빨간모자와 간교하고 음흉한 공격자, 늑대 사이의 갈등으로 풀어보는 것이다. 이렇게 대조하는 과정에서 「빨간모자」는 오늘날 수많은 사람들에 의해 직관적으로 파악되고 새롭게 구성되었다.● 집단적인 인간의 문제, 즉 희생양과 공격자 사이의 갈등과 결합은 빨간모자와 늑대의 만남으로 표현될 수 있다. 브레지네프●●는 유고슬라브인들을 빨간모자에, 소련을 간교한 늑대에 비유하기도 했다.

빨간모자를 희생양과 공격자의 이야기로 이해하게 되면, 빨간모자의 모습에 대해 변화무쌍하게 해석할 수 있다. 빨간모자를 해방시키고자 하는 남성 해석자들은 여성 해방보다는 희생양의 역할과 상황에 역점을 두려고 한다. 이때 남성에게 빨간모자는 일종의 상징이다. 그 남성은 희생양이거나, 희생양 또는 공격자로 교차적 성격을 띤다. 빨간모자와 늑대는 아직 검증되지 않은 우리 인간의 태도일 수 있으며, 우리 또한 상황에 따라서 얼마든지 다른 태도를 취할 수 있다. 여성들과 남성들은 빨간모자와 늑대의 태도를 드러낼 수 있다. 오랫동안 타인에게 지시받아 살아 오면서, 그것을 최선의 것인 양 위장하며 참고 살

● Siehe Ritz, a.a.O.

●● Siehe Ritz, a.a.O.(Laut Spiegel-Interview von 1976).

고 있다면, 우리는 갑자기 무시무시한 파괴 욕구에 사로잡히게 될 수도 있는 것이다.

물론 여성과 남성과의 관계는 우선 순진한 희생양과 음흉한 공격자의 관계, 즉 두 성 사이의 폭력 관계로 간주된다. 이러한 관점에서 「빨간모자」는 다시쓰기가 가능하다.

유감스럽게도 많은 경우 이러한 다시쓰기는 단순한 역할 바꾸기에 머물 뿐이기도 하다. 빨간모자가 늑대에게 총을 쏘아서 죽였다 등으로 말이다. 그것은 발전이 아니다. 동화는 어떠한 해결책도 제시하지 않는다. 「빨간모자」는 다른 동화에서처럼 희생자와 공격자가 서로 보다 나은 방식으로 교류할 수 있는 가능성을 제시하지는 않는다. 다만 도덕적으로 늑대를 조심해야 한다는 것, 천진난만하기만 해서는 안 된다는 것, 길에서 벗어나선 안 된다는 것만 시사한다. 또한 엄마의 곁에 머무르게 된다면, 성장하지 못한다는 것, 즉, 나이에 걸맞은 정신적 발전을 할 수 없게 된다고 암시한다. 빨간모자와 늑대는 결코 이상적 관계일 수 없는 것이다.●

최근의 여러 이야기에서는 늑대와 빨간모자를 화해시키려는 노력이 시도되기도 한다. 거기에서는 늑대에게 왜 그렇게 욕심을 부리는지를 묻기도 한다. 이러한 새로운 시도는 희생양이

● Vgl. Kast V.: Paare. Beziehungsphantasien oder Wie Götter sich in Menschen spiegeln. Kreuz, Stuttgart 1984, 1985(4).

라 할지라도 쉽사리 공격자가 될 수 있다는 점을 바탕으로 한다. 따라서 이러한 시도는 기본적으로 공격자와 희생양의 균형을 잡아나가야 한다는 시각을 견지하고 있다.

심층심리학적 해석_

동화의 발단에는 엄마와 아이, 할머니만이 언급되어 있다. 이야기는 모성적 영역에서 진행되고, 아빠나 남성들에 대한 언급은 빠졌거나 배제되어 있다.

이 동화의 관심사는 남성과 관계 맺는 방식을 찾아가는 것이다. 객관적으로 보자면, 어느 남성과 맺는 관계이며, 주관적으로 보자면 자신이 갖고 있는 남성적 측면과 관계를 맺어 가는 것이 된다. 동화가 제시하는 것은, 본질적인 남성성과 여성성이 내면 속에서 어떻게 좋은 관계를 맺을 수 있느냐, 또는 주어진 여건 속에서 본질적 측면들을 어떻게 잘 전개시켜야 행복해질 수 있느냐, 그리고 어떻게 나이에 적합한 성숙을 이룰 수 있는가 하는 것들이다. 엄마의 치마폭에서 벗어나려면 남성적 본질을 발전시키는 것이 중요하다. 빨간모자는 '작고, 예쁜 계집애'로 묘사되고 있다. 모두들 그 아이를 좋아하고, 할머니의 사랑 또한 남다르다. 할머니는 아이에게 뭐든 다 주고 싶어 하고, 빨간 벨벳모자를 선물한다. 이러한 기술에서 볼 때 엄마와 할머니의 빨간모자에 대한 총애가 남다르다는 사실을 알 수 있다. 아마도 딸인 엄마는 자신의 어머니가 빨간모자에게만 애착을 보여 화가 난 것일지도 모른다. 일방적인 사랑을 마다 할 사람이 누가 있겠는가? 얌전한 딸을 원치 않는 사람이 누가 있겠는가? 하지만 내가 바라는 것은 착하기만 한 소녀보다는 생동감 넘치는 소녀상이다. 내면 깊숙한 어딘가에는 생동감이 넘치는 이상적 소녀상이 숨어 있을지도 모른다.

「빨간모자」는 오랫동안 판타지화되었다. 빨간 색은 교통표지 색이다. 빨간 색은 눈에 잘 띈다. 눈에 잘 띈다는 것은 어떤 것을 신호한다는 것을 뜻한다. 또한 빨간 색은 생명, 활력, 공격성, 에너지, 피의 색으로 조정 가능하다. 그와 연관선 상에서 빨간모자는 초조(첫 월경)를 암시한다. 할머니는 아이를 모자로 특징지웠다. 그래서 빨간모자는 중요한 사람으로 묘사된다. 빨간색을 사랑의 여신 색이라 생각해보자. 그렇다면 빨간모자는 엄마의 구속에서 서서히 벗어나 에로스의 세계로 성장해 가야만 하는 것을 암시한다고도 볼 수 있다.

이 세 여성(할머니, 엄마, 빨간모자)은 세 여신의 관점일 수 있다. 소녀를 뜻하는 봄의 여신, 사랑과 대지의 여신의 모습을 말하는 여름의 여신, 그리고 겨울, 죽음, 지하계, 지혜의 여신이 그러하다. 이 세 여신들은 유럽 선사시대 대모신의 관점들로 간주된다.•

• Vgl. von Ranke-Graves R.: Griechische Mythologie. Rowohlt, Reinbek, rde 113, 1982, S.13ff.

봄의 여신은 흰 색, 여름의 여신은 붉은 색, 겨울의 여신은 검정색으로 볼 수 있다.

빨간모자는 봄의 여신에서 여름의 여신으로 가는 과정일 수 있다. 그 동인은 할머니에서 유래한다. 봄에서 여름으로 바뀐다는 것은 이러한 성숙이 숙명적이라는 것, 모든 성숙이 죽음과 재생의 체험을 내포한다는 것을 말한다. 이를 인간의 운명에 적용해 보자면, 어느 인간이 여성적 정체성이 변화하는 시점에 이르렀다는 것, 한 개인이 엄마에게서 벗어나서 위대한 할머니, 모성 그 자체의 세계로 변화 가능해졌음을 말하는 것이다.

이 동화에는 이상한 부조화가 나타난다. 이 동화에서 아이는 엄마로부터 작은 계집애 취급을 받는다. 그러나 빨간모자 속에는 성숙의 필연성이 표현되어 있다. 그래서 이른 초경을 언급하는 베텔하임•같은 학자도 있다. 나는 어머니를 너무 장기간 딸을 과잉보호해 온 분으로, 그래서 딸이 제때에 성장하는 것을 허용하지 않은 분으로 해석하고 싶다.

딸의 입장에서 볼 때, 어머니가 딸을 오랫동안 어린아이로 취급하는 상황, 즉 아이에게 어떠한 상처도 입히지 않으려는 과잉보호적 상황이 제시된다. 아이는 딸로서는 죽고 여성으로서 재생하는, 변화되어야 할 존재다. 상징적으로 볼 때, 이 아이는 생성과 미래를 기약하면서 뭇 존재의 생명을 보존하는, 즉 자신

• Bettelheim B.: Kinder brauchen Märchen. München 1980.

과 타인을 모성적으로 배려할 줄 아는 생명의 어머니로 성장하는, 이행과정 중에 있는 것이다.

동화 속에는 변화과정이 아주 단순하게 묘사되어 있다. 빨간모자는 숲 속으로, 즉 어머니를 상징하는 자연 속으로 들어간다. 이는 초개인적인 어머니의 세계로 들어가는 것이다. 그 곳은 아름다운 왕자님, 낮에는 동물이지만 밤에는 아름다운 왕자이신 '동물신랑'이 사는 곳이다.● 그런데 빨간모자가 만난 것은 늑대, 그것도 아주 음흉한 늑대다.

여기서 늑대는 '욕망의 원리'를 체현하고 있다. 늑대는 허기와 욕망을 특징한다. 늑대는 공격적이고, 호전적이다. 허기진 늑대는 매우 뻔뻔스럽다. 늑대는 모든 것을 잡아 삼키는 죽음을 상징한다. 빨간모자는 호전적이고 파괴적인 늑대를 만난다. 동물의 모습, 욕망, 충동의 모습을 만나는 것이다. 늑대가 빨간모자의 질문에 대해 답변하는 것을 보면 그의 본질적 특징은 분명해진다. 보고, 듣고, 움켜쥐고, 먹는 것이 그의 전부다. 그것은 공격의 형태다. 아직 인간 이전의 단계인 것이다. 물론 늑대는 말을 하고 있다. 그런 한에서 인간 존재와 아주 동떨어져 있다고 볼 수는 없다.

우선 늑대는 전혀 다른 측면을 드러낸다. 그는 아름다운 자

● Vgl. Kast V.: Familienkonflikte im Märchen, a.a.O. und: Das singende springende Löweneckerchen. In: Kast V.: Mann und Frau im Märchen. Walter, Olten 1983, 1985(5).

연, 꽃들, 새들로 빨간모자의 시선을 주목시킨다. 늑대는 마치 낭만적인 자연 신비주의의 대변자 같다. 늑대는 아름다운 자연을 보여주면서 길에서 벗어나도록, 의무에서 벗어나도록 유혹한다. 그렇게 해서 시간을 벌려고 했던 것일까?

늑대를 빨간모자의 인격적 특징으로 본다면, 빨간모자는 엄마가 자신에게 보다 많은 자유를 허용한 그 순간, 여태까지는 '배제되었던 것' 들, 즉 삶에 굶주린 측면, 위험한 삶의 욕망, 즉 배회하고, 공격하는 자신의 늑대적 측면과 조우하게 된 것이다. 이러한 점들은 공격성이 감춰진 형태로 빨간모자가 더 많은 꽃을 꺾어야 하는 것으로 드러난다. 아이는 늑대의 모습에서 의무가 아닌, 훨씬 더 자유로운 존재방식과 만나게 되는 것이다. 동화는 이와 같은 모험 구상은 위험한 것이라고 말한다. 그러나 배회의 기쁨을 인지하는 것, 즉 꽃을 보고, 자연과의 에로틱한 관계를 맺는 자신을 발견한다는 것은 중요하다. 자기 길을 가는 것은 공격적 희열의 표현이라 볼 수 있다. 이 동화에서 자기 길은 금기시된다. 어머니는 금기시하면서도, 자기 길을 가는 가능성을 지시하는 셈이다. 사람들은 보통 자기 길을 가면서 엄마를 떠나게 된다.

여기서 엄마의 이중성이 드러난다. 아이는 자기 길을 가야 하는데, 엄마는 가지 못하게 하는 것이다. 이것은 우리가 교육과정에서 접하게 되는 지점이다. 아무도 삶의 과정에 방해꾼이 되고 싶어 하지 않지만, 그러한 과정에서 오는 상실감을 견뎌내기 힘든 것 또한 사실이다. 심리학적 용어로 말하자면 그것은 '성숙의 필연성Vorwärts-gehen-Müssen'과 '성숙을 바라지 않음Bleiben-Wollen' 사이의 갈등인 것이다.

빨간모자가 꽃을 꺾으러 돌아다니는 동안 늑대는 할머니를 잡아먹는다. 우리가 늑대를 할머니의 인격적 특징으로 본다면 할머니는 이러한 욕망의 원리에 의해 삼켜진 것이다. 할머니는 아이를 제 곁에 두기 위해 욕망의 노예가 된 것이다. 아이가 드디어 나타났을 때, 늑대는 순전한 사랑으로 아이를 잡아먹는 것이다. 모든 것을 잡아먹는 어머니의 사랑은 어머니와 할머니가 그토록 좋아하는 빨간모자를 위험에 빠뜨리는 것이다. 사실 빨간모자는 늑대의 뱃속에서 죽어야 하는 것인데, 늑대의 뱃속에 머무른다는 것은 어둠 속에서, 즉 아무런 구분도 불가능한 곳에서 비좁게, 꼼짝달싹 못한 채로 머물러 있다가, 언젠가 누군가가 구출해 준다는 것을 암시하는 것이다.

객관적 관점에서 볼 때 이러한 아이는 과잉보호 상태일 수 있으며, 엄마의 지시 외에는 어떤 것도 시도하지 못하는, 말하자면 엄마의 생각이나 느낌과 하나가 된 상태를 말한다. 주관적으로 볼 때, 이와 연관되어 발생할 수 있는 우울, 즉 병적 욕망의 증세일 수 있다. 자아 콤플렉스가 너무 미미해서 무의식의 유혹과 시도에 저항할 수조차 없는 상황인 것이다.

결국 목적을 향해 매진할 수 있는 남성인 사냥꾼이 이 정체적 상황을 종식시킨다. 실제로 남성적인 인물이 나타나지만, 여태까지 간절히 기다렸던 인물이 나타났다 해도 사실 새로운 것은 없다. 어떠한 남성과도 연대적 관계가 맺어지지 않는다. 남성과의 결합은 이러한 모성연대나 모성콤플렉스에서 벗어나 더 많은 자율성을 얻는 데 필요한 본질적인 요소일 것이다. 그러나 빨간모자는 엄마에게 돌아가고, 엄마에게 복종할 것을 약속한다. 그러한 한에서 이 동화는 변화결여 동화다. 또한 우리가 할머니를 대모의 체현으로 파악할 수 있다. 할머니가 살고 있는 집은 떡갈나무와 호두나무가 있는 곳이다. 말하자면 드루이덴족Druide의 후손임이 입증되는 것이다. 포도주와 케이크는 대지모를 위한 음료이자 음식이다. 늑대가 대모를 삼켜버린다는 것은, 결국 여성적 변화와 다산성의 신비가 배제된 남성성이 여성성을 삼키고 스스로 잉태할 수 있다는 것을 지시하는 것이다. 빨간모자와 할머니가 늑대의 배에서 풀려나는 것은 제왕절개수술로도 볼 수 있다.

프로이트•는 늑대 안에 여성적 원리가 숨어 있는 것은 아닌지 질문을 던진 바 있다. 마치 이러한 일련의 동화상 속에 죽음과 잉태의 판타지가 숨어 있는 양 말이다. 물론 늑대가 남성적 관점을 반영하고 있다고 보고, 늑대가 대모•• 대신 대모의 기능을 떠맡고 싶어하는 것으로 본다면, 그렇다고 볼 수 있을

• Freud S.: Gesammelte Werke, Studienausgabe, Bd.VIII. Zwei Kinderneurosen. Fischer, Frankfurt 1969.

•• Vgl. Neumann E.: Die große Mutter. Eine Phänomenologie der weiblichen Gestaltungen des Unbewußten. Walter, Olten 1974, Sonderausgabe 1985.

것이다. 그런 관점에서 본다면 빨간모자는 모권사회에서 부권사회로의 이행과정을 보여주고 있는 것이다.

가부장제가 대모체제를 삼켜버렸다는 것은 우리가 이미 잘 아는 사실이다. 우리가 살고 있고 있는 이 시대는 가부장제의 '생산기'다. '자연 약탈'은 가부장제의 모토가 되었다. 그러나 아무리 자연 약탈을 토로하고 하소연한다 해도 아무런 변화가 일지 않았기 때문에 그 주장들조차 시들해졌다. 최근 들어 인간이 역사 이래로 누릴 수 없었던 엄청난 범위까지 기술을 개발하면서 역사는 그 번성기를 맞고 있으며, 기술화의 열매는 실현 가능한 단계에 이르렀다고 볼 수 있다. 주기적으로 죽고 다시 살아나는 여성적 지식은 '삼켜졌다'. 자연 성장에 대한 예감은 관심의 대상이 되지 못한다. 대모를 정복한 남성뿐만 아니라, 남성이든 여성이든 간에 똑같은 의미에서 행위자이자 희생양이다. 대모에 대한 배려는 물론 여성들이 보다 쉽게 이해할 수 있을 것이다. 적어도 대모에 대한 여성의 공포심은 남성에 비해 훨씬 적은 듯하다. 그리스 이전 시기의 대모에 대한 연구가 활기를 띠면서, 대모는 풍만하고 이상적인 모습으로 묘사되고 관심의 대상으로 부각된다. 이에 따라 여성들은 그들의 체험이나 느낌을 보다 진지하게 받아들이게 되었고, 남성적 사고를 여성적 사고와 병행시켜 의식화할 줄 알게 되었다. 결과적으로 남성들 또한 여성적인 측면을 전체적 삶과 사고의 일부로, 보다 진지하게 받아들이게 되었다.

동화 속에서 늑대의 음모를 간파해야 했던 빨간모자는 더 이상 순진무구한 아이가 아니다. 이러한 연장선 상에서 볼 때 우리는 빨간모자를 실제로 일어난 사건보다 훨씬 순진하게 보고 있는 것은 아닐까? 사실 빨간모자는 "왜 이런가요?" 하는, 유명한 질문을 던지고 있다. 이러한 질문에는 빨간모자의 의문이 표현되어 있긴 하지만, 이에 대한 충분한 답은 언제나 분명히 제시되지 않는다.

한 가지 해석의 가능성은 보다 개인적인 것이다. 즉 엄마의 보호 아래 성장하는 어린 아이가 매우 좁은 틀에 갖힌 모성콤플렉스 안에서 성장하고 성숙하고 있다는 점이다. 이 동화 속 엄마의 보호적 특징은 아버지가 부재 중이라는 것, 동화에서 표현되고 있는 바와 같이, 남성적인 측면이 왕자나 친절한 도우미의 모습 대신 늑대의 모습으로 나타나는 데서 볼 수 있다. 『공생으로 가는 길』• 에서 필자는 모든 인간이 남성적 측면과 여성적 측면을 지니고 있으며, 우리 속에 있는 남성적인 측면들을 일깨워 삶으로 영입할 때에 공생이 가능함을 제시한 바 있다. 그러나 이 동화에서는 그것이 불가능하다. '잡아먹힘', 즉 어떤 욕망, 판타지에 의해 먹혀 버린 상황이 제시되기 때문이다.

개인적인 발달을 부각시키는 이러한 관점 외에 우리는 집단

• Vgl. Kast V.: Wege aus Angst und Symbiose. Märchen psychologisch gedeutet. Walter, Olten 1982, 1985(7).

적 발달에 주목해서 해석할 수 있다. 말하자면 폐쇄적 가부장제가 모권사회의 신비를 삼켜버렸다고 보는 관점이다. 그것은 데메테르신화●에서 가시화되며, 이 동화에 변형되어 드러나 있다.

데메테르신화에서 볼 때 대지모인 데메테르는 자신의 딸을 양도하고 싶어하지 않는다. 코레가 혼자 꽃을 따고 있을 때, 그녀는 자신을 사랑하게 된 하데스로 인해 지하세계로 유인된다. 거기서 그녀는 결혼한다. 딸을 잃은 엄마는 완전히 절망적이다. 데메테르는 지상에 아무 것도 자라게 하지 않았다. 데메테르는 제우스가 지하세계에 개입하도록 조른다. 그래서 코레는 앞으로 지하세계에서는 석 달을 페르세포네로서, 아홉 달 동안은 엄마와 함께 지내야 한다. 이 신화 속에 나오는 강압적 결혼은 여성적인 다산성의 신비가 가부장제에 의해 잠식당했다는 것을 의미한다. 신화 속 지하계는 동화 속 늑대의 위와 비견된다.

신화 속에는 해결의 기미가 엿보인다. 페르세포네가 지하에서 임신을 한 것이다. 동화에서는 이 부분이 빠져 있다. 동화 속에서 빨간모자는 사냥꾼과 결혼하지 않는다. 말하자면 여성과 남성과의 관계, 심리학적 용어로 말해 여성성과 남성성의 관계에서 어떠한 변화도 일어나지 않는 것이다.

어떤 사람이 동화의 여주인공의 태도와 동일시하게 될 때 치료사로서 갖게 되는 물음은, 궁극적으로 어머니 곁에 머무르

● Von Ranke-Graves R.: Griechische Mythologie, a.a.O., S.77ff.

지 않고, 늑대에게 잡혀 먹히지 않으려면 이제 빨간모자는 어떻게 해야 하는가 하는 점이다. 집단사회 속에서 새로운 해결책은 의식의 변화를 제시하는 것이다. 말하자면 동화 다시쓰기를 통해 의식변화를 제시해야 하는 것이다. 다시 말해 늑대와 빨간모자가 서로 다른 관계를 맺게 하거나, 빨간모자가 순진성에서 탈피한, 모성콤플렉스에서 벗어난 존재로 제시되는 방향으로 다시쓰기를 해야 하는 것이다.

내담자의 이야기와 동화의 연관성_

안젤라의 치료는 늑대와 빨간모자의 연장선 상에서 다루어지게 되었다. 동화해석의 과정에서 다루어진 문제들은 안젤라에게 해당되는 문제이기도 했다. 빨간모자에게 닥친 위협적 상황이 안젤라의 경우와 유사했다. 안젤라를 치료할 때 중요한 것은 어머니와 딸의 분리 여부이다. 이러한 분리 여부는 치료사인 내가 담당해야 할 몫이기도 했다. 그녀의 문제는 그녀 안에 내재하는 동시에 그녀의 외부에 존재하는, 매우 공격적인 남성과의 관계에서 발생했다. 다시 말해 안젤라의 문제에서 근간이 되는 것은 안젤라의 여성적 정체성과 연관되는 것으로 밝혀졌다. 안젤라는 자신이 아이를 원하는지 자문하기도 했다. 그녀가 겪고 있는 정체성의 변화는 죽음과 재생의 관점에서 파악할 수 있다. 그녀의 문제는 공포와 결부되어 있었다. 동화를 깊이 숙고하면서 안젤라는 이렇게 말했다. "늑대가 아빠를 삼켜버렸다"고. 그녀가 네 살이 되었을 때 안젤라의 아버지는 돌아가셨다. 미지의 힘에 의해 아버지가 삼켜졌다는 것, 그녀의 불안은 죽음 회상과 연관되었다. 대모는 무엇보다도 죽음의 여신이기도 하다. 또한 안젤라의 경우는 우리 시대의 집단적 주제에 해당되기도 한다. 간명하게 말하자면, 오늘날 우리는 대모의 먹이감이 되어서도 안 되며, 단순하고 소박한 여성으로 남아 있어서도 안 된다. 많은 페미니스트들처럼 무비판적으로 대모와 동일시되어서도 안 되며, 특히 늑대의 먹이감이 되어서도 안 되는 것이다. 중요한 점은 대모나 늑대와의 관계에서 성립되는 자율성이 전개되느냐 여부●이다.

이 동화는 분명 안젤라의 문제를 근본적으로 언급하고 있다. 안젤라는 그녀의 어머니와 좋은 관계를 맺고 있어, 근원적으로 긍정적인 모성콤플렉스를 지니고 있다. 그녀는 아무리 가난해도 언제나 부자처럼 느끼며 살아 왔고, 세상의 꽃들을 감상할 줄 알고, 언제나 일할 곳과 머물 집을 구했다. 세상은 그녀에게 적대적인 것이 아니었다. 그녀는 빨간모자처럼 약간 순진하며, 악의를 모르며, 타인의 공격을 읽을 줄은 알았지만 자신의 공격성은 대부분 인식하지 못했다. 그녀는 환상의 세계 속에 살

● Vgl. Kast V.: Wege zur Autonomie. Märchen psychologisch gedeutet. Walter, Olten 1985(2).

고 있었다. 이러한 틀이 허물어지는 것은 단지 죽음에 이를 때뿐이다. 그녀는 유년기 판타지를 지니고 있었는데, 그녀가 일찍 죽으리라는(그녀의 의붓자매가 일찍 죽었다) 판타지와, 죽기 전에 어떤 남자와 잠자리하고 싶다는 생각을 품고 있었다. 그러나 점차 죽음에 대한 확신보다 살고 싶다는 생각이 훨씬 강해졌다.

안젤라는 공격장애를 지니고 있었고, 이로 인한 불안증 징후를 지니고 있었다. 가족 사이에서 손위오빠들이 공격성을 보이면, 안젤라는 불안에 떨었다. 비활동적 성향은 불안증과 결합되어 있다. 안젤라의 삶 속에는 자신을 엄마와의 밀접한 관계에서 떼어 놓을 만한 매혹적인 남성상이 존재하지 않았다. 안젤라는 실제로 어느 남성과 사귄 적이 있었는데, 안젤라와 마찬가지로 그 남자에게도 늑대는 불안의 대상이었다. 안젤라가 자신의 내면에 있는 늑대와 대결하는 데 성공했다면 자신의 파트너에게도 늑대적 성향이 받아들여져 변화의 기회를 주었을 것이다. 그러나 안젤라는 가부장제라는 거센 홍수의 위험에 노출되어 있었다. 다시 말해 남성들이 그녀를 지배할 경우, 그녀는 자신의 정체성을 찾기가 무척 힘들어졌다. 그녀가 지니고 있는 여성으로서의 정체성은 남성들 앞에서 갑자기 아무런 가치를 띠지 못했다. 상징적으로 말하자면 죽음의 대모에게 잡아먹힌 것이고, 그녀가 정체성을 찾을 가능성은 휘발되어 버리는 것이다. 위대한 남성 곁에서 위대한 여성으로서 존재할 여지를 찾을 수 없었던 것이다.

문제의 관건은 그녀의 외적인 남성관계가 아니라, 과연 그녀가 남성과 정신적 관계를 맺을 수 있는가 하는 데 있다. 그녀는 남성들이 자신을 가부장제의 대홍수 속으로 빠뜨린다고 느끼지만, 그러한 남성들은 그녀 안에 있는 남성적 인격과 일치하지 않는다. 그들은 그녀의 심리적 짜임구조 속에서 그녀를 어린 소녀로 만들어 버린다. 반면에 모성적 경향을 띠는 남성들은 사실상 안젤라와 마음은 일치하지만, 그녀 안에 있는 늑대와 대결하는 데 하등의 도움을 주지 못한다. 문제는 안젤라가 이와 같은 남성들의 모성적 기능을 얼마나 떠맡느냐, 또는 늙은 남성과 젊은 여성, 혹은 대모와 사랑스런 아들과의 판타지가 그녀에게 얼마만큼 지배적으로 작용하는가에 달려 있다.●

안젤라의 문제점은 시기 적절한 발달을 이루지 못하고 소녀로 고착되는 모성콤플렉스의 위협을 받고 있다는 것이다. 실제로 그녀가 치료과정에서 동화 한 편을 쓴 바 있었는데, 그 동화에서는 젊은 엄마가 늙은 엄마에게 잡아 먹힌다.

동화치료_

총애동화 치료에 임하면서 나는 상이한 동화 모티브들을 가지고 놀도록 했다. 이 과정에서 실제로 동화치료에 해

● Vgl. Kast V.: Paare, a.a.O.

당되는 모티브들이 발견되기도 했다. 그리고 발견된 모티브들은 변화 가능하다.

우선 안젤라는 동화치료에 들어갔다. 그녀의 착상들을 수합하고, 회상들을 떠올리도록 했다. 그런 다음 그녀는 개별 모티브들을 가지고 작업했다. 안젤라는 적극적 상상과 그림그리기 단계에 들어갔다. 적극적 상상이란 더 이상 존재하지 않거나 또는 아직 떠오르지 않는 내적인 상들을 환기시켜 관찰하게 하여 그것을 변화시키는 것을 말한다. 이렇게 떠오른 상들은 변화 가능하고, 독자적이다. 우리가 불안을 조금 덜어내게 되면, 우리의 내적인 상들과 그 상들 속에 떠오르는 형상들에 더 많은 독자적 세계를 허용하게 된다. 적극적 상상을 통해 상상 내용에 추가요소를 덧붙일 수 있으며, 이로써 자아 인격체로서의 인간은 상상 속에서 나타나는 형상들과 관계를 맺을 수 있게 된다. 그러는 가운데 형상들도 변화하고, 자아 콤플렉스도 변화한다. 정서나, 상태에 따른 분위기도 변화한다.• 안젤라의 적극적 상상은 다음과 같다.

> 수면에 들어가기 전 빨간모자 판타지를 한 결과는 다음과 같다. 나는 무척 '반항적인' 빨간모자를 본다.

• Vgl. Maass H.: Der Seelenwolf. Das Böse wandelt sich in positive Kraft. Erfahrungen aus der aktiven Imagination. Walter 1984.

또한 공격적인 빨간모자가 할머니의 배를 가르는 판타지도 한다. 나는 이러한 판타지로 인해 불안을 느껴 깊이 들어가지 않는다.

이틀 뒤 판타지 결과는 다음과 같다. 빨간모자가 할머니에게 가는 중이다. 빨간모자는 먹거리와 포도주가 담긴 커다란 바구니를 들고 간다. 바구니가 무겁다. 빨간모자는 이 길을 종종 걸어 다닌다. 오늘따라 갈 기분이 정말 내키지 않는다. '허구헌날 할머니에게 가야 하다니. 다른 아이들과 같이 논다면 참 좋을 텐데…' 빨간모자는 숲 속 빈터로 간다. '여기 참 좋네. 햇살이 이렇게 좋다니. 잠시만 앉아 꿈을 꾸고 싶은데… 숲에 가면 어두워 늘 불안해지니, 차라리 잠시 여기 앉아 햇살이나 받고 싶네.' 햇살을 받으며 누워 있다가 꿈에서 깨어나려는 순간 빨간모자는 갑자기 가까이에 누가 있다는 것을 감지한다. 너무 놀라서 눈을 뜨니 늑대가 있다. 늑대가 묻는다. "오늘 넌 뭘 할 거니? 할머니한테 갈 거니?" 늑대의 목소리는 매우 쾌활하다. 늑대의 눈은 교활하게 번뜩인다. 빨간모자가 생각한다. '그 눈빛이 내 맘에 드네.' 늑대가 말을 말한다. "너 나하고 같이 가지 않을래, 빨간모자야? 우리 늑대들이 네 맘에 쏘옥 들 거야. 네 집이나 할머니 집은 너무 지루하지 않아? 놀 시간도 충분하잖아?" 빨간모자는 이런 생각이

든다. '바구니가 너무 무거워, 갈 길도 너무 멀고. 그리고 오늘따라 할머니 볼 맘이 내키지 않네. 엄만 언제나 날 이 숲길로 보내고 말이야. 엄만 요즘 들어 늘 우울하고, 할머니 집은 재미없어.' 늑대가 이렇게 부추긴다. "우리 집에선 어두운 숲 속 같은 불안을 느끼지 않아도 돼. 우리와 함께 있으면 넌 분명 기분이 좋아질 거야." 빨간모자가 벌떡 일어서며 말한다. "그래 함께 가지 뭐. 이 무거운 바구니 드는 것 좀 도와줘."

할머니에 대한 분노를 반영하는, 매우 공격적인 판타지를 가라앉히자, 빨간모자를 유혹하는 늑대가 접근한다. 빨간모자는 파괴적 성향을 드러내지는 않지만, 매우 고집이 세다.

늑대에 대한 적극적 상상은 상이한 상상을 예시한다. 늑대는 경시되는가, 아니면 통합되는가? 이를 밝혀보기 위해 나는 안젤라에게 빨간모자가 되어 늑대와 이야기해 보도록 했다. 그녀는 그렇게 했고, 늑대는 학급 친구로 등장했다. 그 친구는 함께 놀 만큼 좋은 장소로 그녀를 유혹했다. 그때 나는 안젤라가 늑대와 빨간모자로 감정이입하도록 유도했다.

— 난 빨간모자인데, 긴장이 풀리고, 불안하지 않다.

— 난 늑대인데, 매우 무겁고, 털이 많고, 든든하게 느낀다. 난 빨간모자와 접촉하려고 애쓴다. 내 몸이 매

우 뻣뻣하고 무거워지는 것을 느낀다. 아주 무겁다.

이렇게 상상하는 가운데 안젤라는 그녀가 늑대에 대해, 늑대가 된 자신에 대해 불안을 느낀다는 것을 알게 되었다. 안젤라는 자신에 대해 화를 냈다. '나도 한번쯤 공격할 수 있었는데, 나는 공격하고자 할 때면 불안해진다. 나는 늑대처럼 공격적일 수가 없다.' 그녀는 늑대처럼 공격적인 대신, 마비된 것처럼 느낀다. 빨간모자가 할머니에 대해 얼마나 공격적이었나를 생각해 보면, 그녀가 자신의 늑대적 측면에 대해 불안을 느낄 이유가 전혀 없다. 그룹 안에 있을 때 안젤라가 부분적으로 체험한 바 있는, 마비된 듯한 느낌은 도를 넘어선 공격성 및 그로 인한 장애와 분명하게 결부되어 있었다.

안젤라는 적극적 상상을 계속해 나갔는데, 어느 상상 가운데 그녀는 늑대에게 빨간모자를 주고, 그 대신 머리카락 세 가닥을 얻는다. 그 머리카락들은 위급할 때 그녀를 돕게 될 것으로 보인다.

어느 날 빨간모자가 할머니 집에서 돌아오는 중이다. 빨간모자는 그 사이에 자전거 한 대를 얻는다. 그래서 오는 길이 훨씬 힘들지 않다. 자전거 타기가 재미있었기 때문이다. 빨간모자는 늘 마주치던 그 자리에서 늑대와 또다시 만나게 된다. 늑대가 빨간모자 곁에서 뛰어 가며 외친다. "멈춰 서! 빨간모자, 너에게 할 말이 있어." 오늘따라 브레이크가 말을 듣지 않는다. 그래서 숲 앞에 이르러서야 겨우 멈춘다. "할 말이 뭔데?" "네 빨간모자를 내게 선물할 수 있겠어? 나는 그걸 아무도 모르는 장소에 숨겨둘 거야. 너한테 목덜미 털 3개를 줄게."

빨간모자는 동의하긴 하지만, 자신의 빨간모자와 헤어지기가 잠시 힘들다. 빨간모자를 건네받은 늑대는 빨간모자에게 자신의 목덜미 결을 거슬러 쓰다듬으라고 지시한다. 빨간모자의 손바닥에 세 개보다 더 많은 머리카락이 남게 된다. 늑대가 말한다. "세 개만 가지고 가." 빨간모자는 바구니에서 작고 둥근 통을 꺼낸다. 그것은 할머니가 선물로 준 것이다. 머리카락을 그 안에 집어 넣는다.

이제 빨간모자는 늑대의 머리카락을 갖고 있다. 빨간모자는 그 머리카락들을 보석함 속에 보관한다. 이 보석함은 할머니로부터 선물받은 빨간모자가 아끼는 물건이다. 빨간모자는 왜 이러한 머리카락들을 이와 같은 둥근 통에 넣어두어야 하는지 잘 알 수 없다. 그러나 이 머리카락들을 거기에 보관해 둔다.

나는 도시로 갈 것이다. 나는 여기를 떠나야 한다. 나는 더 이상 여기에 머무를 수가 없다. 나는 이 곳을 떠나야만 한다. 나는 굴뚝 청소부의 집으로 가야만 한다. 왜 나는 그렇게 생각하는 거지? 그런데도 내 생각은 같다. 나는 그 집에 가본 적이 없지만 그 집을 알고 있다. 그 집은 변두리에 있다. 굴뚝 청소부는 덩치가 아주 큰, 검은 개를 갖고 있다. 그는 독신이다. 그는 괴짜다.

나는 노크한다. "들어와요." 나는 문을 연다. 거기에 어느 남자가 팔을 괴고, 머리를 손에 파묻은 채 식탁에 앉아 있다. 나는 그의 얼굴을 보지 못한다. 내 추측에 방이 매우 어두운 것 같다. 나는 다시 되돌아가고 싶다. 그가 그걸 알아챈 것 같다. 그가 외친다. "가지 마." 나는 내 호주머니에 있는 늑대의 털이 생각난다. 그리고 바로 이 순간 나는 내 두 눈이 불 같이 이글거린다는 느낌을 갖게 된다. '왜 내가 여기 있어야 하지? 여기가 맘에 들지도 않는데?' 그가 약간 친절하게 묻는다. "어디로 갈 건데?" "나는 갈 거예요. 그러나 이 집을 한번 구경하고 싶어요."

이러한 상상을 하게 되면 이와 아주 유사하면서도 전혀 다른 태도가 드러난다. 안젤라는 우울한 남자를 몇 명 만났는데, 그들 모두 그녀를 구속하려고 들었다. 물론 그것은 그녀의 우울증의 표현이기도 했다. 만일 그녀가 자신의 욕망과 욕구를 진지하게 받아들이는 데 필요한 공격성을 잘 구사하지 못했다면, 그

너는 자기 스스로 우울증에 빠지게 되었을 것이다. 그녀는 늑대의 머리카락을 가지고 공격적 희열을 느끼게 된다. 이러한 공격적 희열로 인해, 우울한 남성들은 그녀를 그들의 우울한 집에 가둬 두지 못하였다. 이제 그녀의 두 눈에서 불길이 번쩍인다. 늑대로 드러나는 공격적 남성이 이미 그녀의 본질 속에 일정 부분 통합된 것이다.

다른 동화에서도 늑대의 머리카락이 나오는데, 그 머리카락들은 늑대의 본질과 힘을 소유하고 있다. 어느 주인공이 늑대를 돕게 된다면, 자신 속에 있는 늑대적 특징을 깨닫고 그러한 늑대적 특징을 다룰 줄 알게 된다는 것을 말한다. 또한 그 머리카락은 주인공을 돕는 증표가 된다. 그것은 상징적으로 매우 중요한 것이다. 빨간모자가 자신이 애호하는 빨간모자를 늑대의 머리카락과 교환한다는 것은 상징적이다. 이와 같은 늑대의 공격적 희열을 느끼면서 어떤 변화가 일어나게 된다. 늑대의 머리카락은 안젤라에게 힘을 준다. 그녀가 말하는, '우울하고 괴팍한' 남자들을 확인해 그들로부터 거리를 두게 하는 힘을 주는 것이다. 이러한 변화는 그녀가 빨간모자 대신 새로운 여성의 모습을 그리면서 드러났다. 그녀는 그림을 그렸는데, 제목을 「빨간조라」(그림 1)로 달았다. 이제 빨간모자는 확실히 달라졌다. 빨간조라는 청소년 작가인 헬트Kurt Held의 책에 나오는 주인공 이름이다. 빨간조라는 그녀를 돌봐주는 사람이 아무도 없는 상황에서 스스로 역경을 헤쳐 나가며 살아 나간다. 빨간조라의 빨

그림 1

간머리는 실제로 공격성, 야만성을 의미한다. 그 머리카락들은 매우 용감하고, 공격을 즐기는 것으로 간주된다. 그녀는 적어도 그녀를 이해하지 못하는 타인에게는 약간 악마적이다. 빨간조라는 안젤라에게 중요하다. 안젤라는 조라를 그리면서 그것을 확인한 것이다.

적극적 상상을 계속 하는 가운데 안젤라는 사냥꾼에게 무례하게 대한다.

"너 방금 누구와 이야기 나눈 거지, 빨간모자야? 넌

딴 길로 새면 안 돼. 집에서 엄마가 기다리잖아."

"왜 전 놀면 안 되나요? 제가 방금 누구와 이야기를 나누었는지 알게 되면 깜짝 놀라실 걸요." 빨간모자가 말했다.

"도대체 누구와? 너 혹시 독백한 건 아니겠지?"

"아니에요. 늑대와 이야기했어요."

"네가 '야수'와 대화하다니, 허풍떨지 마라! 야수가 얼마나 위험한 줄 아니?"

"전 누가 더 위험한지 모르겠어요, 당신인지, 늑대인지. 당신도 늑대와 똑같이 동물을 추적하잖아요. 당신은 총을 갖고 있잖아요. 그렇다고 당신이 늑대처럼 강하다고 생각하세요?"

사냥꾼은 화가 났다. "무례하기 짝이 없구나. 널 이처럼 돌봐 주었는데 이럴 수가!"

빨간모자는 사냥꾼을 경멸하고 싶다. '난 이 사람이 정말 싫어. 그는 언제나 충고만 해대지. 난 오늘 귀담아 듣고 싶지 않아.' 빨간모자는 자전거를 타고 그곳을 잽싸게 떠나버렸다.

권위적 인물인 사냥꾼은 동화 속에서 어머니의 도덕성을 대변하고 있는데, 여기서는 그 권위를 박탈당한다. 금발머리 청년을 상상하면서 일시적인 결론에 이른다.

나는 휘파람소리를 듣는다. 창 밖을 내려다본다. 창문 아래에는 어둠 속에서도 빛나는 금발머리를 지닌 젊은 청년이 서있다. 그는 약간 야수 같아 보인다. 그는 짧은 검정 바지에 노란 스웨터 차림으로 서있다. 그의 머리카락은 사방으로 뻗어 있다.

"너 뒷문 계단으로 내려오지 않겠어? 네 꼬리는 잡혔어. 네가 이 집을 떠나고 싶어 한다는 걸 난 잘 알고 있어."

"어떻게 네가 안단 말이야? 그리고 왜 내가 네게 가야 하지?"

"난 네가 좋아. 너 나와 함께 갈 마음은 없니? 몇몇 친구들과 시내를 신나게 휘젓고 다닐 생각 좀 해봐! 함께 가면 재미 끝내줄 텐데."

늑대가 사라지고 모험을 즐기는 젊은이가 나타난다. 젊은 아니무스상이 나타나 매우 젊은이다운 행동으로 그녀를 유혹한다. 그녀는 물론 38살이다.

여전히 부조화가 나타난다. 한편으로는 나이 많고 우울한 아니무스적 측면이, 다른 한편으로는 매우 젊고 약간 광기적 측면이 드러나는 것이다.

여기서 우리는 남녀 한 쌍이 보여주는 심리적 변화과정을 관찰하게 된다. 빨간모자와 늑대에서 시작해서, 이제 빨간조라와 젊은 남자가 새 짝꿍이 된다. 빨간모자와 늑대의 관계가 훨씬 균형감 있고, 생명력 넘치는 관계로 변화한 것이다. 새로 맺어진 짝꿍은 아주 공격적인 희열을 누리며 통합되어 있다. 빨간모자와 나누었던 유희적 놀이가 안젤라에게 가져온 것은 무엇일까? 안젤라는 다음과 같이 덧붙혔다.

> 빨간모자는 이제 천진난만하지 않다. 빨간색은 내 내면 속에서 용해되었다. 내가 여러 날 동안 감지했던 따뜻한 감정이 이 빨간색과 결합했다. 이제 내가 빨강을 임신한 것일까?
>
> 나는 내가 실제로 늑대를 만났다는 느낌을 받았다. 늑대는 「빨간모자」에서처럼 간단히 죽을 수는 없는 것이다. 내게는 늑대의 매우 힘있고 강력한 무언가가 매력적이었다. 늑대는 '바람과 폭풍'에 대항할 수 있다. 지금 나는 '숲 속에서 외롭게 떠도는' 늑대를 본다.
>
> 늑대는 빨간모자에 대해 적극적으로 상상하는 가운데 떠올랐던 '침울하고 괴팍한 성격을 지닌' 남성들에게도 중요한 의미를 띠었다. 늑대는 아직 그들에게 저돌적이지 않다. 빨간조라라면 맺어질런지 모른다.
>
> 나는 '내 방치된 과거'의 일부가 다시 활기를 되찾은 것 같은 느낌이 들었다. 그 과거의 일부는 빨간모자가 샛길로 빠져 길을 잃었을 때와 같은 이전의 내 모습

이었다.

빨간모자 놀이로 치료과정을 밟으면서, 적극적 상상을 다시 한 번 점검하게 되었다. 그리고 나는 나의 경솔한 측면을 발견하게 되었다. 그것은 내가 어떤 놀이에 열중한 나머지 샛길로 잘 샌다는 점이었다.

이러한 총애동화 심리치료를 통해 안젤라는 자신의 콤플렉스 구조에서 나타나는 증세를 밝혀내기보다 오히려 종합적으로 고찰할 수 있게 되었다. 중요한 점은 빨간모자와 늑대가 역할을 바꾸는 것이다. 동화 주인공의 태도에 따라 결말이 왜곡되는 법은 없다.

이 동화의 배경은 죽음의 어머니와 약탈적 남성성을 다룬 원형이야기다. 그리고 이제 변화된 빨간모자는 간단히 먹이감이 되지 않는다. 다시 이전 빨간모자의 태도로 돌아가려는 취약성 또한 재고되어야 한다. 동화치료가 끝나갈 무렵 안젤라는 자율적 발걸음을 한 발자국씩 내디디기 시작했다. 안젤라는 점차 자신에 대한 책임감을 느끼게 되고, 양보가 오히려 더 편할 경우에도, 그녀가 보기에 잘못되었다고 판단되는 경우, 자기주장을 펼 줄 알게 되었다.

_용감한 꼬마재단사

용감한 꼬마재단사

— 주인공과의 동일시 —

여기서 다룰 이야기는 어느 남성이 어린 시절 가장 좋아했던 동화다. 그는 꽤 오랜 기간 동안 자신을 어린 시절 가장 좋아했던 동화의 주인공과 동일시해왔다. 사실 그러한 동일시는 물론 해서는 안 될 일이었다.

45살 먹은 남성이 치료를 받게 되었다. 이혼을 세 번이나 겪은 이후였다. 그는 우울하고 고집불통이었고, 키가 크고, 고지식하였다. 그가 쓰는 어휘에는 질서, 정식, 규정, 향상 등의 단어가 자주 나타났다. 그는 자신이 사람들을 따뜻하게 대하려고 애쓴다고 말했다. 그 이유인즉, 자신이 성공한 사람이기 때문에, 사람들의 불안을 덜어주기 위해 그런다는 것이었다. 그는 자신의 부하직원들에게 요구사항이 많다고 말했다. 그는 사업가로서, 언제나 부하직원들을 이해심 있게 대하지만, 한 가지 원칙은 어떤 일이든 간에 언제나 자신이 통솔해야 한다는 것이었다. 그는 나의 치료실에 와서 마치 거대한 강당에서 이야기하는 것마냥 말했다. 나는 그에게, 그렇게 소리 지르면 내가 이목을 집중해 그의 말을 잘 알아 듣는다고 생각하는지 물었다. 그는 나를 아주 이상하다는 듯이 쳐다보더니, 내게 이렇게 말했다. "내 말투는 항상 그래요." 그러면서도 그는 그 말투를 고치지 않았다. 나는 대화에 비집고 들어갈 틈새를 찾기가 힘든다는 느낌이 들어, 어떻게든 기지를 짜내 이러한 상황을 벗어나야겠다는 생각이 스쳐지나갔다. 그러나 그게 쉽지 않았다.

그래서 나는 그에게 왜 이혼하게 되었는지 물었다. 그는 자기 부인들이 하나같이 자신을 아주 권위적인 사람으로 보았다고 했다. 그는 언제나 찬사를 받고 싶어 했다. 그래서 그는 부인들을 놀라게 해주려고 언제나 자기 수입에 대해 말하곤 했다. 그러나 그러한 깜짝쇼가 장기간 진행되었기 때문에 부인들은 곧 지루해했다. 그리고 부인들은 그가 고지식하고 완고하다는 사실을 확인하게 되었다. 처음에 그들은 언제나 확신감을 주는 남편이 맘에 들었는데, 시간이 갈수록 힘들어졌다. 그는 부인들을 자신의 재산품목처럼 다루었고, 감성적으로 대하는 법이 없었다. 부인들의 일치된 고백을 그는 거의 남의 이야기하듯 말했다.

내가 그의 어린 시절을 회상하게 하자, 그제서야 그는 아버지가 그에게 들려준 동화「용감한 꼬마재단사」를 떠올렸다. 그는 이 동화가 자신에게 굉장히 중요하게 다가왔다고 말했다. 아버지는 그에게 반복적으로 동화 이야기를 해주었다. 노동자였던 아버지의 소원은 장차 아들이 '보다 나은' 존재가 되는 것이었다. 아들이 5살이 되었을 때, 그의 친구는 자신의 아들이 성공할 것이라고 말했다고 했다. 그날 이후로 아버지는 그를 '신동'이라고 불렀다. 아버지와 아들은 그 말이 자신들에게 남모를 활력을 주었다고 생각했다.「용감한 꼬마재단사」는 그보다 훨씬 이전부터 아버지께서 들려주신 동화였다. 그는 아직도 동화를 세부 사항에 이르기까지 완벽하게 기억하고 있었다. 멧돼지가 성당에 사로잡힌 부분에 이르기까지 말이다. 그가 말했다. "그래서 재단사와 공주가 결혼하게 되고, 동화는 끝난다."

위의 기록은 첫 번째 치료시간에 대화를 나누면서 밝혀진 사실들이었다. 처음엔 이 남성과 대화 하기조차 무척 힘들었는데, 그는 용감한 재단사에 대해 이야기하기 시작했을 때 생기가 돌았다.

동화•_

어느 여름날 아침 꼬마재단사는 창가에 있는 재봉대에 앉아 바느질을 하고 있었다. 그때 시골아주머니가 거리를 돌며 소리쳤다. "맛있는 잼이 있어요. 잼 사세요." 그 소리는 꼬마재단사 귀에 사랑스럽게 울려 퍼졌다. 그는 조그마한 머리를 창밖으로 내밀고선 소리쳤다. "지금 위로 올라와보세요, 아주머니. 여기서 사드릴게요." 그러자 아주머니는 위쪽 재단사의 작업실로 올라가 바구니를 죄다 열어 보였다. 꼬마재단사는 여러가지의 잼병을 살피더니, 결국 1/4파운드 정도만 샀다. 아주머니는 굉장히 화가 나서 투덜거리며 떠났다. 재단사가 말했다. "신의 축복이 잼과 함께 하기를! 저에게 힘과 강인함이 넘치게 하소서!" 재단사는 빵을 가져와 한 조각 잘라내어 잼을 발랐다. "요것 참 맛있겠구나." 그는 말했다. "하지만 이걸 먹기 전에 먼저 윗도리를 마무리해야 겠어." 재단사는 빵을 옆에 두고 바느질을 했다. 그리고 기분이 좋아서 점점 더 크게 바느질 땀을 떴다. 그러는 동안 잼 냄새가 벽을 타고 파리에게로 올라갔고 파리떼는 무리지어 아래로 내려오더

• Das tapfere Schneiderlein. Aus: Grimms Kinder- und Hausmärchen I, hrsg. von Heinz Rölleke, © 1982 Eugen Diederichs Verlag, Köln.

니 잼 위에 가 앉았다. 그때 재단사가 잼을 발라둔 빵 쪽을 돌아보고 불청객을 발견했다. 그가 말했다. "저런, 누가 너희들을 초대했지?" 파리들을 쫓아냈지만, 파리는 독일어를 알아듣지 못하는지 도망가지 않았다. 곧 이어, 오히려 더 많은 무리들이 다시 잼 쪽으로 달려들었다. 그러자 재단사는 화가 나서 펄펄 뛰었다. 재단사는 재봉대에서 커다란 천 조각 하나를 꺼냈다. "기다려라, 내가 너희들을 잡아주지." 그리고선 빵 위로 천을 내리쳤다. 천 조각을 벗겨내니 거기에 일곱 마리가 다리를 축 늘어뜨리고 죽어 있었다. 재단사는 경탄하며 말했다. "너 참 굉장하구나! 이 사실을 온 도시 사람들에게 알려야 해!" 그리고선 서둘러서 혁대를 잘라 커다랗게 글자를 그 위에 새겨 넣었다. "한 방에 쳐 일곱을!" 그는 말했다. "도시 사람들이라니! 아니, 온 세상 사람들에게 다 알려야 해!" 그의 심장은 새끼양의 꼬리처럼 기쁨으로 요동쳤다.

그는 곧 그 혁대를 몸에 두르고는 들고 갈 만한 것이 없는지 주위를 둘러보았다. 넓은 세상으로 떠나야 하기 때문이었다. 하지만 오래된 치즈 한 덩어리 말고는 가지고 갈 만한 것이 없었다. 그는 성문 앞에서 운좋게 새를 한 마리 잡았다. 그는 그 새를 치즈가 들어 있는 호주머니 속에 집어넣었다. 그리고 열심히 걸어 높은 산 위를 향해 올라갔다. 정상에 이르니, 그 곳에는 엄청나게 큰 거인이 앉아 있었다. 재단사가 거인에게 말했다. "이보시오, 당신은 거기 앉아 뭘 하고 있는 거요? 세상 구경하고 있는 중이오? 나 또한 그럴 생각인데 그 즐거움 좀 같이 나눕시다." 거인이 재단사를 보며 말했다. "요런 꼬맹이 녀석 좀 봐라!" 꼬마재단사가 말했다. "꼬맹일런지는 모르지만…" 꼬마재단사는 상의를 벗어 거인에게 자신의 혁대를 보여주면서 이렇게 말했다. "나 이런 사람이오." 거인이 읽었다. "한 방에 쳐 일곱을!" 그렇다면 이 꼬맹이가 일곱 사람을 때려 눕혔다는 것이 되고, 만만하게 볼 대상은 결코 아닌 것이다. 거인은 꼬마재단사를 시험해 보기로 했다. 거인은 돌 하나를 주먹에 쥐고 꽉 눌렀다. 그러자 주먹에서 돌이 물이 되어 뚝뚝 떨어졌다. 거인이 꼬마재단사에게 이렇게 말했다. "너 나처럼 할 수 있겠어? 네가 힘이 있다면 한번 해보지 그래." 꼬마재단사는 말했다. "두 말하면 잔소리지. 할 수 있고말고!" 주머니에서 썩은 치즈를 꺼내 쥐고선 꽉 눌렀다. 그러자 치즈가 즙이 되어 뚝뚝 떨어졌다. 재단사가 말했다. "이것 보라고, 이 정도면 자네보다 낫지 않아?" 거인은 어찌 말해야 할지 몰라 당황했고, 이 난쟁이가 한 말을 한 마디도 믿을 수 없었다. 그러자 거인은 돌 하나를 집어 올려 높이 던졌다. 그 돌은 아주 먼 곳으로 떨어져 더 이상 보이지 않았다. 거인이 말했다. "네가 이렇게 할 수 있겠어? 네 실력 좀 보여줘 봐." 꼬마재단사가 말했다. "너의 투석 실력은 대단한데 그래. 하지만 네가 던진 돌은 다시 땅으로 떨어지고 말지. 난 떨어지지 않는 걸 보여 주겠어." 그리고선 재단사는 주머니에서 새를 집어서 공중으로 던졌다. 그러자 새는 자유를 얻었고, 멀리 멀리 날아가 사라졌다. 꼬마재단사가 거인에게 말했다. "내 실력 어때?" 거인이 말했다. "던지는 건 그렇다고 치고… 이제 네가 제대로 물건 나르는지 한 번 봐야겠어." 그렇게 말하고 나서 거인은 꼬마재단사를 쓰러져 있는 아주 무겁고 튼튼한 떡갈나무로 데려갔다. "우리 함께 이 떡갈나무를 숲 밖으로 옮기기 내기 하자." 꼬마재단사가 말했다. "그럼 넌 굵은 데를 어깨로 날라봐. 난 잔가지 쪽을 들고 갈 거야. 그게 보통 무거운 게 아니거든?" 거인은 나무 둥치를 어깨에 짊어졌다. 꼬마재단사는 가지를 들기는커녕 가지 쪽에 가서 앉았다. 거인 혼자 나무 전체를 나르게 되었다. 꼬마재단사는 마냥 즐겁기만 했다. 그리고 나무 옮기기가 아이들 장난인 마냥 휘파람 불어가며 갖가지 노래를 불렀다. 거인이 나무를 어깨에 메고 몇 발자국 옮기자 더 이상 걸을 수가 없었다. "아, 더 이상 들 수가 없어." 그러자 꼬마재단사는 나무를 실어 나르는 것처럼 두 팔에 가지를 잔뜩 움켜쥐고선 날쌔게 아래로 내려왔다. 꼬마재단사가 거인에게 말했다. "덩치도 커다란 녀석이 요런 나무 하나 못 옮긴단 말이야?" 그들은 함께 걸어가 벚나무 앞에 도착했다. 거인은 알맞게 익은 뻐찌 달린 줄기 부분을 잡고선 뻐찌를 따 먹으라고 꼬마재단사 손에 쥐어줬다. 그러나 꼬마재단사는 나무 줄기가 휘청거렸기 때문에 지탱해내기 힘들었다. 그래서 그는 높이 튕겨 날아갔다. 거인이 말했다. "이게 뭐야. 넌 이 힘없는 가지 하나 휘어잡지 못한단 말이지." 재단사가 말했다. "그게 말이야, 난 한 번에 일곱을 때려 잡았다구! 네가 뭘 알겠어? 아래 마을 수풀 속에서 사냥꾼이 총을 쏘고 있었어. 그 때문에 내가 나무를 뛰어 넘어 버린 거지. 너도 한 번 해봐." 거인이 나무를 뛰어넘으려고 했지만 잘 되지 않았다. 거인이 나뭇가지를 뛰어 넘으려 들면 들수록 자꾸만 가지에 엉켜들게 되었기 때문이었다. 이번에도 꼬마재단사가 이겼다. "자, 이제 우리 동굴로 가서 함께 밤을 지내자꾸나." 거인이 말했고 꼬마재단사는 기꺼이 그를 따라갔다. 거인은 꼬마재단사에게 푸근히 쉴 수 있는 침대를 주었지만 꼬마재단사는 거기서 자지 않고 모퉁이에서 잤다. 한밤중이 되자, 거인은 쇠로 된 몽둥이를 가지고 꼬마재단사가 잠들어 있다고 생각하는 침대를 마구 내리쳤다. 이제 꼬마재단사는 납작해져서 다시는 볼 수 없을 거라고 생각했다. 다음날 거인들은 죽은 꼬마재단사를 잊고 숲 속으로 갔다. 그 때 꼬마재단사는 명랑하고 뻔뻔스럽게 그들에게로 걸어왔다. 거인들은 깜짝 놀랐고 무서워하며, 꼬마재단사가 그들을 죽일까 싶어 서둘러 도망갔다.

꼬마재단사는 혼자 계속 걷고 걸어 어느 왕궁에 도착했다. 꼬마재단사는 피곤했기 때문에, 들판에 누워 잠이 들었다. 거기에 누워 있는 동안, 왕의 부하들이 다가왔고, 이리저리 살펴보더니 혁대에 쓰인 글씨를 읽었다. "한 방에 쳐 일곱을!" 그들이 말했다. "아, 아직은 평화로운 시기이긴 하지만, 이런 위대한 전쟁영웅을 썩히기는 아까운데… 이 사람, 분명 대단한 영웅임에 틀림없어." 왕의 부하들은 왕에게 꼬마재단사에 대해 알리면서, 전쟁이 나면, 중요하고 유용한 사람인 꼬마재단사를 왕의 신하로 두어야 한다고 하였다. 그러한 충고가 왕의 맘에 쏘옥 들었다. 꼬마재단사가 늘어지게 자고 나자 왕은 그에게 직책을 맡아달라고 제안했다. 꼬마재단사가 대답했다. "좋습니다. 제가 여기 온 것은 마침 왕께 직위를 하사받기 위해 온 것이기도 합니다." 그는 왕의 제안을 흔쾌히 받아들였고 꼬마재단사에게는 특별한 거처가 마련되었다.

하지만 군사들은 꼬마재단사를 시기하며 저주를 퍼부었다. 그들은 만나기만 하면 이렇게 말했다. "이게 뭐람! 그와 우리가 말다툼이라도 하게 된다면 그가 달려들어서 단박에 우리 일곱 명을 죽인다는 게 아닌가." 그래서 전사들이 모두 왕에게로 가, 그들의 해직을 청하면서 이렇게 말했다. "그는 너무 강한 사람이라 우리가 함께 있을 수 없습니다." 왕은 아주 난처해졌다. 자칫하면 모든 신하들을 잃을 것이고 꼬마재단사를 내치면 그를 잃을 것이기 때문이었다. 왕은 꼬마재단사를 해직시키지 않았다. 하지만 왕은 꼬마재단사가 자신의 백성도, 왕인 그도 죽이고 왕좌를 차지할까봐 두려웠다. 왕은 오랫동안 곰곰이 생각하다가 마침내 묘안을 찾아냈다. 왕은 재단사에게 다음과 같이 말을 전하라고 하였다. 왕의 제안은 꼬마재단사가 힘 있는 전쟁영웅이라는 것을 보여 달라는 것이었다. 그 제안은, 그의 왕국의 숲 속에 거인이 두 명 살고 있는데 그 거인들이 강탈, 살인, 구타, 방화와 같은 엄청난 사건들을 저지르지만 어느 누구도 그들 가까이 다가갈 수 없으니, 꼬마재단사가 무장을 하고 그들을 죽인다면, 왕의 딸도 아내로 맞이하게 하고 왕국의 절반을 하사하겠다는 것이었다. 또한 꼬마재단사에게 백 명의 기사를 원조하겠다고 하였다. 꼬마재단사는 속으로 생각했다. '이 제안은 나에게 절호의 기회야. 아름다운 공주와 왕국의 절반 나쁘지 않잖아?' 꼬마재단사가 대답했다. "좋소. 거인은 내가 잡겠소. 하지만 난 한 번에 일곱을 잡은 몸이오. 백 명의 기사 따위는 필요 없다오. 거인 두 명쯤은 두렵지 않소." 그리고 그는 숲 속으로 들어갔다. 숲에 도착하자 꼬마재단사는 기사들에게 말했다. "여기서 기다리시오. 나 혼자 거인들을 끝장내고 올 테니." 그가 숲 속으로 들어서자 작은 눈을 굴려가며 거인들이 있는 곳을 찾아 다녔다. 마침내 꼬마재단사는 거인 둘을 발견했다. 그들은 나무 아래서 잠을 자면서 코를 골고 있었는데 나무가지가 매우 흔들릴 정도였다. "다 이긴 게임이구나!" 꼬마재단사가 말했다. 그는 주머니에 돌맹이를 가득 넣고선 거인들이 자고 있는 나무 위로 올라갔다. 꼬마재단사는 한 거인의 가슴 위로 돌을 던지기 시작했다. 그 거인이 화가 나서 잠에서 깨어났다. 잠에서 깨어난 거인이 다른 거인에게 마구 발길질하며 말했다. "너 나에게 뭘 던졌니?" "꿈 꾸고 있네. 난 던지지 않았어." 두 거인이 다시 마악 잠들려 하는 순간 꼬마재단사는 또 다른 거인의 가슴에 돌을 던졌다. "너 뭐 때문에 내게 돌을 던지냐?" "난 던지지 않았다니까." 그렇게 그들은 잠시 말다툼했지만 피곤했기 때문에 눈을 감았다. 꼬마재단사는 다시 나무 위에서 돌게임 놀이를 시작했다. 무거운 돌을 찾아서 있는 힘을 다해 첫 번째 거인 가슴 위로 던졌다. 그때 거인이 소리쳤다. “이 못된 것이!” 그는 미친 듯 벌떡 일어나서 친구를 한 대 쳤다. 그 거인은 친구가 똑같은 짓으로 보복하는 것이 불쾌했던 것이다. 그들은 이제 화가 날 대로 나서 나무를 뽑아 서로에게 집어 던졌다. 결국 그들은 맞아서 죽게 되었다. 꼬마재단사가 말했다. “아이구 다행이네. 거인들이 내가 앉아 있는 나무는 뽑지 않아서 말이야. 만일 이 나무까지 뽑혔다면 난 잽싸게 뛰어 내려야만 했거든.” 그는 나무 아래로 내려가서 자신의 검으로 거인들의 가슴팍에 상처를 냈다. 그리고 난 후 그는 기사들이 기다리는 쪽으로 걸어가서 말했다. “저기 거인 두 명이 죽어 있소. 난 그들에게 최후의 일격을 가했지. 그런데 한 번에 일곱을 때려 눕혔다는 소릴 듣고선 불안해서 나무를 마구 뽑아버리더군.” 기사들이 물었다. “부상을 입지 않았습니까?” “그들은 내 털 끝 하나 건드리지도 못했어.” 기사들은 도저히 믿을 수 없어서 숲 속으로 들어갔다. 그 곳엔 피 흘린 거인들이 있었고, 나무들이 이리저리 뽑혀 있었다. 그들은 경악했다. 어느 누구도 거인들끼리 싸우다가 그렇게 되었다고 의심하지 않았다. 그들은 말을 타고 돌아와서 왕에게 이 사실을 보고했다. 꼬마재단사도 도착해서 이렇게 말했다. “이제 공주님과 왕국의 절반을 주십시오.” 하지만 왕은 약속한 사실을 후회하고, 전쟁영웅을 없앨 새로운 방법을 짜냈다. 왕은 자신의 딸을 꼬마재단사에게 주고 싶은 마음이 추호도 없기 때문이었다. 왕은 꼬마재단사에게 말했다. “숲 속에는 이마에 뿔이 달린 일각수가 한 마리 있는데 동물과 백성에게 엄청난 해를 끼치고 있소. 만일 내 딸을 원한다면 그 일각수를 당장 잡아오시오.” 꼬마재단사는 그렇게 하겠다고 말하고, 밧줄을 가지고 숲 속으로 들어갔다. 지난번과 같이 기사들은 밖에서 기다리게 했다. 재단사는 혼자 일각수를 잡고 싶었기 때문이었다. 꼬마재단사가 숲 속에서 이리저리 일각수를 찾고 있을 때 일각수가 재단사에게 뛰어와 자신의 뿔로 꼬마재단사를 찌르려 했다. 꼬마재단사는 말했다. “침착해라, 침착해!” 그는 일각수가 가까이 올 때까지 기다렸다. 일각수가 달려드는 순간에 꼬마재단사는 바로 옆에 있는 나무 뒤로 날쌔게 뛰어 갔다. 일각수는 전력질주를 하고 있는 중이라 방향을 바꿀 수가 없었고 나무를 향해 돌진하게 되었다. 일각수의 뿔이 나무에 단단히 박혀버려서 안간힘을 써도 빼낼 수 없었다. 그 순간에 꼬마재단사는 일각수를 사로잡았다. 꼬마재단사는 나무 뒤에서 나와 일각수의 목에 밧줄을 매고서 그의 기사들이 있는 곳으로 끌고 갔다. 그는 다시 왕에게로 갔다. 왕은 깜짝 놀랐지만 곧 새로운 계략을 생각해 내었다. 왕은 결혼식 전에 해야 할 일이 있다며, 꼬마재단사에게 숲 속에 있는 멧돼지를 잡아 와야만 한다고 말했다. 왕은 꼬마재단사를 도와주기 위해 왕궁의 사냥꾼을 보내기로 했다. 꼬마재단사가 말했다. “좋습니다. 그건 식은 죽 먹기죠 뭐.” 꼬마재단사는 다시 숲 속으로 들어갔다. 사냥꾼도 숲 어귀에서 기다리게 되었는데, 그는 대만족이었다. 사냥꾼은 종종 그 멧돼지와 맞서 싸웠는데, 잡으려고 무진 애를 써봐도 잡히지 않았기 때문이었다. 멧돼지는 꼬마재단사를 보자마자 입에 거품을 물고 이를 갈면서 정신없이 달려 들었다. 마침 꼬마재단사 옆에는 예배당이 하나 있었는데 그는 그리로 뛰어 들어 갔다. 멧돼지가 뒤쫓아 들어오자마자 바로 꼬마재단사는 위쪽 창문을 통해 밖으로 빠져 나오면서 예배당 문을 꼭 잠구어 버렸다. 멧돼지는 이제 빠져나올 수가 없었다. 창문이 너무 높아 뛰어 올라갈 수 없었기 때문이다. 꼬마재단사는 멧돼지를 보라고 사냥꾼을 불렀다. 그리고 꼬마재단사는 왕에게 돌아가 말했다. “암퇘지를 사로잡았습니다. 그러니 딸을 주십시오.” 왕은 이제 더 이상 새로운 핑계를 댈 수 없었고 꼬마재단사에게 딸을 준다는 약속을 지켜야만 했다. 왕은 꼬마재단사가 위대한 전쟁영웅이라고 믿었다. 그가 재단사라는 사실을 알았다면, 아마 그를 체포했을 것이다. 결혼식은 성대하고도 기쁜 마음으로 치러졌고, 꼬마재단사는 왕이 되었다.

며칠이 지난 뒤 젊은 왕비는 꼬마재단사가 잠꼬대하며 말하는 소리를 들었다. "이 녀석아, 윗도리를 만들고 바지를 수선해야지. 안 그러면 내가 따귀를 때릴 거야!" 그러자 왕비는 젊은 왕이 하류층 출신이라는 것을 단박에 알아 차렸고 아침이 되자 왕비는 그 사실을 아버지에게 하소연했다. 재단사인 남편에게서 자신을 구해달라고 애원했다. 왕은 딸을 위로하면서 이렇게 말했다. "내일 너의 방문을 열어 두어라. 그러면 몇몇 신하들이 그 앞에 서 있다가 재단사가 잠들면 죽이도록 하마." 왕비는 마음이 놓였다. 하지만 그 계획을 왕의 무사가 모두 들었다. 그 무사는 꼬마재단사에게 호감을 지니고 있었기 때문에 그에게로 가서 모든 것을 이야기하였다. 꼬마재단사는 좋은 방법이 있노라고 말했다. "내가 잘 해결하도록 하마." 저녁이 되자 꼬마재단사는 그의 부인과 함께 여느 때처럼 잠자리에 들었다. 꼬마재단사가 곧 잠이 드는 척하자 왕비는 살며시 일어나 방문을 열고 다시 누웠다. 그러자 잠꼬대와 같은 소리가 들려왔다. "이 녀석아, 윗도리를 만들고 바지를 수선해. 그렇지 않으면 내가 따귀를 때릴 거야! 난 한방에 일곱을 때려잡았고, 거인 두 명을 죽였고 일각수와 암퇘지를 사로잡았어. 그런데 방문 앞에 있는 놈들 때문에 두려움에 떨겠느냐!" 방문 앞에 서있던 신하들은 이 말을 밖에서 듣고선 마치 수천 명의 악마가 그들 뒤를 덮치듯 걸음아 나 살려라 하며 도망쳤다. 그후 재단사는 더 이상 잠꼬대를 하지 않았다. 그리고 재단사는 평생 왕의 자리를 지키게 되었다.

우리가 살펴봐야 할 점은 이 동화를 연극으로 공연할 경우 우리가 맡을 역할이다. 시험 삼아 꼬마재단사에 감정이입해 보고, 거인들에도 감정이입해 보고, 왕의 하인들과 무엇보다도 왕의 딸, 공주에 감정이입을 해 보도록 하자. 우리가 이 동화의 인물들에 감정이입을 하게 되면, 우리는 주인공의 관점뿐만 아니라, 상이한 관점에서 동화의 줄거리에 다가갈 수 있다. 그러면 동화에 좀 더 쉽게 접근하게 된다.

「용감한 꼬마재단사」에서 과연 이 꼬마재단사의 기쁨에 우리가 동조해야 하는지 한 번 생각해 봐야 한다. 물론 그가 갖가지 술책이나, 기지를 이용하여 아주 왜소한 존재가 강력한 거인을 이길 수 있다는 점이나, 결국 지능이 폭력을 이기는 대목에 이르러서는 누구나 통쾌함을 느끼게 된다.

아이는 여러 단계를 거쳐 성장하며, 그때마다 특히 선호하게 되는 동화가 있다. 나이가 어린 아이일 경우 성인들이 매우 큰 거인들로 느껴지기 때문에, 아이는 언제나 용감한 재단사가 되고, 거인들에 둘러싸여 있는 것 같은 느낌을 받게 된다. 이 동화는 아이들에게 거인에 대해서 전혀 속수무책으로 손 놓고 있어서는 안 된다는 점을 강조하고 있다. 자기가 원하는 대로 거인을 유도하는 것을 아이들의 악의없는 술책으로 본다면, 아이들이 용감한 꼬마재단사와 동일시하는 것은 고무적일 수 있다. 그러나 술책과 기지가 완력에 비해 강하다는 것이 옳다고 박수칠 수는 없는 일이다. 물론 용감한 꼬마재단사의 즐거움, 즉 꼬마재단사가 발산하는 자기 확신은 흥미진진하다. 꼬마재단사는 성공을 가로막는 것 따위에 대해서는 관심이 없다. 그는 자기 확신에 가득 차 있다. 물론 자기 확신은 사회적 성공에 대한 꿈과 결합되어 있다. 페처는 자신의 유명한 저서•에서 「용감한 꼬마재단사」 이야기를 재단사의 사회적 성공사례, 일종의 혁명 이야기라고 쓴 바 있다. 어느 의미에서 그것은 타당하다. 혁명도 심리학적으로 이해할 수 있다. 심리학적 의미에서의 혁명은 억압당한 사람이 지배자가 되는 능력을 의식하여 그 능력을 행사하는 것으로 이해할 수 있다.

이 동화를 좀 더 상세히 들여다보면, 기지가 폭력이 된다는

• Fetscher I.: Wer hat Dornröschen wachgeküßt? Das Märchen-Verwirrbuch. Fischer Tb. 1446. Fischer, Frankfurt a.M. 1974.

것, 처음에는 거인들 앞에서 떨었지만, 마지막에는 모두들 꼬마재단사 앞에서 부들부들 떨게 된다는 점 등을 확인할 수 있다. 사실 이러한 점들을 발견하게 되면 이 동화에 대한 재미는 반감될 수도 있다.

결국 머리가 폭력을, 문화가 자연(거인)을 지배하는 것 등은 이 동화와 연관지어 사용될 수 있는 검색어들이다. 그것은 동화의 메시지에 부합하기도 하고, 아닐 수도 있다. 그보다도 일종의 물음이 제기되는데, 그것은 꼬마재단사의 지나친 자기 확신에 대해 좋다고 손을 들어줄 수 있는가 하는 점이다. 이와 같은 자기 확신이 과연 본받을 만한 것인가? 또는 그것은 용감한 꼬마재단사를 고등사기꾼으로 불러야 할 것 아닌가? 용감한 꼬마재단사를 어느 특정 시기에 좋아했던 대부분의 사람들은 이렇게 말할 수도 있을 것이다. "사실 좀 고등사기꾼이라고도 볼 수 있지요." 요지부동의 자기 확신을 지닌 이런 유형을 매혹적이라고 보는 사람이 있는 반면에, 고등사기꾼으로 보아 그에 대한 반감을 드러내기도 한다. 우리가 어린 시절에 보여주었던 동화에 대한 반응과 이제 성인이 되어 의식적으로 읽은 후의 느낌에는 분명 차이가 있다.

어린 시절의 체험과 성인 체험의 불일치는 동화가 지니고 있는 양가성 때문이다. 또한 이 동화는 용감한 재단사와의 동일시를 통해 자신의 문제를 표현하려는 내담자를 이해하는 데 중요한 열쇠가 된다. 우리가 만났던 첫 몇 분 동안 용감한 꼬마재단사와 같은, 동화에 나타난 권력과 술수의 주제가 내담자의 중요한 화두였다는 것을 발견하게 된 것은 큰 수확이었다. 그는 여전히 마치 그가 거대한 강당에서 연설하는 듯 말하고, 이에 대한 내 질문 따위엔 귀기울이지 않았다. 그래서 나는 조금 신속하게 치료를 진행하기 위해 술수를 부렸다. 물론 그걸 술수라고 보지 않을 수도 있지만 말이다.

자의식과 과대망상_ 동화의 말머리에서 이미 꼬마재단사는 자기만의 독특한 방식을 드러낸다. 마멜레이드잼을 가져오도록 하고, 약속을 하고도 지키는 법은 없다. 허풍쟁이로 간주된다. 잘 관찰하게 되면, 어떤 행동방식이 나타난다. 즉 그는 자신에게 필요한 만큼을 정확히 알고 있고, 그 이상은 취하지 않는다. 어머니와 같은 농부 아낙네에게도 마음이 동요되지 않는다. 재단사는 그녀를 필요로 하고, 이용하고 남용한다. 바구니를 들고 층계를 올라온 아주머니에게 감정이입해서 볼 때, 재단사의 처신은 바람직하지 못한 것으로 보인다. 또한 아주머니의 입장을 전혀 고려하지 않고 모든 것을 자기위주로만 생각하는 태도에 대해 불쾌감을 느끼게 된다. 잼장수 아주머니는 화가 나서 투덜거리며 떠난다. 동화의 결말에서 재단사의 부인이 된 공주에게 감정이입해 보아도 공주가 이용당하고, 사기당했다는 생각이

드는 건 어쩔 수 없다. 그건 사실이 아니던가.

재단사는 동화 속에 종종 나온다. 몸집이 왜소한 수공업자로, 어떤 형태로든 경쟁해야만 하는, 폄하된 존재로 제시된다. 그들은 힘보다 우아함에 호감을 갖고 있다. 옷이 날개인 것처럼, 재단사는 옷을 만든다. 옷으로 인간을 치장하게 하기 위해 재단사는 인간의 온갖 오류를 보고 확인해야 한다. 오류를 은폐하기 위해서 말이다. 재단사는 우리가 타인 앞에서 어떻게 보이는가를 결정해야 한다. 그들은 페르소나에 대한 우리의 권한을 장악하고 있다. 그들은 약간 교활해야만 하며, 약간의 재해석을 해야 하며, 사람들을 좀 더 아름답게 하기 위해 본 모습보다 약간의 기만술을 펼쳐야만 한다. 이러한 기능을 지닌 재단사가 동화 속에서도 종종 나온다. 재단사는 서민 출신이며, 약한 존재이기 때문에, 성공하기 위해서는 무언가를 보정해야만 한다. 이러한 재단사들은 없어서는 안 될 절대적으로 필요한 존재들이다.

우리 속에 있는 재단사는 약한 존재이지만, 술수이나 요령에 능한 존재이며, 어떤 상황에서도 중책을 맡고 싶어 하는 사람일 수 있다. 여기 꼬마재단사를 한 번 살펴보자. 우선 꼬마재단사는 일곱 마리를 한 방에 때려죽인다. 심리학적으로 말하자면 '행운의 한 방'으로 해석된다. 한 방에 쳐 일곱, 그리고 이 한 방으로 그의 자의식은 깨어나게 된다. 그것이 일곱 명의 영웅이든, 일곱 마리 파리든 간에 타자를 찾아낸 것이다. 재단사는 이를 자신의 영웅적 행위로 평가한다. 그것이 그의 욕구를 만족시키고, 스스로를 영웅으로 느끼도록 한다.

「용감한 꼬마재단사」에서 우리 내면의 어느 측면을 확인할 수 있다. 우리 모두 우리가 무언가를 특히 잘했다는 것, 기대보다 또 예상외로 잘 했다는 결정적인 체험을 통해 자기 신뢰를 쌓을 수 있다. 그러한 자기 신뢰는 그 순간 이후로 우리에게 보다 많은 용기와 희망을 주어 삶을 극복하게 해주는 힘이 된다. 그리고 여기 꼬마재단사처럼 대부분 과대망상에 사로잡히기도 한다. 그래서 자신을 과대평가하게 되고, 가당치도 않은 것에 기대감을 갖게 된다. 때문에 과대망상증이 종종 어떤 병리학적 표현으로 문제시될 때가 있다. 5살이나 6살 먹은 아이들은 아주 확신에 차서 말한다. “나는 무엇이든 다 잘 할 수 있어요.” 물론 그것은 세상을 극복해야 하는 아이에게 용기를 주는 고전적 과대망상이다.

과대망상은 어떤 생각과 희망을 품고 무언가 실행할 에너지를 지녔다는 것을 말한다. 그런 의미에서 볼 때 과대망상 없이 위대해질 수는 없다. 내 내담자의 경우에도 아버지의 동료가 아버지와 아들의 내면 속에 있는 과대망상을 강화시킨 것이라 볼 수 있다. 그가 이 아이는 커서 무언가 큰 인물이 될 것이라고 말했던 것이다. 이와 같은 말은 갑자기 자의식을 환기시킬 만큼 매우 중요할 수 있다. 다른 사람이나, 종종 부모의 미래적 전망이 아이의 성공의 초석이 될 수 있다. 그러나 그 전망이 아이의 개성과 가능성을 실지로 인지하지 않은 채 단지 자신의 욕망만을 표현한 것이라면, 그것은 잘못된 것이며, 그러한 요구도 부당한 것이 된다.

꼬마재단사는 자기 확신에 차 있다. 그는 자신이 경탄과 존경의 대상이 되기를 바란다. 아마도 두려움의 대상이 되기를 바랄 수도 있을 것이다. 동화의 문제점을 살펴 보면 다음과 같다. 아마도 꼬마재단사는 잼이나 영양가 있는 음식 등이 충분할런지도 모른다. 하지만 그에게 중요한 것은 영양이 아니라, 권력이다. 그의 이러한 약점은 보정되어야만 한다. 그 약점을 보정하는 길은 경탄과 존경을 한 몸에 받는 것이다. 이야기의 출발 상황에서 나르시즘적 문제가 표현되고, 과대망상증이 있는 아이의 발전단계 또한 표현되었다고 볼 수 있다. 우리는 여기서 '교활한 심리'를 접하게 된다.

자의식이 눈을 뜨는 순간 꼬마재단사는 세상으로 나가고자 한다. 이제 그는 자신이 누구인가를 세상에 밝히고 싶은 것이다. '세상으로 나아감'은 보다 더 자율성 있는 인간으로 발전해 나가는 것을 말한다. 꼬마재단사는 재빨리 혁대에 바느질을 하면서 그 혁대에 영웅의 행위를 알리는 위대한 모토를 새긴다. 혁대는 원에 근접한 것으로, 보다 큰 전체적 결합, 즉 혁대를 소지한 사람의 힘을 상징한다. 물론 어느 집단의 힘일 수 있지만, 여기서는 영웅이 되고자 하는 어느 개인의 발상과 연관된다. 다시 말해 그것은 현실을 재해석한 영웅적 행위이며, 타인을 속이는 계략과 연관되어 있다. 재단사의 모습에서 신화적 원형을 확인하게 된다. 토르Thor, 지그프리트Siegfried, 라우린Laurin(티롤의 난쟁이 왕)은 모두 마법의 혁대를 지녔다. 그들이 혁대를 차게 되면, 20명쯤 너끈히 해치우는 것은 문제도 되지 않는다.

그런 다음 꼬마재단사는 집에 있는 치즈와 습득물인 새를 가지고 산에 오른다. 그는 높이 올라가고 싶다. 산들은 언제나 올라가야 할 대상이며, 중도에 포기해서는 안 된다. 그리고 일단 올라가서야 내려다 볼 수 있는 것이다. 그는 산 위에서 만나게 된 거인에게 말을 건다. 그는 거인에게 거인의 말투로 묻는다. "함께 갈 맘이 있느냐?" 거인과 동반할 준비가 된 듯 말이다. 거인이 말한다. "너, 미친 놈 아냐?" 이러한 대화 가운데 '일개의 재단사라는 신분'과 '자기 과시하고 싶은 재단사' 사이의 내면적 갈등이 엿보인다. 미친 놈이 된 느낌과 미친 놈이 아니라는 사실을 필연적으로 증명하는 길 사이의 갈등 말이다. 거인이 말하는 미친 놈이라는 욕설과 미친 놈이 아니라는 사실 증명 사이의 문제, 즉 요구사항이 많은 아버지와 그래도 자신이 무엇인가 될 것이라는 사실을 증명해야 하는 아들 사이의 갈등이 드러난다. 심리학적으로 말해 이것은 과대망상과 자신이 미미한 존재라는 자각 사이의 긴장이라 할 수 있다.

동화 속에서 두 사람은 서로 경쟁하기 시작한다. 과대망상을 지닌 사람은 객관적 단계에서 문제를 해결해나가야 한다. 이 경쟁 속에서 재단사의 특이성이 드러나게 된다. 재단사는 자의식이 있고, 창조적이며, 독창적이며, 게다가 행운아이기도 하다. 무엇보다도 그는 거인의 방식으로 맞서지 않는다. 게다가 그는 자신이 거인이 아니라는 사실을 아주 잘 알고 있다. 그리고 그는 이렇게 말한다. “나는 물론 거인이 아니지. 그렇지만 네가 할 수 있는 거라면 나도 내 나름으로 잘 할 수 있다구. 게다가 좀 더 낫게 할 수 있을 걸?” 그렇다! 그는 자신이 조금 더 잘 할 수 있다는 것을 인정하고 있는 것이다.

꼬마재단사는 누군가와 경쟁해서 명성을 쌓기 위한 과정을 밟아 간다. 이 과정에서 그는 졸렬한 방식이 아니라, 매우 창조적이고 재치있는 방식을 전개시킨다. 문제는 과대망상과의 대결이다. 거인이 문제를 낸다. 달리 말해 거인이 제시한 과대망상적 과제를 꼬마재단사가 풀어야 하는 것이다. 재단사는 이러한 문제를 자기 방식대로 풀어 나간다. 그는 과대망상에 도전한다. 거인에게 중요한 것은 사실 폭력뿐이다. 거인은 힘이 세고 멍청하게 나타나지만, 다른 판본이나, 후반부에서는 오히려 감성적이기까지 하다.

신화에는 불의 거인과 얼음 거인이 존재한다. ‘거인의 감정’을 상대로 해야 한다는 것, 키가 큰 만큼 멍청하고, 그만큼 거친, 거인적 존재가 대상이 된다. 우리는 허황된 계획이나 멍청한 행위를 ‘거인 같은’, 또는 ‘거인같이 멍청하게’ 같은 어구로 표현한다.

여기서 거인은 과대망상의 상징으로 파악된다. 우리의 과대망상은 대부분 거인처럼 거대하고 멍청하다. 그렇지만 나는 과대망상을 폄하하고 싶지는 않다. 인생문제는 과대망상을 통해 표현되는 경향이 있으며, 우리는 사실 과대망상과 다소간 대결하면서 살아가고 있다.

동화 속 거인은 일차원적이고, 거인의 행보는 일방통행이다. 따라서 그의 태도는 예측 가능하다. 반면에 꼬마재단사는 창조적이며, 관점을 바꿀 수 있다. 그는 재해석의 능력이 있고, 모든 트릭 또한 다룰 줄 안다. 그는 거인의 행동을 예견한다. 재단사의 트릭은 우리에게 낯설지 않은 술수들이다. 예를 들어 재단사가 떡갈나무의 가지 끝자락에서 '나무를 타고 가는' 장면을 생각해 보자. 그것은 '손 하나 까닥하지 않고 남의 이익을 보는 사람'의 전형이다. 누군가와 경쟁관계가 되면, 그에게 일을 시키면서 그를 정말 '쩔쩔매게' 만드는 사람이다. 그래서 그가 더 이상 일할 수 없는 그 순간이 될 때를 기다려 그가 거둔 노동의 열매를 따먹고는 심각한 표정을 지으며, 이렇게 말할 것이다. "뭐야, 벌써 지쳤다고? 벌써 그만 두겠다고?" 이러한 술수는 이중적 관점에서 살펴보아야 한다. 그는 뻔뻔한 처세술사다. 재단사와 거인의 신화적 배경에는 '신의 아들이자 악동' 신화가 있다. 신의 아들은 세상이 혼란하면 언제나 세상으로 나온다.

예를 들어 크리시나Krishna전설●에서처럼, 어머니 대지가 세상이 악해지는 것을 더 이상 참지 못하게 되면, 신의 아들이

●In: Schwarzenau P.: Das göttliche Kind. Kreuz, Stuttgart 1984.

이 세상에 온다. 그것은 새로운 시작을 상징한다. 신의 아들들은 대부분 악동들이지만 아주 정상적인 아이들이다. 그들은 악동으로서 트릭을 사용하는데, 트릭을 써서 소떼를 맞교환해 소떼를 배로 늘리기도 한다. 신의 아이들은 언제나 악령의 위협을 받는다. 물론 위협받는 쪽을 상대적으로 힘없는 아이로 쉽게 간주할 수 있을 것이다. 그러나 그러한 힘없는 아이는 심리적 역동력을 띠고 있다. 아이가 삶의 중심에 자리하기 위해서는 다소간 키를 쥐고 조종하는 성인들과 대결해야 한다.

신의 아이들이 지니고 있는 의미는 이보다 훨씬 포괄적이다. 신의 아들이 새로운 출발을 위한 시작을 상징한다면, 물론 그것은 창조 자체를 말하는 것이다. 언제나 변화는 필요하고 가능하다. 언제나 창조성이 결여되면, 어떤 변화가 생겨나고, 그런 다음 이러한 변화를 위협하는 힘이 존재하게 된다. 노인에게 어떤 어려움이 닥치면 새로운 힘으로 위기를 타개해야 한다. 새것은 입증되고 관철해야 하는 것이다. 이 동화에서 깨닫게 되는 점은 바로 이러한 역동성이다.

재단사는 언제나 불가피한 상황으로 내몰린다. 우선 거인들이, 다음엔 왕이 무리수를 둔다. 결론적으로 재단사의 삶의 방식을 해석해 보자. 사실 나는 그의 술수가 사랑스럽고, 그의 재주나 창조성을 좋아한다. 그러나 이러한 꼬마재단사의 태도로 여성들도 행복한 삶을 누릴 수 있다고 증명되었으면 얼마나 좋았겠는가? 과연 그 가능성을 증명할 수 있겠는가?

꼬마재단사의 술수는 깊은 인상을 남긴다. 꼬마재단사가 거인을 이기는 방법 하며, 거인들이 완패할 때까지 추적하는 술수가 아주 인상적이다. 예를 들어 가족 구성원 사이에서도 이런 술수가 흔히 발견된다. 어느 아이가 맛있는 것을 다 먹어치우고 난 후, 부모님이 서로 말다툼을 벌이도록 술수를 부린다. “아버지께서 엄마가 그렇게 말했다고 하셨다니깐…” 상황이 이쯤 되면 대개 부모님은 다투기 시작한다. 그러면 아이는 나무 위에 올라가 여유있게 사태를 관망할 수 있는 것이다.

상징으로 풀어보기_

꼬마재단사는 왕궁에서 중요한 존재가 되었다. 그는 이제 왕궁사람들로부터 시기의 대상이 되고, 두려움과 미움의 대상이 되었다. 공포와 경쟁이라는 주제가 제시된다. 이제 재단사의 앞날의 계획은 거인이나 과대망상에 있는 것이 아니라, 어떤 위인이 되는 것, 즉 왕이 되는 것이다.

우리가 왕을 꼬마재단사 인격의 어느 측면으로 보지 않고, 독자적인 인격체로 본다면, 꼬마재단사의 계획은 외부로 향해 있다고 볼 수 있다. 꼬마재단사가 과대망상으로 자신에게 이목을 집중시켰다면, 이제 그는 자기가 약속한 바를 실지로 입증해야 한다. 왕의 목적은 뚜렷하다. 왕은 꼬마재단사를 제거하고 싶다. 권력 중시 체계에서 계승자는 달갑지 않은 대상이며, 계승자는 왕보다 강한 존재라는 것을 입증해야 한다.

거인들을 멋지고도 잔인하게 제거한 후에, 꼬마재단사는 일각수를 나무로 뛰어들게 만든다. 꼬마재단사는 일각수가 공격 방향을 바꿀 수 없다는 것을 정확히 알고 있다. 여기서 분명한 사실은 어떻게 술수를 부리느냐 하는 것이다. 우리가 술수를 부린다는 것은 다른 사람에게 감정이입할 때 가능하다. 그의 약점을 잘 안다면 우리는 그의 행위를 예견할 수 있고, 이에 대응하는 어떤 행동을 취할 수 있다. 꼬마재단사는 그렇게 했고, 그리고 일각수는 양순하게 유인되었던 것이다.

멧돼지가 나오는 장면을 보면, 꼬마재단사가 앞서 달리고 멧돼지가 뒤따라 달린다. 문이 닫히고, 멧돼지는 성당에 갇힌다. 얼마나 간단하며, 멋지고 교활한가! 꼬마재단사는 몸을 내맡긴 채 생명을 건 모험을 하고 있다. 이런 꼬마재단사를 내가 만일 치료해야 한다면, 그에게 우선 그림동화 「소름을 배우기 위해 길 떠난 사나이 이야기」를 이야기해 줘야 할 것 같다. 그 동화에는 죽음에 대한 외경이 전혀 언급되지 않으며, 동화의 주인공은 자신을 불사적 존재로 여기지도 않는다. 바로 그 점이 꼬마재단사가 저 동화에서 배워야 할 몫이다. 꼬마재단사의 술수가 아무리 능수능란하다 할지라도 감정적인 불만은 여전히 해소되지 않는다.

꼬마재단사에게는 하나의 행동방식이 있다. 그는 술수를 남용하고, 기만술을 써 포획한다. 문장에 잘 드러나 있다. “내가 암퇘지를 잡았고, 공주도 사로잡았다." 이런 문장은 줄거리의 앞 부분에 제시된 멧돼지라는 표현과 일치하지 않는다. 하지만 꼬마재단사가 암퇘지를 잡았고 공주도 붙잡았다는 생각이 들게 된다. 왕은 전혀 기뻐하지 않는다. 꼬마재단사와 공주의 관계가 궁금하고 알고 싶게 되는데, 어쨌든 사랑에 대해서는 일말의 언급조차 없다.

우선 꼬마재단사의 세 가지 과제로 돌아가서 동물이 잡히고 거인들이 죽게 되는 것이 무슨 의미를 띠는지 생각해 보자. 거인들은 도둑질하고 살인하며, 방화하고 노략질한다. 거인들의 내면에는 거대한 욕망과 파괴적 분노가 표현되어 있다. 이러한 욕망은 꼬마재단사의 것일 수 있다. 왕이 이러한 욕망을 길들이기 위해 그를 보냈다면, 그건 결코 나쁜 상황이라 할 수 없다. 이미 말했듯이, 나는 이 동화를 다음과 같이 다시쓰기 하고 싶다. 꼬마재단사는 욕망을 단순히 죽여 버려서는 안된다. 잘 다스릴 수 있어야 하는 것이다.

보다 주목되는 것은 일각수다. 일각수는 전설적 존재다. 종종 일각수는 하얀 동물로 묘사된다. 당나귀, 무소, 황소 또는 뿔 달린 말로 묘사된다. 옛 전설에 따르면 일각수는 산양의 아들로서 창녀와 성스런 결혼식 첫날 밤을 보내는 것으로 되어 있다.● 그러면 비가 내리고 만물은 풍요로워지게 된다. 이러한 다산성

●In: Kast V.: Paare, a.a.O.

은 신의 아들의 탄생 이야기와 결합된다. 또 다른 전설에 따르면 일각수는 어느 처녀의 자궁 속에서 온순하게 양육되어, 신의 아들로서 태어나게 된다. 그 뿔에는 엄청난 힘이 있다. 일각수의 돌격성에는 정신적 특성도, 성적인 특성도 담겨 있다. 그것은 전설에서도 확인된다. 그러한 돌격성은 모든 것을 꿰뚫는 힘이라 할 수 있으며, 상이한 측면에서 다루어질 수 있다. 그것은 무정형의 거인의 감정이 아니라, 강한 집중력을 지닌 감정인 것이다. 일각수가 달려가 자기 뿔을 박는다는 것은 무얼 말하는 걸까? 그건 비효율성을 뜻하는 것은 아닐까? 물론 상징적으로 볼 때 나무둥치는 무엇보다도 대모를 상징한다. 그러나, 일각수의 돌격성은, 좀 더 폭넓은 의미로 보자면 생산적이고 변화 가능한 일을 수행하는 것이라기보다 오히려 모성콤플렉스에 고착된 경우를 의미한다고 볼 수 있다. 거칠고 강한 집중력을 지닌 충동력은 포획되고 조정되어서, 결국 아무런 힘도 발휘하지 못하게 된다.

암퇘지도 마찬가지다. 암퇘지나 멧돼지는 다산성을 상징하고, 행복과 연관된다. 암퇘지는 신화적으로 볼 때 모신인 데메테르에게 바치는 제물이다. 모신과 함께 암퇘지의 가치는 폄하되었다. 모신을 상징했던 모든 동물들은 가부장제적 시기에 이르러 마녀의 동물이나 악마의 동물이 되어 버렸다. 따라서 육체성과 감각성은 광범위한 측면에서 탈가치화되고 악마화되었다. 가부장제적 사고와 행동방식이 모권사회의 가치에 개입, 간섭

하면서 이러한 동화에도 영향을 주었다고 볼 수 있다. 물론 인간 가운데 돼지 같은 인간도 존재한다. 하지만 돼지를 부정적으로 보아서는 안 된다. 물론 왕은 아주 본능적이고 진창에서 뒹구는, 꽤 공격적으로도 비춰질 수 있는, 돼지의 성욕을 길들이기 위해 재단사를 보냈을 수도 있다. 그렇다면 돼지를 성당에 잡아 둔다고 해서 문제가 해결된 걸까? 보다 높은 곳, 정신적 공간에 돼지는 감금된다. 나는 승화의 비결을 신뢰하지 않는다. 이 동화에서도 다르지 않다.

따라서, 꼬마재단사의 성공은 자기 속에 있는 욕망의 활동을 모두 포획해서 조정하는 데 있다. 그러나 그렇게 길들인다고 해서 그가 행복해지거나, 발전하게 되는 것이 아니다. 그것은 단지 그에게 권력만 쥐어줄 뿐이다. 그래서 공주를 부인으로 맞게 되었을 때, 공주는 그를 없애려고 한다. 자신이 재단사가 갖고 싶었던 권력의 희생양에 불과하다는 것을 파악하게 된 것이다. 그녀는 재단사가 이제껏 사칭했던 것이 그의 참모습이 아님을 감지하게 된다. 꿈을 꾸면서 꼬마재단사의 정체는 밝혀지고, 공주에게 신분이 노출된다. 꿈을 꾸면서 다시 한 번 실제적 자기, 즉 재단사가 노출된다. 그러자 다음 술수가 개입한다. 공주가 그를 그리 좋아하지 않는다는 것은 분명하다. 그녀가 실망하는 것은 남편이 재단사라는 사실 때문이다. 따라서 그녀는 자신이 공주라는 것을 보여주면서 권력과 체면이 얼마나 중요한가를 과시한다. 물론 꼬마재단사는 왕족 출신과 관계를 맺을 만한 신분이 아니다. 단지 그가 할 수 있는 것은 사람들에게 겁을 주는 것 뿐이다. 그러나 사람들보다 자신이 더 강하다는 사실을 드러낸다는 것은 서로간의 관계를 맺는 것과는 무관하다.

공주를 재단사의 무의식적 여성적 측면, 즉 아니마 관점으로 볼 때, 공주의 아니마는 부성콤플렉스에 사로잡혀 있다. 부성콤플렉스는 권력, 소유욕, 조정 등을 의미한다. 술수는 또 다른 소유욕이다. 술수는 언젠가는 그 허울을 벗게 된다. 결국 궁전에서 재단사는 이전과는 아주 다른 새로운 모습을 보이지 않을 수 없었던 것이다.

동화치료_

내담자는 꼬마재단사가 옛날에는 매우 매력적 주인공이었다고 말했다. 그러나 이제는 거인에게 공감이 간다고 말했다. 내가 "이제 거인이 되면 무얼 할 수 있을까요?"라고 묻자 그는 자기 생각을 분명히 전해주었다. "이제 나는 내가 거인으로 느껴져요. 이제 나는 용감한 꼬마재단사의 모든 공격에 맞서야겠군요." 그런 다음 그는 수많은 공격을 피해가는 방법, 다른 사람들을 희생양으로 만드는 방법, 그리고 아주 단박에 기품있는 행동을 취해서 다른 사람들이 내쳐 달려들다가 그와 부딪혀 머리를 다치게 만들었다는 등을 이야기했다.

분명한 사실은 그가 오랫동안 용감한 꼬마재단사와 동일시하면서 살아 왔다는 것이다. 그는 자신에게는 장애물이 많았는데, 이제 차차 좋아지고 있으며, 만일 부인들 문제만 잘 풀리면, 모든 것이 잘 풀릴 것으로 본다고 하였다. 심리학적으로 볼 때 재단사과 거인 사이의 대결은 강박증세로 나타나게 된다. 실제로 내담자는 강박증세를 보이고 있었다. 그는 언제나 불안해 하며 욕망이 잘 '통제' 되지 않아, 이런 상황에까지 이르게 된 것이다. 그는 수면장애로 고통스러워 했다. 그는 자신의 감정을 추스리는 것조차 힘들 정도로 불안해 했다. 그가 아주 좋아하는 이 동화를 꼼꼼히 살펴보아도, 마음이 안정되고 신뢰감을 주는 대목은 찾아볼 수 없었다. 그는 이렇게 말했다. "당신도 알다시피, 사실 저는 고등사기꾼이에요."

그가 동화의 결말을 더 이상 회상해내지 못하자, 나는 꼬마재단사와 공주와의 관계에 대해 물어 보았다. 그는 꼬마재단사가 그녀를 '얻었다'고 말했다. 나는 그에게 공주에게 감정이입해 보라고 부탁했다. 그는 "나는 공주에 감정이입하지 않을 거예요. 아빠(공주의 아버지)는 정말 우둔해요. 나는 아빠 따위에는 관심이 없어요. 공주는 밤이 되고 안개가 끼자 사라져 버렸어요." 잠시 멈칫하더니 그는 말을 이었다. "내 부인들은 언제나 밤안개 속으로 사라졌다…" 그래서 내가 물었다. "어디로?" 나는 그의 부인을 생각하며 질문했는데, 그의 대답은 다음과 같았다. "요정나라로, 아마도 홀레할머니에게로... 홀레할머니 집엔 빵이 많을 테니, 그렇지, 홀레할머니에게로 갔겠지요."• 그때 나는 그에게 홀레할머니 집을 상상해 보라고 말했다. "홀레할머니가 계신 곳은 녹색 잔디밭과 사과들, 온갖 빵들이 있는 놀이동산, 마음이 안정되는 곳이겠지요."

그는 그제서야 공주에게 감정이입했는데, 감정이입이 성공적이었다. 그때 그는 갑자기 부인들이 자신을 떠나간 이유를 깨닫게 되었다. 그는 아주 감동적 어투로 이 경험에 대해 털어놓았다. 그는 부인들을 위한 치료법과, 또 자신 속에 있는 무의식적 여성성에 대한 치료법을 발견했다. 그들은 대모의 체현인 홀레할머니에게 휴식을 취하러 간 것이다.

동시에 흥미로운 사실은 내가 아무리 그에게 질문을 던져서 그를 일상생활로 끌어 내리려고 해도, 그는 으레 동화와 판타지의 영역에 머물러 있다는 것이다. 그는 동화나 판타지 속에서 좀더 편안해 하는 것 같았다. 그것이 바로 동화치료의 방법이자 가능성이다. 어떤 동화에 자극을 받아 그 동화에 친숙한 사람들은 자신에게 정신적인 내용들을 매개시키는 동화의 모티브들을 찾아낸다. 내담자는 반복적으로 홀레할머니의 집을 상상했다. 잠들기 전 그는 이러한 생각을 하면서 점차로 정신적 안정을 취하게 되었다. 그는 부인들을 상상 속 홀레할머니에게 보냈다. 그가 부인들을 그 곳으로 보내면서 그도 함께 따라갔

● Frau Holle. In: Grimms Kinder- und Hausmärchen, a.a.O.
Vgl. auch: Drewermann E./ Neuhaus I.: Frau Holle. Walter, Olten 1982, 1985(4).

다. 그는 대모와 정신적 안전함을 체험하면서, 대결이 중요한 것이 아니라 사과가 나무 아래로 떨어질 때까지 편안한 마음으로 기다릴 줄 아는, 여유의 소중함을 체험했다.

그는 자신이 용감한 꼬마재단사를 좋아했던 시기를 성찰했다. 우리는 용감한 꼬마재단사가 그의 술수를 아주 오랫동안 정당화해 왔다는 사실에 서로 의견의 일치를 보았다. 꼬마재단사가 왕궁에서 새로운 전략을 짜지 않으면 안되었던 순간에 이르기까지 내내 자기정당화해 온 것이다. 내담자는 꼬마재단사가 신분 상승을 노리는 바로 그 순간에 전혀 다른 삶의 전략을 짤 수도 있었다는 생각을 하게 되었다.

동화 「용감한 꼬마재단사」의 매력은 사기꾼에 대한 매력과 무관하지 않다. 신의 아들이 내게는 무척 매력적이었는데, 그것은 그가 원형적 삶을 산다는 것, 다시 말해 그가 창조적이라는 점에서 연유한다. 내담자는 어린 시절 연극놀이를 매우 즐겼다고 말했다. 그는 연극이 밥벌이가 안 되는 것이기에 스스로 포기했다. 그러나 연극은 아직도 항상 그를 매료시켰다. 그는 여가시간에 연극놀이를 즐기기 시작했다. 그것으로 그는 많은 위로를 받을 수 있었다.

내가 보기에, 오랜 세월 동화의 주인공과 동일시하며 살아온 사람이 있다면, 그는 자신의 어느 한 쪽 측면만 발달시킨 것이라 볼 수 있다. 여기 홀레할머니의 경우처럼 말이다. 그리고 동화의 주인공의 삶 속에 숨어 있는 욕망이 어떠한 과정 끝에 실제 삶에 통합되는지 눈여겨 살펴봐야 할 것이다.

내가 용감한 꼬마재단사의 술수를 매우 비판적 안목으로 보고 있다 하더라도, 인간에게는 술수가 필요하다. 술수를 부린다는 것은 그 사람에게 약점이 있다는 것이다. 그럼에도 불구하고 술수를 부린다는 것은 생존의 필연성을 촉구하는 것이며, 생존을 위한 욕망을 절박하게 자백하는 것이다. 또한 중요한 점은 술수를 부릴 때와, 끝낼 때를 알아야 한다는 것이다. 술수가 폭력이 되고 권력이 되면, 필시 고립되기 마련이다. 그러면 아주 기막힌 생존전략이라 하더라도 왜곡되어 버리기 때문이다.

이러한 예에서 흥미로운 것은 내담자가 본질적으로 그리고 오랜 세월에 거쳐 동화 언어의 간주관적 공간 속에서 의사소통을 하면서 살아왔기 때문에, 많은 문제들을 그가 알고 있는 몇 개의 동화언어를 통해 표현하고 있다는 것이다. 일 년 반에 걸쳐 대략 70시간을 보내고 치료가 거의 끝낼 무렵에 가서야 그는 자신의 문제점과 치료사인 나와의 관계에 대해서 말하기 시작했다.

그는 자신의 언어가 바로 동화의 언어에 바탕을 두고 있다는 것을 알게 되었다. 그래서 동화의 언어를 통해 치료를 시작할 수 있었다. 판타지의 간주관적 공간 속에서 내담자는 아버지와 특수한 관계를 맺을 수 있었다. 내담자는 아버지가 동화 「용감한 꼬마재단사」에 대해 이야기해 주었을 때, 그의 삶에서 최대의 동인이 되는 안정감, 수용, 희망을 체험했던 것이다.

_눈의 여왕

눈의 여왕

— 어린 시절 총애민담과 공포민담의 모티브들 —

어린 시절 한 번 읽었던 동화 한 편이 우리 기억 속에서 영원히 지워지지 않은 채로 남아있는 경우가 있다. 또한 한 편의 동화보다 동화의 개별 모티브가 더욱 뚜렷하게 각인되기도 한다. 우리의 맘에 쏘옥 들었거나 우리에게 큰 충격을 주었던 모티브들, 정말 너무 황당무개해서 전혀 잊혀지지 않고 계속 우리의 상상력을 자극시키는 모티브들이 있다. 어린 시절 가장 좋아했던 동화를 숙고하는 것보다 아직도 여전히 기억에 남아있는 동화 모티브들에 대해 다루는 것이 종종 동화치료에 더욱 유익한 도움을 주기도 한다. 이러한 동화의 모티브들은 어린 시절 이후에도 여전히 영향을 미치며 우리의 현실적 문제들에 대해 언급하고 있다고 볼 수 있다. 모티브들이 자주 회상된다는 것은, 콤플렉스와 연관되어 있다는 것을 의미한다. 콤플렉스는 실제로 삶의 어떤 문제 또는 그 표현이기도 하다.

내 생각에, 어떤 계기로 회상되는 동화의 모든 모티브들은 현실적 상황에서도 여전히 특별한 의미를 띠는 것으로 보인다. 모티브들은 어둠 속에 묻혀 있다가, 특별한 기회에 회상을 통해 다시금 그 모습을 드러낸다.

치료 방법_

즉흥적으로 떠오르는 동화의 개별 모티브들을 수합한다. 이때 모티브들은 가능한 한 아직 기억에 남아있는 그대로 정확하게 기술되어야 한다. 매번 사용된 동화들을 비교하면서, 어떤 요소들이 삭제되었는지, 또 살아오면서 어떤 부분들이 추가되었는지를 살펴보아야 한다. 그런 다음 대화를 나누면서 이러한 모티브들을 회상하고 그것들이 지니고 있는 의미에 대해 상상해 보아야 한다. 이러한 모티브들을 여러 연관성 아래 연계시켜 본다. 즉 어떤 기본 주제가 반복적으로 드러나는가? 하나의 주제 아래 어떠한 서로 다른 해결 가능성들이 다루어지고 있는가? 동화 속에 얼마나 상이한 주제들이 내장되어 있는가?

동화의 주제들은 삶의 주제들, 어린 시절의 체험이나 현재적 경험들과 결합되어 있다. 중요한 점은 자기자신을 더 잘 이해하는 법을 배우는 것, 또 우리가 어떤 상황에서 난관에 부딪히는

가를 파악하는 것이다. 이는 삶을 보다 나은 방식으로 꾸려나간다는 방향성을 띤다. 즉 우리는 어떤 부분에 취약한지를 깨닫고 이러한 취약점을 해결해 나갈 방법을 알게 됨으로써, 우리 자신의 모습을 더 잘 이해할 수 있게 되는 것이다. 우리 인간이 아무런 문제가 없는 지점에까지 이를 수 있을까? 그건 아무리 생각해도 망상일 것이다.

우리는 대부분 어떤 동화에서 무수한 모티브들을 발견하게 된다. 이러한 모티브를 발견하는 동시에 기존의 모티브들을 한 발짝씩 체험해 가면서 동화치료는 비로소 가능해진다. 그럴 때 그것은 단순한 총애동화가 아니라 현실적 주제를 띤 삶의 동화가 된다. 나는 동화를 신화적으로 해석하는 것이 우리 삶을 구체적으로 제시해 준다고 보지 않는다. 오히려 어떤 동화 또는 어떤 동화의 모티브에 대한 나름대로의 선호도를 확인할 수 있다는 것과, 우리 체험 속에서 그때마다 또 다른 콤플렉스 짜임구조가 형성된다는 것, 그러한 콤플렉스 짜임구조가 새로운 삶의 전환점을 열어 준다는 점에 주목해야 한다.

본인에게 가장 중요한 동화의 모티브들을 자료로 동화를 다시 쓰면서 회상되는 모티브들을 좀 더 폭넓게 다루는 것이 좋다. 다시쓰기를 하는 과정에서 현실적 상황에서 발생하는 문제를 해결하는 방법이 분명히 제시된다. 따라서 동화 다시쓰기는 그것 자체로 치료적 가치를 띤다. 동화 한 편을 쓰면서 우리는 판타지에 자유의 날개를 달아 마음껏 상상하면서, 어떤 형식에 이르게 된다. 마치 일상적 대화를 나누는 것과 같이 소망과 불안이 점점 더 분명한 형태를 띠게 된다. 적극적 상상을 쓰는 과정에서 우리는 어떤 인물이나, 다른 인물과 동일시하면서 그 인물에 친근감을 느끼거나 거리감을 가질 수 있다. 동화를 쓰는 과정에서 보편적 동화의 구조가 결정된다. 글의 구조는 어떤 위급한 상황에서 출발한다는 것, 실제적 상황에서는 일어날 수 없는 놀라운 전환이 일어난다는 것, 그리고 이러한 전환이 궁극적으로는 좋은 결말로 이어지는 것으로 짜여진다.

이러한 구조로 인해 우리는 판타지의 물살에 자신을 내맡기고 친숙하게 다가갈 수 있게 된다. 그리고 어떤 구조와도 연관되지 않았을 때에 비해 그 불안감은 줄어든다. 그래서 판타지를 보다 자유롭게 전개시켜, 보다 생생하게 느끼게 되면서, 우리가 쉽게 포착할 수 없었던 다층적 관점들을 개발하게 된다. 내가 보기에, 동화 다시쓰기에서 가장 중요한 점이 바로 그것인데, 상상 가능한 어떤 세계에 빨려 들어가, 우리의 유토피아, 즉 변화와 희망을 지향하는 근원적 잠재력을 방기시켜 보는 것이다. 그것은 자기상과 세계상, 그리고 개별적 상황을 다시 열어 둔다는 것을 뜻하며, 감정 앞에서 일체의 편견은 사라져, 감정은 무엇을 형성하고 어떤 작용을 가할 수 있게 된다. 바로 이 시점에서 치료는 가능해진다.

어린 시절 소중했던 동화 모티브들을 회상하기, 그리고 이를 통한 동화치료 작업은 병을 진단할 수 있는 가능성을 우리에게 열어준다. 그러한 진단을 통해서 우리 삶을 결정짓는 근본 주제들이 또한 가시화된다. 이러한 모티브들이 자신이 새롭게 쓴 동화와 결합함으로써, 어떻게 이러한 주제가 삶의 과정 속에서 형성되었고, 형성되어 가고 있는가, 어떻게 이러한 근본주제를 다룰 수 있을 것인가가 분명하게 제시되는 것이다.

치료 사례_

51살 먹은 여성이 치료 상담을 해왔다. 그녀는 자기 자신을 찾고 싶어 했는데, 여러 면에서 자신의 생각과는 다르게 살아왔다고 보았다. 그녀의 관심사는 개성화였다.

치료 단계에서 그녀는 꿈들을 회상하지 못했다. 내가 어린 시절 동화 가운데 가장 좋아했던 동화나 모티브가 있는지 물어본 적이 있었다. 이 여성은 매우 능동적으로 살아오면서 많은 문제를 해결해가면서도, 종종 염세적 감정을 떨치지 못하고 있었다. 이 여성의 문제에 개입하면서, 나는 현실적인 문제의식을 띤 동화를 찾아내고 싶은 욕구가 일어났다. 치료 과정에 지침이 될 만한 동화를 찾고 싶었고, 내담자의 회상을 환기시키고 형상화를 자극시켜, 회상과 기대를 분명히 제시해줄 만한 동화를 찾아내고 싶었다.

이 내담자를 나는 이사벨이라고 부르겠는데, 그녀는 많은 동화의 모티브들을 회상해냈다. 그녀는 동화의 세계로 빠져드는 것을 즐겼다. 나는 그녀의 회상을 녹음하도록 권유했고, 그녀의 허락 아래 회상을 테이프에 담았다.

누군가 내게 동화에 대해 묻는다면, 즉각적으로 떠오르는 가장 매력적인 동화로 안데르센의 「눈의 여왕」을 뽑겠다. 가장 생동감 있는 동화상은 거대한 얼음궁전에 있던 어린 카이이다. 나는 화려하게 반짝이며 빛나는 거대한 얼음궁전, 둥근 지붕과 얼음 널마루, 다양한 형태와 색채를 띤 얼음 모자이크를 상상한다. 어린 카이가 얼음 홀 가운데 홀로 꼼짝도 하지 않은 채 앉아 있는 모습과, 어린 소녀가 카이를 구하려고 멀고도 먼 길을 찾아가, 사랑의 눈물로 얼어붙은 카이를 구원해 주는 장면이 생각난다.

이런 이미지와 생각이 오늘날까지도 내게 강렬하게 다가오는 것은 사랑의 눈물이 어떠한 세속적 화려함보다 더 아름답다는 사실 때문이 아닐까? 나는 어린 소녀가 멀고 먼 미로를 통해 카이를 찾기 위해 정처없이 길 떠나는 모습을 아주 좋아한다. 장면들은 매우 생생하고 긴장감이 넘치는데, 특히 어린 카이가 집시들과 같이 떠돌아 다닐 때 그러하다. 하지만 결국 그녀는 어떠한 것에도 흔들리지 않으며, 결코 길을 잘못 들어서는 법이 없다. 어린이 두 명이 박공 지붕이 다닥다닥 붙어 있는 집에 마주 보고 살면서, 작은 발코니의 창문을 통해 서로 왕래하면서 노는 모습이 매우 친근감 있고 정감 있게 다가온다. 제라니움이 꽃피는 모습이 떠오는데, 어린 카이의 눈에 거울 조각이 박히기 전까지는 만개했는데… 갑자기 거울조각이 박히니…

「작은 인어공주」 역시 내 기억 속에 생생하게 남아 있다. 특히 인상적인 것은 물고기 꼬리를 지닌 신비스런 형상을 한 사람의 모습, 모든 고통을 크나큰 사랑으로 견뎌내는 꼬리 부분, 더 이상 걸을 수 없을 때까지 견뎌내는 인어 아가씨의 모습이다.

또 누가 이야기해 주었는지는 생각나지 않지만 그림 동화 역시 생생하게 기억난다. 「백설 공주와 일곱 난쟁이」에서 작은 황금 접시가 놓인 작은 식탁, 그리고 식탁에 앉아 대체 무슨 일이 일어났는지 골똘히 생각하는 난쟁이들이 무척 매혹적으로 느껴져, 이 대목을 따라해 보고 싶을 정도다. "누가 내 접시에 담긴 음식을 먹고, 누가 내 잔으로 물을 마신 거지?"

백설 공주가 사과를 한 조각 씹다가 죽는다는 것, 그리고 관을 옮기다가 사과조각이 목구멍에서 굴러 떨어지게 되어 공주가 갑자기 다시 살아나게 되었을 때의 장면은 환상적이다.

어떤 사람이 너무 아름다워, 죽어서까지 유리관 너

머로 사랑을 불러 일으킨다는 것은 비현실적 이야기 같으면서도 감탄스럽다. 나쁜 계모에게 내려진 벌은 언제나 두렵다. 나는 활활 달아오른 숯덩이 위에서 춤추는 벌이 잔인하지만, 합당한 벌이라고 생각한다. 착한 사람에게는 복을, 나쁜 사람에게는 벌을 준다는 것이 어린 시절에는 굉장히 중요했고, 타당해 보였다.

「잠자는 숲 속의 공주」에서는 온통 붉은 장미들로 뒤덮인 경이로운 가시덤불이 상상되었고, 그리고 부엌에서 요리사가 어린 일꾼의 뺨을 내려치려는 순간 손이 굳어 버리는 장면에 이르면 숨이 멎을 것만 같았다.

우리 집에서 아버지께서는 내가 반항하거나 고집을 부리면 늘 이런 말씀을 하셨다. "만약 네가 아버지와 싸우려고 손을 들어 맞서려고 하면, 네 손은 무덤에서 자라나게 될 것이다." 이러한 섬뜩한 표현은 요리사와 그의 일꾼이 보여주었던 코믹한 장면이 떠올려지면서 그 무서움이 훨씬 줄어들게 된다. 그리고 왕자가 가시덤불을 통과하는 시점에서 모든 것들은 다시 살아 움직인다. 아주 정확한 시점에서 다시 살아 움직여 생기를 되찾게 된다.

여기서 동화상의 작용 여부에 관해 놀랄 만한 경험이 제시되고 있다. 아버지는 딸에게 무서운 공포를 불러일으킬 만한 섬뜩한 동화상을 제시했는데, 그것은 그림동화 「고집센 아이」• 에서 인용한 것이다. 딸은 아버지가 전해준 이 끔찍한 이야기가 어느 동화에서 따온 것이라는 것을 확인한다. 그리고 그 동화상에 은근히 흥미를 느낀다는 것을 알게 되자, 섬뜩했던 감정이 즐거운 마음으로 바뀌게 된다. 동화상들은 불안 없는 세계로 실어다 준다.

> 「알리바바와 40인의 도둑」이 문뜩 떠오른다. 이 이야기는 조금 나이 들어 혼자 읽게 되었는데, 지금은 정확히 기억나지 않는다. 나는 도둑들이 세상의 온갖 값비싼 귀중품들과 보물들을 훔쳐 들고, 언제나 호화스럽고 아늑하고 다채롭게 반짝이는 거대한 동굴로 들어가는 장면이 생각난다. 그리고 비밀스럽게 보물을 쌓아놓는 도둑무리의 일원이 되는 것 또한 멋있다고 생각한다.
>
> 내가 가장 갖고 싶은 것은 반짝이는 수천 가지 보석들이다. 특히 다양한 색채를 띤 보석이 가장 갖고 싶고, 또 내가 좋아하는 것 가운데에는 호화로운 양탄자 같은 것이 있다.
>
> 「유리병 속의 유령」 이야기 또한 굉장히 놀라웠는

• Das eigensinnige Kind. In: Grimms Kinder- und Hausmärchen, a.a.O.

데, 가장 매혹적인 것은 유령이 다시 유리병 속에 들어갈 수 있다는 것이다. 어떻게 그 좁은 유리병 주둥이로 빠져 나왔다가 다시 들어갈 수 있다는 걸까? 어떻게 그렇게 개미만큼 작아졌다가 다시금 큰 거인으로 변신하는 것일까?

유령의 모호하고도 경이로운 모습은 안개의 형태를 띤 구름 모습으로 나타나면서 아직도 파악하기 힘들다. 그래서 소망은 늘, 유리병 속 유령이 내가 난감한 상황에 처할 때 나를 도와주는 것이었다. 예를 들어 교실에서 시험을 치룰 때 귓속말로 답을 가르쳐주는 것 등 말이다.

이런저런 모티브들을 수합한 후 서로 개별 모티브들에 대해 좀 더 친밀하게 대화를 나누기 전에 나는 이사벨에게 그녀가 기억해낸 인상깊은 모티브들로 글을 써보는 것이 어떤지 제안했다.

이사벨은 그러한 글쓰기가 자신의 능력 밖이라 도저히 할 수 없노라고 말했다. 물론 대부분의 사람들도 이사벨과 다를 바 없다. 그러나 완벽한 동화 글쓰기가 중요한 것이 아니다. 단지 동화 한 편을 쓰는 데 그 의미가 있는 것이다. 이사벨은 동화 글쓰기를 하면서 크게 만족해 했다. 이제 그녀가 쓴 동화를 다루어 보도록 하자.

모티브들_

이사벨이 회상한 첫 모티브는 안데르센의 「눈의 여왕」에 나오는 구원 모티브이었다. 이 구원 모티브는 분명 그녀의 현실적 문제 상황과도 상응한다. 이사벨은 동화에 제시되는 문제를 한 문장으로 압축해 말했다. "사랑하는 사람의 눈물은 어떤 호사로움보다 더 가치 있다." 기본주제인 '사치'와 '사랑'이 언급되고, 비교된다. 이 주제는 이사벨이 어렸을 때 중요한 것이었고, 오늘날에도 여전히 중요한 의미를 띠는 것이다. 나는 이러한 주제의 관점이 이사벨 부모님의 인생관에서 도출된 것이 아니라는 것을, 이사벨의 소견, 즉 그녀가 혼자 이 동화를 읽었다는 사실에서 확인했다. 우리는 어린 시절의 동화를 가지고 부모들이 가장 좋아했던 동화와 모티브들을 얼마든지 회상해 낼 수 있다. 사실 잘 알다시피 부모들은 그들이 좋아하는 이야기뿐만 아니라 삶의 주제까지도 아이에게 전해주게 된다. 동화 「눈의 여왕」을 잠시 살펴 보면, 기본 주제를 비교적 정확하게 밝혀 낼 수 있다. 나는 이러한 연장선 상에서 이 동화를 짤막하게 종합하고 해석해 볼까 한다.

동화[●]_

악마가 악마의 거울을 발명한다. 그 거울은 쓸모없는 것은 확대하고, 선하고 아름다운 것은 사라지게 할 수 있다. 요괴가 히죽거리며 거울을 가지고 하늘로 날아가려고 하자 거울이 심하게 히죽거려서, 요괴는 더 이상 거울을 손에 잡지 못하고 땅으로 떨어뜨린다. 그 거울은 산산 조각이 난다. 하지만 조각 조각 떠도는 파편들 모두는 하나같이 거울 기능을 한다. 이 조각들은 사람들 눈 속으로 들어가면 눈이 멀고, 심장으로 들어가게 되면 심장이 돌처럼 굳어 버린다.

게르다와 카이는 박공 지붕의 다락방을 마주보며 살고 있다. 다락방 사이를 장미넝쿨이 묶어주고 있다. 그래서 그들은 아주 전원적인 풍경을 누리고 살고 있다. 부서진 거울 조각이 카이의 눈에 박히기 전까지 말이다. 거울 조각이 눈에 박히자 카이는 모든 결점을 보게 된다. 단지 눈송이를 보면 그는 결점을 찾을 수가 없다. 눈이 녹지 않을 때까지는 말이다. 눈 속에서 놀고 있는 카이를 눈의 여왕이 유괴해 데리고 간다. 눈의 여왕이 카이에게 키스를 하자, 카이의 심장은 더욱 더 차

● Andersen H. Ch.: Märchen, 3 Bände. Insel Taschenbuch 133. Insel, Frankfurt a.M. 1975.

가워졌고 이제 카이는 아무도 그리워하지 않게 되었다.

봄이 되자 게르다는 카이를 찾으러 길을 떠난다. 게르다는 어느 강을 따라 떠내려가다가 신비한 정원이 있는, 부인의 집에 이른다. 게르다는 이 부인에게 자신의 이야기를 털어 놓는다. 부인은 게르다가 더 이상 카이를 기억하지 못하도록 모든 장미를 시들게 만든다. 하지만 게르다는 한 송이 장미 그림으로 카이에 대한 기억을 떠올리게 되고 다시 길을 떠난다. 까마귀 한 마리가 카이는 매우 학식이 높은 사람이 되어 궁전에 산다고 말한다. 게르다는 '카이가 벌써 학식을 많이 쌓았구나' 라고 생각한다. 하지만 궁전에 있는 젊은이는 카이가 아니다. 게르다는 공주가 마련해 준 옷을 입고 길을 떠난다. 게르다가 호화스런 옷을 입었기 때문에 도둑들이 그녀를 납치한다. 작은 꼬마 도둑소녀는 게르다와 놀고 싶었기 때문에 도둑들이 게르다를 죽이지 못하도록 방해한다.

게르다의 이야기를 다 들은 도둑소녀는 자신의 순록을 내어주면서 게르다가 그것을 타고 눈의 여왕의 성으로 가도록 도와준다. 게르다는 핀란드 아줌마와 라플란드 아줌마의 집에 들렀는데, 그들은 진심으로 게르다를 도와준다. 마침내 게르다는 눈의 여왕의 성에 도착한다. 거기엔 거대한 눈으로 만들어진 홀이 있다. 이

텅 빈 홀 가운데에는 수천 조각으로 깨진 채 얼어붙은 호수가 있다. 하지만 각각의 조각은 다른 조각과 똑같다. 일종의 예술작품 같다. 호수 중앙에 눈의 여왕이 앉아 있는데, 그녀는 자기가 이 세상에서 가장 훌륭하고도 유일한 '오성의 거울' 위에 앉아 있다고 말한다. 카이 또한 매서운 추위로 인해 시퍼렇게 질려 있었는데, 카이는 그 추위를 깨닫지 못한다. 왜냐하면 눈의 여왕이 카이에게 차가운 키스를 했기 때문이다. 카이는 날카로운 얼음 조각을 서로 잇닿아 놓는다. 그것이 오성 놀이다. 카이는 이 놀이가 매우 중요하다는 것을 안다. 카이가 '영원' 이라는 글자를 맞추려 했지만, 제대로 되지 않는다. 눈의 여왕은 카이가 이 단어를 맞출 수만 있다면 카이에게 온 세상을 주겠다고 약속한다.

게르다가 성에 도착했을 때, 카이는 혼자서 영원이라는 단어를 맞추려고 한다. 게르다는 기도로 얼음같이 찬 바람을 몰아내려고 하다가 말없이 차갑고 뻣뻣하게 굳어버린 카이를 발견한다. 그러자 게르다는 울기 시작했고 게르다의 따뜻한 눈물이 카이의 심장에 파고들어 차갑게 굳어버린 카이를 녹인다. 그때 게르다는 추억의 노래를 부른다. 그러자 카이는 울기 시작했다. 그런데 카이가 너무나 많이 우는 바람에 눈에서 작은 거울 조각이 빠져 나오게 된다. 그러자 카이에게 궁금증이 생긴다. 여기가 어디지? 내가 여기 머문 지 얼마나 오래된 거지? 이 곳은 왜 이렇게 차갑고, 텅 비어 있지? 게르다가 카이에게 키스하자 게르다는 다시 생기를 되찾는다. 얼음 조각들이 기뻐서 아이들과 함께 춤을 춘다. 아이들은 지쳐 누우면서 영원이라는 단어를 만든다. 이제 카이는 귀향허가증을 얻게 되고, 그들은 다시 함께 집으로 간다. 그리고 가는 길에 도둑소녀를 만난다. 도둑소녀는 게르다가 성공적으로 끝낸 모험이 카이에게도 도움이 되었는지 알고 싶어 카이를 세세히 살핀다. 집으로 돌아온 게르다와 카이는 그들이 성숙해졌으며, 서로에게 필요한 존재라는 것을 깨닫게 된다.

안데르센은 잘 알려진 동물신랑 이야기를 변형시켜 「눈의 여왕」을 창작해냈다. 특히 여성의 고행이 결국 마법에 걸린 남편을 다시 마법에서 풀어서 사랑을 되돌려 놓는다는 점에서 그러하다. 이러한 주제를 담은 동화로는 그림 동화 「노래하며 나는 종달새」•를 들 수 있다. 동물신랑 모티브 동화에서는 여성과 남성, 쌍방 간의 구원이 중요하다. 안데르센은 이러한 동화 유형을 따르면서도 전혀 색다른 동화를 이야기하고 있는데, 구전으

• Vgl. Kast V.: Mann und Frau im Märchen. Walter, Olten 1983, 1985(5).

로 전승된 동화보다 훨씬 일상생활에 접근시키고 있다. 동화의 여주인공들처럼 게르다도 길고도 험난한 길을 가게 되면서 많은 경험을 하게 된다. 카이를 발견할 때까지 그녀는 무수한 고난의 길을 걷게 된다.

동화는 이사벨의 말처럼 갑자기 거울이 깨져 버린 상황에서 출발한다. 그녀는 악마의 거울을 기억해내지 못하고, 거울이 왜 산산조각이 났는지 전혀 기억해내지 못한다. 그래서 그녀는 불안해 보인다. 증오로 인해 마음이 안정되지 않는다. 그리고 마음의 일치나 온전성을 동경하게 된다. 우리가 동화를 잘 관찰하면 카이의 경직은 오성놀이로 풀 수 있는 것인데, 영원과 같은 단어를 짜맞추지 못해 잘 풀리지 않는다. 영원은 말인 동시에, 사랑하는 사람과의 만남을 요구하는 일종의 경험인 것이다.

깨진 거울을 볼 때마다 심리적 안정감이 산산조각난다는 것이 기본주제이다. 그것은 악마적인 것이다. 얼어붙은 것을 녹이기 위해서는 두 가지 방법이 있다. 하나는 어떤 방식으로든 화려함을 띠는 오성놀이를 하는 것이며, 다른 하나는 심장이 출혈할 정도로 잃어버린 것을 찾아 길을 떠나 가야 하는 것이다. 이사벨이 구원의 현장을 찾아냈다는 것은 그녀의 구원 또한 가능하다는 사실을 암시한다.

카이를 찾는 데 핵심적인 역할을 하는 인물은 도둑소녀이다. 그 소녀는 아주 난폭하면서도 다정다감하다. 이사벨은 그녀를 집시로 보고 경멸한다. 이 도둑소녀는 약간 야만적이고 거친 태도를 드러내지만 아주 생기발랄한 소녀다. 그녀는 무엇이든 열심히 해낼 수 있는 인물로 나온다. 반면 게르다는 사랑하는 사람을 다시 찾기 위해서라면 어떤 험한 것이라도 마다하지 않는, 동화 속 여주인공의 전통을 따르고 있다. 이 도둑소녀 안에는 이사벨의 그림자가 너무 길들여진 채 숨어 있다. 삶에서 배제된 그림자 속에는 무진장한 에너지, 풍부한 체험이 저장되어 있다. 이 도둑소녀, 즉 집시 기질은 이사벨이 카이를 구하기 위해서는 필수적이다. 이사벨은 이 집시 기질을 잘 알고 있다. 이 집시 기질을 버리려고 하지만, 바로 그것으로 인해 기쁨은 배가 된다. 심리학적 주제로 볼 때, 카이와 게르다의 관계는 따뜻한 감정과 얼음처럼 차가운 오성 사이의 갈등을 나타낸다고 볼 수 있다. 물론 그들은 구원된다. 인간 관계가 다루어지는 것이다. 이사벨이 보기에 뭇 남성들은 오성의 거울 속에서 잃어버린 존재이며, 그래서 구원받아야만 하는 존재일지 모른다. 구원이 이루어지리라는 굳건한 자기확신은 「인어공주」●를 회상하면서 상대화된다. 작은 인어공주는 어느 왕자와의 사랑에 빠졌는데, 그녀가 그의 목숨을 구해주었던 것이다. 인어공주는 마법을 걸어 꼬리 대신에 인간의 발을 갖게 되는데, 그 후 걸을 때마다 고통을 느껴야 했다. 그녀가 사랑하는 사람이 그녀를 사랑하게 된다면 그녀도 인간의 영혼을 가지게 된다. 그러나 그녀는 사랑을 얻는 데 실패

● Vgl. Andersen H. Ch., a.a.O.

한다. 그녀가 그를 죽였다면 다시금 가족의 품으로 돌아갈 수 있었을런지도 모른다. 그러나 그녀는 사랑하는 왕자를 죽일 수가 없었다.

그녀는 사랑에 대한 그리움을 간직하고 있으며 이를 위해서라면 모든 걸 감내할 각오를 한다. 게르다가 모든 고행을 감내했듯이 말이다. 그러나 고통이 너무 심해 견딜 수 없을지도 모르며, 사랑에 대한 어떤 응답조차 없을지도 모른다. 동화 「인어공주」의 결말은 인어공주가 고향을 상실하는 것으로 끝난다. 바다 아래에 있는 가족 곁으로 그녀는 돌아갈 수 없다. 인간에게도 돌아갈 수 없다. 결국 대기의 요정들만이 그녀를 안아준다.

이사벨에게 고향상실은 어떤 것인가? 이사벨이 내적인 고향을 상실하여 신음하고 있는 것은 아닌가? 이사벨은 고향을 찾기 위해서라면 어떤 고통이라도 마다하지 않고 희생하겠다는 것인가? 갑자기 '산산조각' 깨진 것이 떠오른다. 이 주제를 어린이의 이야기로 치부할 것인가, 아니면 지금 이 내담 여성에게 해당되는 현실적 의미를 띠는 것으로 볼 것인가? 이 문제와 유사한 문제를 다루면서 우리가 확인하게 되는 점은 주제에서 자꾸 벗어나게 된다는 것이었다. 회상된 모티브들은 치료사와 내담자 모두에게 새로운 문제를 제기할 수 있는 계기를 마련해 주었다.

이사벨은 심리적 안정이란 주제로 치료할 수 있는 최초의 내담자였다. 사실 몇 년 동안 이와 같은 내담자는 나타나지 않았다. 그녀는 사랑하는 사람들과의 관계에서 마음의 안정을 찾을 수 있으며, 그녀가 원하는 것은 사랑하는 사람과 함께 살아가는 것이며, 자꾸만 반복되는 이별은 정말 견디기 힘든 것이라고 말했다. 그녀는 불안이 약간씩 줄어들긴 했어도 여전히 불안해 했다. 그러한 불안증세로 인해 그녀가 사랑하면서 얻게 된 안정감조차 흔들릴 정도였다. 그녀의 심리상태는 위험수위를 넘어선 듯했다. 그녀는 불안한 마음을 진정시키기 위해서라면 아무리 고통스럽다 할지라도 무슨 짓이라도 벌일 태세였다. 그리고 그녀는 모험심이 몹시 강하고, 자신의 삶을 망칠 만큼 저돌적이었다. 인어공주가 연상되었다.

심리적 안정은 모성성을 암시하는가? 이사벨이 회상한 모티브에 그러한 점이 암시된다. 동화 「백설공주」●에서 다루어지는 것을 보면, 어머니는 처음에는 아주 특별한 아이를 원하지만, 점차 딸과 경쟁하면서 딸을 질투하게 되어, 자신이 가장 아름다운 여성이 아니라는 사실을 견디지 못한다. 이에 백설공주는 살아남기 위해 도망을 치고 결국 일곱 난쟁이 집에 머물게 된다.

이사벨은 이 장면을 회상했다. 일곱 난쟁이 집에 안전하게 머무는 장면을 떠올렸다. 일곱 난쟁이 집에서 백설공주는 조금씩 마음의 안정감을 되찾아 가게 되는데, 우리가 알다시피 어머니의 유혹은 여기까지 손을 뻗는 것이다. 어머니는 자꾸만 나타

● Grimms Kinder- und Hausmärchen, a.a.O.
Vgl. Seifert Th.: Schneewittchen. Kreuz 1983.

나 딸을 유혹해 그녀의 아름다움을 망쳐놓고 싶어한다. 상징적으로 볼 때 이러한 어머니는 백설공주 속에 있는 어떤 측면이다. 이러한 측면은 아이를 항상 '가장 아름다운 여성'이 되도록 촉구하는 어머니의 모습으로 나타난다. 우리 스스로 이러한 무절제한 요구를 하게 되면, 바로 그러한 까닭에 우리는 마비상태에 빠져 '가사' 상태에 이르게 된다. 이사벨은 이러한 장면을 회상하지는 않았다. 그러나 그것은 이사벨이 회상한 모티브에 해당되며, 충분히 고려 대상이 될 수 있다.

이사벨은 어머니를 대신할 대리모를 찾았다. 그녀는 꽤 오랫동안 대리모를 찾은 끝에 드디어 발견했다고 말했다. 그녀가 대리모를 찾았다는 것은 어머니와 딸의 처음 관계가 아주 좋았다는 것을 말한다. 백설공주가 칠 년 동안 추적당한 것처럼 이사벨의 어머니는 그 후에 딸과 경쟁관계에 놓인 것처럼 보인다. 그녀는 딸을 자신의 미적 가치를 위한 버팀목으로 삼은 것처럼 보인다. 요구가 도를 넘어선 것이다. 이러한 지나친 요구는 뿌리깊은 콤플렉스, 즉 일종의 모성콤플렉스라 할 수 있다. 이러한 요구는 심리적 안정감을 줄지 모르지만, 마비 역시 불러온다. 이러한 마비, 경직은 무엇보다도 관 속의 백설공주에서도 표현된다. 이러한 마비는 이사벨로서는 풀기 힘든 사랑이며, 이것을 풀어줄 수 있는 것은 왕자의 사랑뿐이다. 지나친 요구로 인한 마비를 풀 수 있는 것은 부부뿐이다. 사랑은 마비를 풀어 준다.

사악한 엄마에게 내려진 벌 때문에 이사벨은 공포스럽다.

그녀 안에는 어머니가 처벌 받았으면 하는 욕구가 있었던 것으로 보인다. 엄마로부터 해방되고자 하는 욕망이 존재하는 동시에 그로 인한 자책감도 있을 수 있다. 이러한 자책감으로 그녀는 아주 선한 딸이 될 수도 있을 것이다. 이사벨이 이러한 동화 모티브를 잘 회상해 낸다면 어머니를 사악한 존재로 다룰 필요는 없을 것이다. 그러나 상징적으로 볼 때 그녀 속에 있는 상징성, 즉 모성콤플렉스는 언제나 그녀를 존재하게 하는 이유이기도 하고, 또한 그녀를 꽁꽁 얼어붙게 만드는 원인이기도 하다. 「백설공주」에서는 마비와 사랑의 감정이 서로 얽혀있음이 분명하다.

이사벨이 회상한 다음 모티브는 「잠자는 숲 속의 공주」●에 제시된, 완전 마비 상태다. 나오는 등장인물 모두 방금 행동했던 동작을 그대로 한 채 잠에 빠지는 상태가 된다. 이사벨은 요리사가 부엌에서 일하던 그 모습 그대로 마비된다고 회상했다. 그녀 자신도 매 맞은 상태로 마비되었던 걸까? 이사벨은 아버지에게 매를 맞았고 그로 인해 몹시 화가 났던 어린 시절을 회상했다.

「잠자는 숲 속의 공주」에서 주목되는 바는 왕과 왕비가 아이가 없다는 것, 왕비가 임신하지 못한다는 것, 즉 부부 관계가 정상적이지 못하다는 것이다. 세상 모두가 까맣게 망각했던 열세 번째 요정이 공주를 저주한다. 그녀가 열다섯 살 되는 생일날에 죽는다는 것이다. 하지만 열두 번째 요정이 그 저주를 완화시

● Grimms Kinder- und Hausmärchen, a.a.O.

킨다. 이에 따라 백 년 동안 궁전 사람들 모두 잠들게 된다. 어둡고 악마적인 세력들이 여기선 전혀 고려되고 있지 않으며, 부부의 그러한 측면 또한 그러하다. 그들은 벌을 받는다. 이 동화의 전면에는 예언과 운명으로부터 딸을 보호해 주고자 하는 아버지가 등장한다. 그러나 그는 물론 딸을 보호해 줄 수가 없다.

이사벨의 경우, 그녀의 아버지 체험과 연관된 것은 아닐까? 마비된다는 것은 어머니의 모성콤플렉스로 인한 지나친 요구의 결과이기도 하며, 아버지가 딸의 야성을 길들이다 발생한 결과일 수도 있다. 도둑소녀가 이사벨이 지닌 인격의 어느 관점이라는 것은 분명하다. 그녀는 어떤 다른 동기에서 부모의 경직된 사고틀에 저항하고 있는 것이다.

이사벨은 가시울타리의 변화과정을 상상했다. 사랑하는 왕자가 마비를 풀어주기 때문에 구원은 가능해진다. 여기서 간과되어서는 안 될 사실이 있다. 바로 열세 번째 요정의 저주가 궁에 있는 모두를 마비 상태에 빠뜨렸고, 저주의 가시울타리를 백 년이 되기 전에 타넘으려 할 경우, 그 울타리는 뛰어 넘을 수 없는 장애물이 된다는 것이다.

이사벨이 다음 단계로 회상한 동화는 『천일의 야화』의 「알리 바바와 40인의 도둑」•이었다. 바로 알리 바바와 40인의 도둑

•Littmann E., Übers.: Die Erzählungen aus Tausendundein Nächten. 12 Teilbände. Insel Taschenbuch 224. Insel, Frankfurt a.M. 1953/1976.

들이 보물을 보고 즐거워 하는 장면이었다.

알리바바는 문이 열리자 안으로 들어갔다. 알리바바가 문지방을 넘어서자마자 그의 뒤편에서 문이 닫혔다. … 알리 바바가 '열려라, 참깨!' 라고 주문을 생각하자, 그에게 다가왔던 두려움과 공포가 사라졌다. 왜냐하면 알리바바는 '문이 닫혀도 난 아무런 상관이 없어. 나는 비밀을 알아. 이 문을 다시 열 수 있는 주문을 알고 있어.' 라고 생각했기 때문이다. 알리바바는 계속 걸어갔고, 동굴이 어둡다고 생각했다. 그때 알리바바는 깜짝 놀랐다. 그는 그 곳에서 넓고 환한 대리석으로 지은 홀을 보았다. 그 홀은 높은 기둥으로 장식되어 있었고, 화려한 양식으로 지어진 것이었다. 그 홀 안에는 상상을 초월할 만큼 온갖 음식과 음료 등 수많은 것들이 수북이 쌓여 있었다. 알리바바는 두 번째 홀에 다다랐다. 그 홀은 첫 번째 홀보다 크고 넓었다. 알리바바는 두 번째 홀에서 온갖 환상적인 진귀한 보석들이 짝을 지어 놓여 있는 것을 보았다. 보석들이 내뿜는 광채로 인해 눈이 부실 지경이었고 모두 한결같이 무척 아름다왔다. 그곳엔 수많은 금으로 된 귀금속과 은으로 만든 다른 종류의 정교하게 물품들이 있었다. 주조된 디나르(유고슬라비아 화폐단위)와 디르함(모로코 화폐단위)이

자갈과 모래더미처럼 어마어마하게 쌓여 있었다. 알리바바는 잠시 동안 이 환상적인 홀을 둘러본 후, 또 다른 문을 열었다. 그 안으로 들어가자 세 번째 홀이 나타났다. 이 홀은 두 번째 홀보다 훨씬 더 찬란하고 아름다웠다. 세 번째 홀은 전 세계 모든 지역과 나라에서 만든 가장 섬세한 옷들로 가득 차 있었다. 이 옷들은 아주 값비싼 고급 목화로 만든 것들이었다. 그리고 세상에서 가장 화려하게 수놓은 비단옷도 있었다. 이 홀에는 또 온갖 종류의 옷들이 있었다. 이 옷감들은 시리아의 초원, 아프리카의 면 지방, 중국, 특히 인도차이나반도에 이르기까지 전 세계에서 온 것들이었다. 알리바바는 보석들로 가득 찬 홀로 걸어 들어갔다. 그 홀은 어떤 홀보다도 크고 환상적이었다. 그 홀은 진주와 보석들로 가득 차 있었다. 사파이어와 에메랄드, 터키옥과 황옥과 같은 보물들이 셀 수도 없을 정도로 많았다. 진주가 산처럼 쌓여 있었고, 그 옆에 산호초와 마노瑪瑙도 있었다. 마침내 알리바바는 온갖 양념향료와 제단용 향 등 좋은 향기로 진동하는 마지막 홀에 다다랐다. 이 홀에는 온갖 종류의 향기가 풍겼다. 알로에 나무향과 사향 냄새가 났다. 풍나무향과 사향이 아름다운 향을 뿜어내며 반짝거리고 있었다. 장미향수와 나드향수가 온 홀을 가득 채웠다. 유향과 사프란향이 구수한 향을 내뿜고 있었고, 불태울 장작들처럼 백단목이 이리 저리 놓여 있었다. 아로마 향이 나는 나무뿌리가 나뭇가지처럼 나딩굴고 있었다. 알리바바는 엄청난 보물로 눈이 부셨고, 어지러웠으며, 어찌할 바를 모를 지경이었다. 알리바바는 그 곳에 서서 잠시 황홀경에 취해 있었다…

여기서 주목되는 것은 무진장한 보물들, 크고 작은 보물들을 은밀하게 모아본다는 것, 아름답고 기이한 물건들을 만끽해보는 것, 온 세상에 있는 무한한 풍성함과 삶의 다양성 등이다.

보물의 동굴이 아직도 존재하고 있는 걸까? 바로 이 장면이 회상된다는 것이 흥미롭다. 동화 속에서 주인공 알리바바는 동굴에서 보석을 훔친 다음, 매우 영리한 하녀의 도움으로 도둑들을 속여 보물의 적법한 주인이 된다. 낮의 환한 빛을 피해 살아가는 어두운 무리들이 재물을 모은다는 것인데, 심리학적으로 말할 때 그것은 그림자의 재물이라 할 수 있다. 이사벨은 이 장면을 회상하면서 즐거워했다. 하지만 알리바바가 도둑들을 속여 그림자 세계에 속한 이 보화를 현실세계로 가져오는 장면은 이사벨의 회상에서 나타나지 않는다.

문제는 이판사판 보물을 긁어 모아 은닉시켜 놓는 데서 인간이 희열을 느낀다는 것, 재물에 대한 희열이 제시되고 있다는 것이다. 도둑들은 아직도 여전히 증명되지 않은 채 남아 있는 무의식적 존재들이다.

이 동화에서는 아주 색다른 주제가 다루어진다. 그것은 물론 이미 암시된 것으로, 도둑들이 훔쳐놓은 보화에 매혹된다는 것이다. 앞에서 제시된 첫 번째 도둑소녀 역시 이 주제에 부합한다. 도둑의 그림자는 적극적이면서도 억척스런 그림자일지 모른다. 매우 다양한 공격의 형태가 드러난다. 우선 모으는 것에 대해 기쁨을 무한정 느끼는 도둑의 특성과, 또 게르다에서 묘사되고 있듯이, 끝까지 포기하지 않고 인내심있게 자기 의도를 관철시키는 점이 그것이다. 심리적 공격증세로서는 마비증세(「백설공주」, 「잠자는 숲 속의 공주」)도 들 수 있다.

이사벨이 회상해낸 마지막 동화는 「유리병 속의 유령」이다.•

어느 나무꾼이 그의 아들을 공부시키고 싶어했다. 그러나 돈이 바닥이 나, 아들은 집으로 돌아왔고 어쩔 수 없이 나무꾼 노릇을 하게 되었다. 나무를 베다가 잠시 쉬는 동안에 그는 유리병을 발견했다. 그 안에 유령이 있었다. 유령이 애원했다. "제발 날 좀 꺼내줘." 그 아들은 유리병을 열었다. 유령은 거인처럼 커지더니, 자기가 그 유명한 메르쿠리우스이며, 그를 죽이겠다고 위협했다. 그는 잠시 정신을 가다듬고 나서 말하기를,

• Grimms Kinder- und Hausmärchen, a.a.O.

> 유령이 진짜 막강한 힘을 가진 것인지 아닌지를 먼저 알아야만 한다고 말했다. 만약 유령이 유리병 속에 있었다면, 분명 다시 유리병 안으로 들어갈 수도 있을 것이다. 유령에게 그건 식은 죽 먹는 것처럼 쉬운 일이었다. 유령은 그렇게 했고, 그 아들은 유리병 마개를 닫았다. "날 좀 꺼내줘." 유령은 다시 애원하면서 그에게 엄청난 부富를 약속했다. 그래서 유령을 다시 풀어 주었다. 유령은 그에게 보자기 하나를 주었다. 그가 그 보자기 끝으로 상처를 문지르면 그 상처가 나았고, 다른 끝으로 철을 문지르면 철이 은이 되었다. 그는 보자기를 시험했는데, 모두 성공적이었다. 그래서 훗날 전 세계에서 가장 유명한 의사가 되었다.

이사벨은 결말에 대해 관심이 없었다. 그녀는 현직 의사다. 동화와 이사벨의 이력 사이에는 일치하는 점이 많았다. 예를 들어 그녀는 나무꾼 일을 하면서 학업에 필요한 돈을 벌었다. 이사벨의 회상 가운데 아주 재미있는 점은 그녀가 황당무계한 유령에 매혹된다는 것이다. 비록 그녀가 학교 과제를 위해 정령을 원했는지 모르지만, 그녀는 분명 처음으로 체험한 영적 존재에 매혹되었다.

마지막 두 편의 동화에서는 이전 동화와 다른 점이 부각된다. 즉 두 편의 동화에 나오는 색채가 인격상像을 띤다는 사실이다. 그 속에는 은밀한 재산과 은밀한 조력자가 나온다. 또한 삶의 다양한 재산, 즉 영적 존재에 대한 매혹이 부각된다.

이사벨이 이러한 모티브들을 회상하는 까닭은 무엇인가? 왜 이사벨은 이러한 주제들을 서로 연관짓게 되었을까?

이사벨이 미처 회상하지 못한 것, 즉 '결점보기 거울'과의 연장선 상에서 그녀는 우선 자신의 아버지를 떠올렸다. 그녀의 아버지는 늘 불완전한 것, 잘못된 것, 오류를 확인했다. 때문에 그는 모든 사람의 결점을 확인하고 비난했고, 그래서 늘 고독했다. 이사벨이 말하기를, 자신은 아빠와 다르게 살아왔다고 했다. 그녀는 오히려 사람들의 장점을 보려고 하고, 될 수 있는 한 사람들을 통합적으로 보려고 했다. 그러나 그녀가 매사 아버지의 눈으로 관찰하고, 모든 것을 왜곡시켜 단점만을 보게 만드는 거울을 통해 사물을 보고 있다는 것이 발견되었다. 아니면 모든 걸 이글어뜨려 증오스러운 것만 보게 하는 거울에 상처를 입고, 갑자기 자신의 결점을 바라보게 되어, 결과적으로 만사를 부정적으로 보고, 매우 차갑고 경직된 사고방식으로 판단하고 행동하게 되었는지도 모른다. 하지만 그녀는 언제나 따뜻한 '게르다의 관점', 언제나 사랑과 삶을 연대시켜주는 그러한 관점이 자신에게 있다고 보았다. 이사벨은 게르다도, 카이도, 그녀의 분신이라는 점에 주목했다.

'스스로 폄하하기'는 그녀가 상대방과 교류하는 데 특이한 역동성을 자아냈다. 그녀가 자신을 폄하하면, 상대방은 그녀를 높이 평가하게 되어서 그녀는 자괴감에서 벗어나 분위기는 곧 반전되었다. 상대방도 함께 마음을 나누는 과정에서 '별 가치없는' 어느 인간을 사랑하게 되는 것이다. 상대방이 거리를 두고 '오성의 거울' 속으로 도주해 버리면, 그녀의 마음은 갈갈이 찢어졌다. 내면 속에서 '악마의 거울'이 작용한다는 것을 그녀는 꽤 세월이 지난 후에야 깨닫게 되었다. 그녀 속의 게르다가 말을 걸게 되면, 그녀는 쉽게 마비 상태에서 빠져나오게 되었다.

알리바바 시리즈를 세상의 기적에 대한 동경과 부, 충만 등의 관점에 따라 해석해 나가면서 그녀는 자신의 물질적이고 세속적 욕망과 조금씩 화해하게 되었다. 물론 이러한 욕망은 소유의 관점에서 다루어져야 한다. 그러나 이러한 관점의 배후에 미에 대한 동경이 확인되며, 그 점 또한 그녀의 사례와 일치했다. 도둑떼를 실제로 불법적으로 탈취하는 탐욕적 측면에서 고려할 수도 있을 것이다. 이사벨은 미를 감상하는 데 필요한 모든 감각적 인상들을 실제로 '부당한' 것으로 여겼다. 어머니가 그녀를 억압하고 있기 때문에, 또는 모성콤플렉스가 이중적이어서, 모든 것을 가지도록 고무하면서도 어떤 것도 가져서는 안 된다고 금기시하게 했다. 은밀한 보물에 대한 말없는 기쁨은 모성콤플렉스가 약화되었다는 표시다.

이사벨 사례에서 가장 인상 깊었던 점은, 그녀가 동화 「눈의 여왕」에서 다루어지고 있는 '영원'이란 단어의 중요성을 전혀 몰랐다는 사실이다. 이 단어는 그녀의 삶의 수수께끼를 푸는 열쇠가 되었다. 그녀에게 '영원'의 중요성이 각인되었고, 그녀는 이 '영원'이라는 말을 초월성, 즉 삶의 내밀한 의미와 연관지어 체험해야겠다고 확신하게 되었다. '영원'을 일종의 자유로 체험하고 다음과 같이 말했다. "그것은 종종 모든 삶을 얼어붙게 만드는 눈의 여왕과 싸워서 관철해낸, 아니 사랑의 경험으로 깨닫게 된 자유이다."

동화 글쓰기_

이사벨이 회상한 동화 가운데 많은 부분이 그림 동화 「노래하며 나는 종달새」 유형을 띠고 있다고 생각한 후, 나는 「노래하며 나는 종달새」에 나오는 다른 중요한 모티브들은 고려하지 않고, 단지 이사벨에게 현재 떠오르는 모티브들을 중심으로 동화 한 편을 써볼 것을 권하게 되었다. 그녀의 동화는 다음과 같다.

뜨거운 눈물

중세풍의 소도시에 이사벨과 카이라고 불리는 두 아이가 살고 있었다. 두 아이는 같은 거리에 살고 있었다. 이 오래된 소도시의 골목들은 아주 좁다랬고, 집들은 거의 따닥따닥 붙어 있었다. 위층 발코니는 거의 맞닿아 있어서 두 아이는 발코니와 발코니 사이로 서로 서로 이야기를 주고받으며 함께 놀았다.

아주 화창한 여름날이었다. 발코니의 모든 꽃들이 화려한 색깔을 뿜어내며 활짝 피었고, 두 아이는 즐겁고 행복한 시간을 함께 보냈다. 두 아이는 아직 학교를 다니지 않아 화창한 여름날을 맘껏 즐길 수 있었다. 카이가 갑자기 소리쳤다. “아! 눈에 얼음조각이 들어갔어. 도대체 어디서 날아온 거지? 이사벨, 얼음조각이 보이니? 날 좀 도와줘, 눈이 아파! 난 이제 아무 것도 안 보여!” 이사벨은 카이의 눈 속을 쳐다보았지만 아무 것도 발견할 수가 없었다. 그녀는 얼음조각을 아무리 찾으려 애써도 발견할 수가 없었다. 두 아이는 도대체 무엇이 문제인지 그 까닭을 알 수 없었다.

카이가 눈에 느꼈던 통증은 차츰 나아갔으나, 이사벨이 아무 것도 찾아낼 수 없게 되자, 카이는 점차 나쁜 맘이 들었다. 카이는 이사벨이 멍청해서 못 찾는다고 그녀 탓을 했다. 카이는 갑자기 표정이 굳어지더니, 돌아서 집으로 가버렸다. 이사벨은 울었다. 그녀는 정말이지 어느 한 조각도 찾아낼 수가 없었다. 카이가 왜 화가 나 가버렸을까? 이사벨은 그런 카이의 모습을 결코 본 적이 없었다.

다음날 이사벨은 여느 때와 같이 발코니로 나와 카

이를 불렀지만, 카이는 나타나지 않았다. 여름 햇살이 눈부셨는데도 말이다. 이사벨은 카이가 어디에 있는지 알아낼 수가 없었다. 그러던 어느 날 이사벨은 그 곳을 떠났다. 집을 지나, 좁은 골목을 통과하여 카이를 찾으러 그 소도시를 떠났다. 이사벨은 식물, 동물, 사람들 모두에게 물었다. "너희들 내 친구 카이 못 봤니?" 이사벨은 온 나라를 떠돌아다니면서 묻고 물었는데, 세상이 이렇게 넓다는 것에 새삼 놀라게 되었다. 심지어 이사벨은 외롭거나 그녀가 혼자라는 것도 알아채지 못했다. 이사벨은 항상 묻고 또 물었다. "너희들 누구 내 친구 카이 못 봤니?" 하지만 아무도 그를 본 사람은 없었다. 이사벨은 어디인지도 모른 채로 계속 걸어갔다. 점차로 이사벨은 두렵고, 외로웠다. 이사벨은 그때 집시촌에 당도하게 되었다. 이사벨은 알록달록한 옷을 입은 집시들과 아이들을 보자 눈이 커다래졌다. 분명 저녁을 준비하는 듯, 커다란 화덕 주위에서 그들은 부산하게 북적거렸다. 생선을 구우면서 풍기는 맛있는 냄새가 이사벨의 코끝을 자극하자, 갑자기 배가 고파졌다. 이사벨은 더 이상 혼자가 아니라는 것과 이런 무리들 속에 함께 있다는 것이 기뻤다. 아이들은 모두 새로운 놀이친구마냥 이사벨을 반갑게 맞아주었다. 아무도 이사벨이 어디에서 왔는지 어디로 가는지 묻지 않았다. 그래서 이사벨은 "너희들 내 친구 카이 못 봤니?"라고 묻는 것조차 잊어먹었다.

이사벨은 아주 당연한 듯이 큰 무리의 일원이 되었다. 아이들이 많았기 때문에 이사벨 한 명쯤 더 있은들 별 차이가 없어 보였다. 그리고 저녁이 되어 서늘해지자, 이사벨은 다른 사람들과 함께 집시들이 잠자는 커다란 동굴 속으로 들어갔다. 동굴은 모퉁이마다 횃불과 석유램프로 신비한 빛을 내뿜었다. 값비싼 구리램프와 은촛대들, 벽에 걸린 다채로운 양탄자들, 이 모든 것들이 매혹적이고 신비스러웠다.

이사벨은 마음이 편안해져 다른 친구들과 함께 잠자리에 들었다. 이사벨이 다음 날 아침 눈을 떴을 때, 그녀는 카이를 찾아야 한다는 사실조차 잊어먹었다. 이사벨은 경이로운 수천 가지 보물들이 있는 호화로운 동굴에 완전히 매혹되었다. 이사벨은 그 곳이 고향같이 느껴졌다. 집시들은 이사벨을 언제나 함께 데리고 다녔다. 그들은 세계 여행을 했다. 이사벨은 낯선 풍경, 아주 아름다운 숲, 거대한 호수들을 보았다. 이사벨은 세상이 아름답다는 것을 경험했다. 그리고 언제나 가는 곳마다 큰 감동을 받았지만 그들이 돌아오는 곳은 커다란 동굴 속이었다. 이사벨은 동굴에서 항상 새로운 보물들을 발견할 수 있었는데, 이것들은 집시들이 언제나 여행길에서 신고 와 다시 채워 놓은 것들이었다.

이사벨은 귀여운 소녀로 성장하였다. 그런데 이따금 이사벨은 저녁에 동굴 앞에 앉아 석양을 지켜볼 때면, 조금씩 가슴이 아파왔다. 이사벨은 그 아픔이 어디에서 오는 것인지 알지 못했다. 때때로 이사벨은 꼭 무엇인가 기억해내야만 할 것이 있다는 생각이 들었다. 하지만 이사벨은 그것이 무엇인지 알지 못했다. 또래의 집시친구들이 와서 함께 춤추고 놀게 되면, 이사벨은 또다시 까맣게 잊어 버렸다.

아주 아름다운 어느 저녁에 집시들이 사는 곳에 누군가가 조용히 찾아왔다. 까만 피부색의 낯선 사람들이 먼 나라에서 왔고, 하룻밤 머물기를 청했다. 이방인들은 접대를 받은 후, 자신들이 어디서 왔으며 어느 쪽으로 갈 것인지를 이야기했다. 그리고 그들은 온갖 종류의 진귀한 물건들을 선보였다. 그것을 본 집시들은 갖가지 마법에 탄성을 자아냈다. 집시들도 마법을 어느 정도 쓸 수는 있었지만, 그들의 마법이 워낙 뛰어났기 때문이었다. 어떻게 여행길에 아무도 몰래 이렇게 대단한 전리품을 가질 수 있단 말인가! 이방인들이 보여준 것은 모두 처음 본 진귀한 것들뿐이었다.

무리들 중 한 명이 두목이었는데, 그는 뛰어난 마법사였다. 이방인들이 마술을 보여주고 난 다음, 그는 특별한 것을 보여주겠다고 말했다. 그는 가방에서 좁은 주둥이에 배가 볼록한 커다란 유리병 하나를 꺼냈다. 그 유리병은 아주 고급스런 마개로 잠겨 있었다. 두목이 말했다. "이 유리병 속에는 거인 정령이 들어 있소. 그는 내 말에 복종하오. 내가 거인을 풀어주는 주문을 외우면 정령은 병에서 빠져 나올 것이오. 그리고 정령에게 주문을 말하면, 정령은 나의 모든 소원을 들어 줄 것이오. 다만 금이나 보석 같은 물질적인 것은 안 되오." 아무도 그 일이 가능하다고 믿는 사람은 없었다. 하지만… 그는 그들에게 시범을 보였다.

그는 불가사의하고, 알 수 없는 주문과 몸짓을 하더니 병마개를 뽑았다. 그러자 유리병에서 희고 부드러운 연기가 뿜어져 나왔다. 연기는 점점 더 멀리멀리 퍼져 나가더니 결국 커다랗고 희미한 형상이 나타났다. 그가 정령을 계속 부르면서 말했다. "정령아, 이 무리들 가운데 뭐가 보이니? 우리에게 뭘 말해 줄거니?" 정령은 오랫동안 이리저리 떠돌아 다니더니 마침내 저음의 목소리로 말했다. "너희들 중 멀리서 온 소녀가 있구나. 아무도 그 소녀가 어디에서 왔는지 모르는구나. 그 소녀는 다시 먼 길을 떠나야 한다. 그리고 누구도 소녀가 [illegible] 가야 하는지 모르는구나. 소녀는 가장 가까운 대도시에 [illegible]로 가서 배워야 할 것들을 모두 배우게 될 것이다. 그 소녀는 어느 날 내게 주문을 걸어 나를 불러내고 나에게 명령하게 될 것이다." 그 말을 들은 집시들은 놀라서 그런 소녀가 누구인지 주위를 살펴보았다. 그렇게 말하고 난 후 정령은 연기의 형태로 압축되더니 유리병 속으로 들어가 사라져 버렸다. 그러자 마법사는 유리병을 다시 막아 버렸다.

갑자기 집시들은 먼 나라에서 와서 이제 다시 먼 길을 가야하는 소녀가 누구인지 알게 되었다. 그래서 집시들은 소녀를 그들 무리에 속하지 않은 이방인으로 느끼게 되었다. 하지만 집시들은 소녀가 다음날 길을 떠날 수 있도록 장거리 여행 준비를 도와주며 돌보아 주었다. 그런 다음 늦은 밤까지 집시촌에서는 사람들이 활기차게 북적거리며 즐거운 시간을 보냈다.

집시들 가운데 어느 한 사람만이 슬퍼하며 게르다가 여행 채비를 하는 것을 도와주지 않았다. 아주 비쩍 마른 어린 집시였는데, 검은 눈동자를 지녔다. 이 어린 집시는 소녀가 걸어 다니는 곳마다 소녀를 뒤쫓아 다녔다. 모두가 잠자리에 들자 게르다 또한 잠이 들려 했는데, 어린 집시가 소녀에게로 와서 조용하고도 은밀하게 특별히 좋은 여행이 되길 바란다고 속삭였다. 어린 집시의 눈에는 눈물이 맺혔다. 소녀는 갑자기 이전의 소꿉친구 생각이 났으며, 마법적인 유혹을 느끼게 되었다. 그녀는 어린 집시의 손을 꼭 잡고, 그를 위로해 주면서 다시 돌아올 거라고 말했다. 그리고 그에게 키스했다. 어린 집시는 열정적인 키스로 응답했다. 이 키스로 소녀는 마음 속 깊이 진한 전율을 느꼈다. 그러자 소녀는 갑자기 카이를 다시 기억해냈다. 소녀는 마음의 눈으로 카이를 바라보았다. 카이는 얼음수정으로 만든 거대하고, 아름답게 반짝이는 궁전에 있었는데, 커다란 아치형 지붕 아래 깊은 생각에 빠진 듯 혼자 앞쪽을 쳐다보며 바닥에 그린 그림 위에서 놀고 있었다. 그때 이사벨은 자신이 어디로 가야 하는지를 알게 되었다. 이사벨은 카이를 찾아서, 그를 구출해야만 했다. 이것이 바로 이사벨이 기억해 내지 못했던 것이고, 그녀의 가슴 속에서 고통스런 감정을 일으킨 그 무엇이었던 것이다.

이사벨은 어린 집시의 머리를 한 번 더 쓰다듬은 후 준비한 여행 가방을 매고 한밤중에 집시들의 움막을 떠났다. 이사벨은 카이가 눈의 여왕의 얼음조각 때문에 마법에 걸렸다는 것과 카이를 구할 수 있는 사람은 자신밖에 없다는 사실을 알게 되었다. 이사벨은 매우 먼 길을 걷고 걸어가 대도시에 이르러 아주 큰 학교에 도착했다. 이사벨은 정령이 한 말을 기억하고, 그 학교에서 가르치는 것 모두를 열심히 배우기 시작했다. 이

머나먼 여정의 목적이 무엇인지 이사벨은 잘 알고 있었기 때문이었다. 이제 이사벨은 카이를 잊지 않을 것이다. 이사벨은 그녀의 가슴이 왜 아픈지 그 연유를 알게 되었다. 그리고 이사벨 마음의 눈에는 거대한 얼음 궁전 홀에 갇혀 있는 카이가 보였다.

이사벨은 자신이 원한다면 분명 정령을 불러낼 수 있다는 확신을 갖게 되었고, 학교에서는 더 이상 배울 것이 없다고 판단하고 길을 떠났다. 그리고 이사벨은 이제 "너희들 내 친구 카이 못 봤니?" 따위의 질문은 더 이상 하지 않게 되었다. 대신 이사벨은 마냥 계속 걷고 걸어갔다. 그리고 갑자기 수천 개의 탑들과 반짝이는 장식들로 이루어진, 눈의 여왕의 장엄한 궁전 앞에 서있게 되었다. 그때 이사벨은 정령을 주문으로 불러내어 얼음 미로 속으로 난 길을 무사히 통과해 갈 수 있도록 명령했다. 그러자 정령은 모습을 드러내지 않은 채 이사벨에게 길을 안내해 주었다. 이사벨은 수많은 홀을 통과해 중심부에 있는 아치형 지붕의 홀에 이르렀다. 거기서 이사벨은 아주 아름답고 어린 남자 아이 카이를 보았다. 카이는 깊은 생각에 잠긴 채 홀 중앙에 앉아 있었다. 그 모습은 이사벨이 마음의 눈으로 본 모습과 일치했다.

이사벨은 카이를 보자마자 카이에게로 달려가 꽉

끌어안고 키스했다. 그러나 카이는 아무런 반응을 보이지 않았고, 아는 기척조차 하지 않았다. 이사벨은 너무 슬퍼서 뜨거운 눈물을 흘렸다. 이사벨은 카이의 가슴에 대고 말했다. "카이야, 카이야, 난 너의 이사벨이란다!" 뜨거운 눈물이 이사벨의 얼굴을 타고 흐르다가 카이의 얼굴과 눈 속으로도 떨어졌다. 그러자 카이의 눈 속에 있던 얼음조각이 빠져 나왔고, 카이는 드디어 눈을 뜨게 되었다. 카이는 이사벨을 알아보고 그녀의 사랑을 느끼고 포옹하며 그녀에게 키스했다. 그리고 카이와 이사벨은 서로 손을 잡고 얼음궁전을 걸어 나왔다. 그들의 진실한 사랑 앞에서는 눈의 여왕의 마법도 아무 소용이 없었던 것이다.

이 동화는 마법에 걸린 사랑하는 남성의 구원을 다루고 있다. 심리적으로 말해 내면 속에 있는 남성성이 마비되었다가 구원되는 것이다. 이러한 구원의 과정은 이사벨이 동화 속에서 기술한 것이다. 이것은 정신적인 발전과정을 말하며, 동일한 결말 상황으로 보아 집단적 타당성을 띤다.

눈의 여왕의 위협은 마법의 공포를 말한다. 얼음은 차갑고, 놀랄 만큼 완벽한 결정체다. 이사벨의 글쓰기에 따르면, 만일 누군가에게 마법을 걸어 사랑의 결합을 할 경우, 얼음은 그냥 녹아버릴 뿐 어느 누구에게 해를 끼치지 않는다. 눈의 여왕은 오성의 얼음거울을 지배하는 원리다. 눈의 여왕의 본질은 완벽함, 순수성, 냉기, 무감정이다. 이사벨의 아버지는 딸에게 눈의 여왕을 매혹적 여성으로 주입시켰다. 아버지는 그녀 속에 있는 야생성이나 감정 등을 억제시키려고 했던 것이다. 눈의 여왕은 삶을 탈감정화하기 위한 하나의 상像일 수 있다. 이러한 탈감정화를 통해 모든 것을 조망할 수 있게 되는 것이다. 눈의 여왕과 함께 회상되는 것은 악마의 거울이다. 이사벨은 동화의 서두에 악마의 거울을 잠시 언급하고 있다. 악마의 거울은 약점을 보게 만든다. 완벽미가 풍기는 매력은 강렬하다. 이사벨의 이러한 성향은 아버지의 영향이 크다. 그러므로 그것은 그녀의 아니무스적 성향이라 볼 수 있다. 카이로 대변되는 아니무스적 성향으로 인해 눈의 여왕의 마력에 빠져 마비되고 만다.

이사벨은 동화의 구조적 과정을 삶의 여러 과정들로 인식했다. 그녀는 사실 그럴 계획은 없었는데, 동화 글쓰기를 한 결과 그것이 나타났다. 그녀는 집시들과 함께 한 체험을 청소년 시절 그룹에서 무리에 섞여 마음의 안정을 찾아가는 경험으로 간주했다. 위대한 정령과의 만남을 그녀는 학업 단계로 보고, 언젠가는 정령을 불러내는 희망을 지닌, 지적 능력을 연마하는 매혹적 단계로 간주했다. 이 과정은 그녀 삶의 여러 과정과 연계되어 있다. 이사벨의 글쓰기에는 부성콤플렉스에 걸린 딸의 삶이 기술되어 있다. 딸은 정령과 대결을 벌이면서 연대적 관계를 발견하게 된다.

이 과정을 정확히 짚고 넘어가 보자. 이사벨의 동화는 이별과, 이별로 인한 고통에서 출발한다. 재결합을 통한 구원이 그녀에게 주어진 과제이자 목적이다.

그녀가 집시아이들 일원이 되었을 때 카이를 구원한다는 것은 아이들이나 집시 혹은 도둑의 생활에서 그녀가 구원되는 것을 말한다. 그녀는 집에서 느끼지 못했던 가정의 안정감과 소속감을 그들과 함께 하는 가운데 느끼게 된다. 이때에 그녀는 자신의 그림자를 느낄 뿐만 아니라, 풍성한 체험을 무한정 하게 된다. 커다란 공동체사회는 그녀에게 사회적 어머니의 품과 같다. 어머니의 품 속에서 그녀는 자신의 그림자와 통합하면서 계속 성숙할 수 있게 된다.

집시사회에 머문다는 것은 일종의 과정을 진술한 것이다. 가슴 속에서 소리없는 고통스런 느낌이 일어난다는 것은 그녀에게 아직 동경이 남아 있다는 것을 말한다. 정령은 거대한 아버지 기능을 떠맡고 있다. 그가 계속 살아가는 방법을 알려준다. 그는 다가올 이별을 준비시킨다. 이사벨은 공동체 속에서 자랐고, 모성적으로 부양되었다. 이제 그녀는 자기 길을 가야 한다. 이제 정령의 지시에 전념해야 하는 것이다. 그녀가 언젠가 정령을 불러낼 수 있으리라는 놀라운 약속도 한다. 그녀의 성공이 점쳐진 것이다.

그녀는 정령이 머무르는 곳에 도달하기 전에 집시와 사랑의 관계를 맺게 된다. 이를 통해 그녀는 카이를 구원하고 싶은 마음을 깨닫는다. 사랑 체험은 가정의 안정감을 가져다 주었는데, 이를 통해 그녀는 관계 맺는 법을 배우게 된다. 정령의 필요성은 아주 가볍게 다루어져 있는데, 정령의 비밀을 좀 더 파악하기 위해 정령의 나라에서 제2의 체류가 필요한 게 아닌지 의문이 들 정도다. 그러나 이사벨은 배움에 만족한다. 카이에게 가는 길은 쉽게 발견된다. 카이의 상실을 슬퍼하면서 그 슬픔을 표현하고 마음에 닿게 하는 힘이 결국 사악한 마술에서 풀려나게 한다.

이사벨의 동화 글쓰기는 바로 자신의 문제를 다루는 데 있다. 자꾸만 마비될 것 같은 공포를 느끼고, '오성의 거울' 을 가지고 놀면서 추한 면만을 확인하고, 마비된 것만 보이는 것은 경직성을 지향하기 때문이다. 이사벨과 카이를 인격적인 한 쌍으로 본다면, 두 사람이 합일된다는 것은 사랑의 감정을 통해 삶을 통합시키고 행복을 환기시키는 것이라 볼 수 있다.● 이 심리적 한 쌍에게 늘 이별이 도래할 위험이 도사리고 있다는 것, 또 이사벨이 카이를 찾아가는 가능성이 기술되고 있는데, 그것은 언제나 고통과 결합되어 있다.

「백설공주」, 「잠자는 숲 속의 공주」, 「작은 인어공주」의 모티브들은 제시되지 않았다. 이러한 동화의 주제는 유년시절의 주제다. 그러나 현실적 주제가 아니라고 해서 그러한 주제들이 삶을 결정짓는 요인이 되지 않는 것은 아니다. 이사벨은 이 동화

● Vgl. Kast V.: Paare, a.a.O., S.19.

를 쓰는 동안 그녀의 동화 속 이사벨과 동일시했다. 그 시기에 그녀의 온갖 감정들이 되살아났던 것이다.

동화 글쓰기의 의미_

이사벨은 동화를 쓰게 된 것을 행복해 했고 자랑스러워했다. 마치 '유리병 속의 유령 하나'를 얻은 듯했다.

그녀는 동화 글쓰기를 통해 의미있는 체험을 했다. 그녀는 동화 체험을 통해 삶의 문제뿐만 아니라, 우리 두 사람 모두에게 넉넉한 힘을 줄 만큼, 삶의 풍요로움 또한 체험하게 되었다. 그녀는 삶의 문제를 과거와의 연관성을 두고 회상하면서 능동적 글쓰기를 할 수 있게 되었다.

그것은 동화 글쓰기를 할 때 누구나 체험하는 것이다. 이때 전제 조건은 너무 수준을 높게 잡지 말아야 한다는 것이다. 동화 글쓰기를 통해 삶의 문제들이 수용되는 방식을 체험할 수 있으며, 이를 통해 관계의 전략을 짜는 것 역시 가능하다. 관계의 전략을 어떻게 짜야 하는가 또한 중요하다. 동화 글쓰기를 하는 사람들에게 분명 자주 드러나는 사실은 어떠한 창조적 잠재력이 나타나느냐, 동화 속에 삶을 변화시키고 변혁시키는 힘이 내장되어 있느냐 하는 점이다.

치료과정은 어린 시절의 동화 모티브들을 다루어 나가면서, 현실적 주제를 띤 동화들은 치료사인 나의 인도 아래 다루어진다. 이러한 연장선 상에서 이사벨의 전기적 사실들의 문제점들이 다시 한 번 제기되었는데, 그러한 문제점은 이전에는 제기되지 않았던 것들이었다.

치료과정은 이러한 작업 끝에 강화된다. 이사벨은 동화 한 편을 쓰게 된 것을 큰 선물로 받아들였다. 또한 나에게도 그러했다. 그녀는 내게 어떤 선물을 할 수 있다는 자의식을 갖게 되었다. 그녀는 떳떳하게 그녀의 자료를 내 강의와 출판에 사용할 수 있도록 해주었다. 그녀에 관한 자료들은 별 의미를 띠지 않을 수도 있었지만 치료과정을 통해 새로운 의미를 던져 주었다. 그리고 그녀의 여러 측면들이 강화되었고 높은 평가를 받았다. 그녀는 직업상 훌륭한 성공을 이루었다. 하지만 그녀가 쓴 동화 한 편은 그녀의 마음을 흡족하게 했고, 더욱 행복하게 만들어 주었다.

_사랑하는 로란트

사랑하는 로란트

— 그룹 동화치료 —

그룹별 동화치료는 어떤 동화를 두고 그룹 안에서 자기 체험을 하는 방식을 말한다. 직접적으로 자신에 대해 말하지 않으면서도 자신에 대해 말하게 되는 것, 즉 다른 사람에게 동화상에 대해 말함으로써 자신에 대해 직접적으로 말하지 않으면서도 결국은 자신을 털어놓게 된다. 이때에 동화는 다양한 변화과정을 뚜렷하게 체험하게 한다.

동화는 정신적인 과정을 자극하고 전개시킨다. 직접적인 요구 없이도 자극이 가해지게 된다. 동화 전체 또는 개별동화의 모티브라는 거울을 통해서 스스로에 대해 고찰하게 하고, 자기 인식을 가능하게 할 뿐만 아니라, 상황에 따른 삶의 변화에 자극을 주기도 한다. 우리는 동화라는 거울 속에서 자신의 문제를 나르시스트적으로 들여다 볼 수 있다. 동화 모티브에 투사하면서 자신의 문제를 검토하고, 동화 모티브를 가지고 자신의 삶에 대해 말할 수 있다. 자신의 모습에 동화 모티브의 셔터를 누르면, 동화의 본래 모티브는 사라진다. 이때에 형성된 자유공간에서 동화작업은 가능하게 된다. 그것은 그룹치료에 타당할 뿐만 아니라 근간이 된다.

꿈에 비해 동화는 감정적 거리감이 있을 수 있다. 꿈에 대해서 우리는 대부분 책임질 일이 있다고 느낀다. 그러나 동화가 꿈에 비해 심정적으로 거리가 있다 해서 우리를 감동시키지 않는 것은 아니다. 동화치료는 감정적인 자유공간 속에 자리한다. 그 자유공간은 창조적인 발전을 유발시킨다.

나는 이제 그룹치료에 알맞는 동화 한 편을 제시하고자 한다. 불안을 주제로 한 그룹치료할 때 다루었던 동화다. 그룹치료는 한 번에 3시간씩 5회에 걸쳐 진행되었다. 주제에 맞추어 동화를 한 편 선별해 다루었는데, 이 동화는 불안에 맞서 싸우는 용기를 통해 위기에서 삶의 새로운 국면으로 변화하는 내용을 담고 있었다. 우리가 어느 그룹에 일정한 주제 아래 동화를 제시하면, 어느 특정의 문제를 그룹에 제공하는 셈이 된다. 문제를 해결할 수 있다는 확신을 가지고 동화라는 매개체를 통해 문제를 제시하는 것이다.

동화•__

옛날에 두 딸을 둔 못된 마녀가 살고 있었다. 그 중 한 딸은 마녀의 친딸이었는데, 못생긴 데다가 마음씨도 나빴지만, 다른 딸인 의붓딸은 아름다운 데다가 마음씨도 고왔다. 하지만 마녀는 못생긴 딸을 더 예뻐했고, 예쁜 딸은 싫어했다. 예쁜 딸이 친딸이 아니었기 때문이었다. 어느 날 예쁜 딸이 아름다운 앞치마를 하고 있었는데, 이 앞치마가 못생긴 딸의 마음에 쏙 들었다. 시기심 많은 못생긴 딸이 엄마에게 가서 말했다. "저 앞치마 좀 갖고 싶어." 엄마가 말했다. "사랑스러운 것, 조금만 기다리렴. 내 그 앞치마 꼭 갖게 해 줄께. 네 언니, 고건 벌써 오래전에 죽였어야 했는데. 오늘 밤 잠들면, 엄마가 네 언니의 목을 잘라버릴 거야. 넌 침대 안쪽에 가서 눕고, 네 언니는 침대 바깥 쪽에서 자게 해라." 한쪽 모퉁이에서 이 이야기를 다 듣지 않았더라면 의붓딸은 자칫 파리 목숨이 될 뻔했다. 잠잘 시간이 되자, 친딸은 먼저 침대로 가서 누웠다. 친딸은 엄마가 말한 바대로 침대 안쪽에 가 누웠다. 친딸이 잠들자, 의붓딸은 친딸을 들어 올려 최대한 침대 바깥 가까이로 밀었다. 그리고 의붓딸은 침대 안쪽에 가 누웠다. 밤이 되

• Der Liebste Roland. Aus: Grimms Kinder- und Hausmärchen I, a.a.O.

자, 엄마가 살금살금 다가왔다. 엄마는 오른손에는 도끼를 들고, 왼손으로는 우선 앞쪽에 누군가 누워있는지 만져보고 난 후 두 손으로 도끼를 움켜쥐고 자신의 친딸의 머리를 내리쳤다.

엄마가 돌아가자, 의붓딸은 벌떡 일어나 그녀가 가장 사랑하는 로란트에게 뛰어갔다. 문을 두드리자 로란트가 나왔다. 의붓딸이 말했다. "사랑하는 로란트, 우리 빨리 여기를 떠나야 해요. 계모가 나를 죽이려다 친딸을 죽였어요. 해가 뜨고 계모가 자신이 저지른 일이 드러나면, 끝장이에요." 로란트가 말했다. "우선 계모의 마술봉을 가지고 가야해. 계모가 우릴 추격할 텐데, 그게 있어야 우리 목숨이 안전할 거야." 착한 딸은 마술봉을 챙기고, 죽은 동생의 머리를 가지고 나섰다. 세 방울의 피가 바닥 위로, 침대 앞에 그리고 부엌에 떨어졌다. 그들은 함께 도망갔다.

날이 밝자, 마녀가 잠에서 깨어났다. 마녀는 앞치마를 주려고 자신의 친딸을 불렀지만, 친딸은 나타나지 않았다. 마녀가 말했다. "너 지금 어디에 있니?" "아이참, 여기 계단에서 청소하고 있잖아요!" 첫 번째 핏방울이 대답했다. 마녀는 계단으로 갔지만 그 곳에는 아무도 없었다. 다시 친딸을 불렀다. "너 도대체 어디 있니?" "아이참, 여기 부엌에서 불을 쬐고 있잖아요." 두 번째 핏방울이 말했다. 마녀가 부엌으로 갔지만, 아무도 없었다. 그래서 다시 한 번 딸을 불렀다. "너 어디에 있는 거니?" "아이참! 여기 침대 위에서 자고 있잖아요!" 세 번째 핏방울이 말했다. 마녀가 방 안에 있는 침대로 갔다. 마녀가 거기서 무엇을 봤을까? 자신의 친딸이 피범벅이 되어 있었다. 마녀는 스스로 자신의 친딸의 머리를 잘랐던 것이다.

그때 마녀는 화가 치밀어, 창문으로 달려가 창밖을 내다보았다. 마녀는 투시력이 남달랐기 때문에 아무리 의붓딸이 사랑하는 로란트와 급히 멀리 도망쳤다 하더라도 그들의 모습이 한 눈에 들어왔다. 마녀가 말했다. "벌써 멀리도 갔군 그래. 하지만 뛰어봤자 벼룩이지." 그리고선 칠 마일을 단걸음에 가는 장화를 신고 한두 걸음 내딛자 그 둘은 따라잡혔다. 그러나 의붓딸은 마녀가 그들을 뒤쫓아 오는 것을 눈치 채고선, 마술봉으로 사랑하는 로란트는 호수로, 자신은 그 호수 안에서 헤엄치는 오리로 변신시켰다. 마녀는 물가에 서서 오리를 유인하기 위해 빵부스러기를 던지는 등 온갖 노력을 다 했지만 오리는 걸려들지 않았다. 마녀는 뜻대로 되지 않자 다시 집으로 돌아갔다. 그러자 의붓딸과 사랑하는 로란트는 다시 원래 모습으로 변했고 그들은 캄캄한 밤이 지나 낮이 훤히 밝아올 때까지 걷고 또 걸었다. 동이 트자 의붓딸은 가시덤불 속에 핀 아름다운 꽃 한 송이로 변했고, 사랑하는 로란트는 바이올린 연주자로 변했다. 그리고 얼마 되지 않아 마녀가 다가와 연주자에게 말했다. “존경하는 연주자님, 제가 이 아름다운 꽃을 꺾어도 되겠습니까?” “오, 물론이죠.” 연주자가 대답했다. “그러면 제가 한 곡 뽑아 드리죠.” 마녀는 그 꽃이 누구인지 잘 알고 있었기 때문에 서둘러 꽃이 있는 덤불 속으로 기어들어갔다. 그 때 연주자는 연주하기 시작했고, 마녀는 그녀의 의지와 상관없이 춤을 추어야만 했다. 마법의 춤이 연주되었기 때문이다. 연주자는 연주를 멈추지 않았고, 마녀는 덤불 속에서 계속 춤을 추었다. 마녀의 옷이 먼저 가시에 뜯겨지고 온 몸이 가시에 찔려 피가 흘렀다. 그렇게 마녀는 가시에 찔려 상처를 입은 채 죽게 되었다.

그녀가 마녀로부터 풀려나자, 로란트가 말했다. “이제 나는 아버지에게로 가서 결혼식을 준비해야겠어.” 그녀가 말했다. “그럼, 그 동안에 전 여기서 기다릴게요. 아무도 알아 볼 수 없도록 전 빨간 돌로 변해 있을 거에요.” 로란트는 떠났고 그녀는 들판 위 붉은 돌로 변해 사랑하는 로란트를 기다렸다. 하지만 로란트는 집으로 돌아가자, 그 곳에서 다른 여성에게 빠져 그녀를 온통 잊어버렸다. 그녀는 오랫동안 들판에서 기다렸지만 로란트는 돌아오지 않았다. 그녀는 너무 슬퍼서 누군가 와서 자신을 꺾어 주길 바라며 꽃으로 변했다.

양치기가 들판에서 양을 치고 있었는데, 꽃을 발견했다. 그 꽃은 너무 아름다웠기 때문에 양치기는 그 꽃을 집으로 가져갔고 상자 안에 넣어두고선 이렇게 말했다. "이렇게 아름다운 꽃은 이 세상에 다시 없을 거야." 하지만 그때부터 양치기 집에선 이상한 일이 벌어졌다. 양치기가 아침에 일어나면, 벌써 누군가 방을 쓸고 닦았고, 화덕에 불이 지펴졌고, 누군가 물을 길어 왔다. 그리고 오후에 양치기가 돌아오면 식탁에 맛있는 음식이 차려져 있었다. 양치기는 어떻게 이런 일이 일어나는지 이해할 수 없었다. 양치기의 집엔 양치기 외에 아무도 없었기 때문이다. 그래서 그에게 일어나는 이런 일들이 좋은 일인지 아닌지 몰라 결국엔 지혜로운 무녀에게 가서 조언을 구했다. 그러자 지혜로운 무녀가 말했다. "마법의 힘이구나. 아침 일찍 일어나 방 안에서 움직이는 것이 있거든 빨리 그 위로 하얀 천을 던져봐라. 그럼 마법에서 풀릴 거야." 양치기는 지혜로운 무녀가 말한 것처럼 다음 날 아침 일어나 지켜보았다. 상자가 열리더니 꽃이 상자 밖으로 나왔다. 그때 양치기는 재빨리 그 쪽으로 뛰어가서 하얀 천을 그 위로 던졌다. 그러자 꽃이 아름다운 소녀로 변해 그의 앞에 서있었다. 그리고 그녀는 지금까지 양치기의 집안일을 도맡아 해왔다고 말했다. 그는 그녀가 매우 아름다워서 그녀에게 청혼했다. 그러나 그녀는 사랑하는 로란트와의 신의를 저버릴 수 없다며 거절했다. 하지만 그녀는 양치기의 집에 머물면서 계속 집안일을 해주겠노라고 말했다.

로란트가 결혼식을 올리는 날이 되었다. 그 지방의 잘 알려진 오랜 관습에 따라 그 지방 모든 처녀들이 참석하여 신랑신부에게 축가를 불러야만 했다. 사랑하는 로란트가 다른 여인과 결혼식을 올린다는 소식을 듣자, 그녀는 마음이 갈기갈기 찢어지는 듯이 슬펐다. 그래서 결혼식에 참석하지 않으려고 했지만, 사람들에게 떠밀려 참석하게 되었다. 그녀는 노래 부를 차례가 될 때마다 자꾸만 뒤로 물러났지만, 마침내 마지막 차례가 되었다. 그녀가 노래 부르기 시작하자, 로란트가 그 목소리를 듣고 펄쩍 뛰어 일어나 소리쳤다. “아, 지금 노래 부른 사람이 내 진짜 신부이구나!” 로란트는 그 목소리의 주인공을 알아차리고, 그동안 잊고 지냈던 모든 것을 그의 가슴 속으로 느끼게 되었다. 그 후 그녀는 사랑하는 로란트와 결혼식을 올렸다. 슬픔 끝, 기쁨 시작이었다.

만남 1_

그룹 참여자들에게 약간의 긴장을 풀어주고, 동화를 읽어준 다음, 들으면서 떠오르는 동화상들을 생각해 보도록 유도한다. 사람들에게 경청한 내용을 음미시키고, 동화상들을 떠올리며 생각한 바를 재차 의미화하고, 어떤 동화상들이 특히 중요했던가, 어떤 동화상에 사로잡혔는가, 기뻤거나 화가 났는가를 확인하도록 한다. 결과적으로 동화상들은 종종 중복되는 경우가 많았다.

15명 정도의 모임인 경우, 첫 번째 접촉과정에서 중요한 것은 소규모 모임 짜기다. 이 소모임에서 개별인에게 특별히 열중하게 되는 동화상이나, 가장 인상적이거나 화가 났던 부분을 떠올리게 한다. 이때에 개별인 각자 모두 자유롭게 말하게 한다. 모든 그룹구성원도 마찬가지다. 각자 말하고 싶은 만큼 말하게 한다. 모임에는 15명이 참여했다. 그중 9명이 여성, 6명이 남성이었고, 가장 젊은 사람의 나이가 32세, 75세 분이 가장 고령의 나이로 참석했다. 결과적으로 동화상들은 동화를 푸는 열쇠가 되는데, 몇몇 동화상들은 여러 사람들에서 중복적으로 드러났고, 개인은 이 동화상을 통해 풍성한 판타지와 연상을 경험한 후 다시 일상적인 현실로 돌아오게 되었다. 동화의 어떤 줄거리, 특히 첫 부분은 아무도 먼저 시작하려고 들지 않았다. 그러나 동화 전체를 다룰 때 첫머리의 상황을 이해하지 않고 동화를 이해하는 것은 불가능했으므로 우리는 이 첫머리의 상황을 놀이하기 시작했다.

심리극에서 역할극놀이를 하는 것과 같은 방법으로 여러 그룹참여자들에게 떠오르는 장면을 연기하게 했다. 첫머리 장면들이 제시되고, 연기자들에 의해 그 장면들이 바뀔 수도 있겠지만, 그러나 이때에 함부로 바꿔서는 안 된다. 이러한 놀이는 판타지 놀이를 신뢰하지 않는 사람들에게 특히 중요하다.

또 하나 중요한 점은 각 참가자들이 제시된 모든 역할을 다 해보는 것이다. 여기 동화 시작부에는 마녀, 못생긴 딸과 예쁜 딸이 제시되는데, 이 역을 다 바꿔가며 해봐야 하는 것이다. 참가자들은 남자역도 해보고 여자역도 맡아보기로 한다.

첫 번째 놀이 장면에서는 형제자매간의 질투가 이야기 주제가 된다. 일반적으로 질투는 어머니와 아버지가 어느 아이를 특별히 선호하는 데서 발생한다. 그 아이가 생활하는 가운데 힘든 부분, 다시 말해 아이가 선호의 대상이 되면서 문제는 난관에 부딪히게 된다. 가능성 있는 딸을 어머니들이 오히려 질투하는 것에 대해 이야기를 나누어 보게 한다. 그룹이 다양한 연령대로 형성되어서 아주 다양한 관점에서 질투의 문제가 다루어지게 된다.

질투가 비생산적이라는 점이 다루어진다. 질투의 대상을 죽이는 것은, 이를 상징적으로 풀어보자면, 질투하는 당사자가 질투의 대상인 물건, 여기서는 행복의 몫을 상징하는 아름다운 앞치마를 빼앗을 수 있을 것이라는 생각을 품고 있다는 것이다.

이것은 더 이상 상대에게 신경쓰지 않는다는 것을 의미한다. 우리 모두 이러한 판타지에 대해 잘 알고 있다. 질투의 대상을 죽여 궁극적으로 없앨 수 있을지 모르지만, 질투의 내용이 간단히 사라진다고 볼 수는 없다. 질투의 유발인자가 아직 살아있다면 그 질투의 내용에 대한 자극은 단연 강화되는 것이다.

동화가 전개되는 과정에서는 앞치마 쟁투가 벌어진다. 동화 놀이에서 분명해지는 사실은 이 앞치마가 여느 앞치마보다 가치를 띠는 것으로, 남성의 관심을 끌 만한 어떤 특이한 점을 띠고 있다는 것이다. 놀이하는 가운데 가장 교태를 부리는 딸 역할을 맡은 사람이 남성의 놀이감이 되었다.

앞치마는 보호, 즉 여성의 모태를 상징한다.● 그렇기 때문에 여자꽁무니를 따라 다니는 난봉꾼도 상상해 볼 수 있다. 앞치마는 보호를 뜻할 뿐만 아니라, 자궁을 가리키기도 한다. 예쁜 딸은 앞치마로 남성과의 관계를 수용할 수 있음을 말한다. 그녀의 앞치마는 동화에서 언급되지 않은, 좋았던 옛 시절, 즉 아버지와 어머니가 아직 살아있었던 때나 계모가 그녀를 다정히 대해주었던 시기의 산물일 것이다. 그림형제는 아이들의 자율적 성장을 위해 종종 친모 대신 계모를 내세웠을지도 모른다.

동화의 첫머리에 남성이 부재하며, 남성과의 관계맺음에

● Bächtold-Stäubli H. (Hrsg.): Handwörterbuch des deutschen Aberglaubens. De Gruyter, Berlin und Leipzig 1935/36.

문제가 나타난다는 점에서 볼 때, 남녀간의 관계를 이 동화의 주제로 볼 수도 있다. 우선 마녀적 어머니를 만나게 된다. 그 어머니는 행운을 지닌 의붓딸을 죽여, 자신의 친딸을 그 자리에 앉히고 싶어 한다. 이 행운을 지닌 딸은 어머니를 떠나고 싶어 한다. 어머니는 파괴적이다. 동화는 부정적 모성콤플렉스의 지배를 받고 있는 주인공이 파트너 또는 자신의 전체성全體性을 찾아가는 발전과정을 제시하고 있다.

몇 가지 실타래를 풀어 보자. 놀이한 내용의 감정적 효과와 인식적 내용을 고려할 때, 자연스레 이러한 해석이 도출된다. 놀이하는 중에 소유 원리, 즉 앞치마가 정말 갖고 싶다는 사실이 환기되었다. 마치 행복한 삶이 앞치마에 있는 것처럼 말이다. 어머니도 딸도 벌을 달게 받고 싶어하지 않았으며, 아무도 악인이 되고 싶어 하지 않았다.

따라서 동화의 내용보다 훨씬 더 중요한 경험을 하게 되었다. 악은 단순하다. 우리 모두 악의 열매를 따먹고 싶어한다. 그러나 누가 우리를 위해 불 속에서 시뻘겋게 익은 뜨거운 밤을 가져다 줄 것인가, 누가 악역을 맡아 할 것인가? 동화 역할극을 하게 되면, 이러한 경험은 반복되며, 이때에 우리의 사고와 태도는 모순에 직면하게 된다.

살인 장면은 아무도 하려고 들지 않았다. 공감되는 부분이다. 그러나 장면마다 상징적으로 이해되어야 한다. 우연히 딸은 이야기를 듣게 된다. 동화 속에서는 그렇게 간단히 살해되지 않는다. 그러나 분명한 것은 그녀가 어머니와 여동생 사이에 남아 있을 경우, 둘의 태도로 볼 때 그녀는 죽을 목숨이고, 아름다운 앞치마의 주인이 될 수가 없으며, 모성콤플렉스에서 벗어나 자기 전개 또한 할 수 없게 된다. 따라서 여주인공의 측면에서 볼 때, 어머니와 더 결합되어 있고 어머니 곁에 머무르고 싶어하며 세상으로 나가는 대신 다른 사람이 간직한 것을 소유하고 싶어 하는 여동생은 살해되어 마땅한 것이다.

어떤 여성의 상황을 상상해 보자. 부정적 콤플렉스에 몹시 시달리는, 고통받는 젊은 여성을 생각해 보자. 그 콤플렉스가 질투의 옷을 입고 있고, 욕망과 결합되어 있으며, 강한 파괴욕을 지니고 있다고 보자. 이 콤플렉스와 동일시하면 강한 힘을 가져다 주지만, 그것은 극도로 파괴적인 힘이다. 여성은 모성콤플렉스가 지배할 수 없는 또 다른 측면이 자신에게 있다는 것을 알고 있다. 동화에서 이러한 측면은 아름다운 앞치마를 두른 의붓딸로 나타난다. 삶으로 향한 긍정적인 관계를 맺을 수 있는 측면, 즉 자신을 아름답다고 여기는 측면이 감지되는 것이다. 예쁘다, 아름답다는 것은 동화에서는 행복한 삶을 말한다. 이러한 측면은 어머니와 긍정적 관계임을 환기시킨다. 어머니와의 관계는 긍정적이기도 하고 부정적이기도 하다. 죽음의 위협 속에 처해 있다는 것은 이 개방적 측면이 막히는 것을 말한다. 모성 콤플렉스에 갇혀, 그것과 동일시되는 측면이 보다 강화되는 것이다. 따라서 삶의 문을 활짝 열고, 스스로를 믿고, 기쁘게 사는 것보다 질투, 파괴, 권력의 감정을 인지한다는 것을 말하는 것이다.

그렇기 때문에 이러한 질투, 파괴, 욕망적 측면을 띠는 여동생은 희생양이 되어야 한다. 그녀는 이러한 공격적 상황에서 벗어나야 한다. 언제나 추적의 대상이라는 위험을 의식하면서 말이다. 그녀는 온 힘을 다 짜내 모성콤플렉스를 다스리고, 공격적 상황을 극복해야 하는 것이다.

도주가 성공하려면 사랑하는 로란트와 함께 할 때 가능하다. 어머니에게서 벗어나기 위해서는 남성이 필요하다. 어린 시절의 공생관계에서 벗어나 개성화로 나아가는 과정을 데메테르와 페르소포네의 신화를 통해 생각해 보자.● 남성상으로는 도움을 주는 역할 또는 도둑의 역할을 맡는 하데스를 생각해 보자. 여기 로란트의 역할은 사랑의 역할을 대변한다.

동화에서 의붓딸과 사랑하는 로란트의 관계는 정신적인 관계로 비춰진다. 로란트는 심리적 남성성이라고 간주할 수 있다. 말하자면 어떤 삶의 상황, 즉 모성이 치명성을 띠고, 파괴력을 발휘하는 상황에서 로란트는 이미 마녀의 위험성에 대해 알고 의붓딸에게 마녀의 마술봉을 가져가야 한다는 조언을 한다. 그녀는 스스로 마법을 다룰 줄 알아야 하는 것이다. 마술봉을 가

● Vgl. Kast V.: Wege zur Autonomie, a.a.O., und dies.: Wege aus Angst und Symbiose, a.a.O.

지고 간다는 것은 중요한 인생경험이 될 수 있다. 아주 힘든 상황마다 삶을 살아가는 방법에 대해 조언을 해주고, 그 방법을 가르치는, 즉 삶의 방향을 어떻게 전환시켜야 하는가 하는 비법을 지녀야 하는 것이다. 어려운 상황에서 성장한 아이들은 그렇지 않은 아이들보다 뛰어난 전술능력을 지니게 되는데, 그러한 전술 덕분에 자기 방어를 할 수 있게 되는 것이다.

동화가 능동적 삶에서 시작하기보다 질투와 그로 인한 공포, 즉 어느 위협적 상황으로 시작하기 때문에 그룹의 분위기가 매우 침체되어 있었다. 그런데 결국 첫 모임을 마무리하면서 마술봉은 이러한 치명적 상황을 바꿀 수 있는 상징성을 지니고 있다고 알려주었다. 마술봉 덕분에 마법을 쓸 수 있는 판타지적 상황으로 바뀌게 되었다.

나는 참가자들에게 긴장을 풀고 그들의 마술봉을 상상해 보라고 했다. 마술봉을 툭 건드리면 어떤 변화가 가능한가를 생각해 보라고 했다. 결국 상상 연습 끝에 몇몇 사람들은 이 마술봉을 사용하지 않고 보관하면 어떤지 질문하게 되었다. 이러한 암시의 목적은 마술봉을 찾는 것이다. 내담자들에게 이러한 암시가 중요한 것은 우리가 어떤 마술봉도 소유하지 못한다고 생각하고 있기 때문이다.

마지막 상상 연습과정이 그룹 분위기를 크게 바꾸어 놓았다. 모두들 마술봉을 찾았고, 탄성을 지르며 행복해 했다. 따라서 주어진 문제가 변화할 수 있으리라는 확신이 생겼다. 동화의 첫 희망이 일어난 것이다. 나는 어느 동화가 치료과정에서 의미 있게 판단될 경우, 의식적으로 그 동화의 원본을 그대로 따르기보다 치료과정에 비중을 두면서 다루어 나갔다.

만남 2_

그룹 구성원들에게 다시 긴장을 풀게 하고, 동화의 다음 부분, 즉 마녀가 화를 내는 부분에서 사랑하는 두 사람이 연못과 오리로 바뀌는 순간까지 읽어 주었다.

동화상들은 다시 상상의 공간을 넓히고 장면들이 형상적으로 체험되었다. 읽고 난 후에 동화상 속에 가장 생생하게 떠오르는 장면에 집중하게 하고, 그 동화상을 변화시켜 보았다. 이 동화상들은 어떤 사람에게는 동화상에 머무를 수 있지만, 다른 사람들에게는 개인적인 문제를 담은 상像이 되어 동화의 주제로 환기되었다. 동화상들에 대해 함께 이야기를 나누면서 동화 주제에 대해 재해석할 수 있었다. 그런 다음 이에 해당되는 동화상들을 그림으로 그렸다.

동화에서는 자신의 파괴적인 면이기도 한, 파괴적 어머니로부터의 도주가 다루어졌다. 강력한 파괴적 감정을 피하는 방법이 관건이다. 동화는 자신으로부터 거리를 취하는 방법을 상징적 형태로 명확하게 지시한다. 그것은 모성콤플렉스의 부정적 관점과 동일시 여부에 영향을 미친다. 이러한 거리화의 첫 부분은 도주를 통해 이루어진다. 두 번째 부분은 정체성 찾기가 된다.

동화는 '변신-도주'를 묘사하고 있다. 이는 남녀주인공들이 어떤 강력한 모습 앞에서 도망쳐야 하는 경우●에 나타나는 동화 모티브다. 그것과 맞닥뜨리면 파멸할 수밖에 없기 때문이다. 인간의 행동방식으로 전이시켜 보면, 이러한 '변신-도주'는 쫓아오는 인물의 모든 감정과 태도로부터 달아나는 것을 의미한다. 여기서는 의붓딸이 어떤 질투나 파괴의 감정들에 얽매이지 않고, 삶의 다른 공간으로 월경하는 것을 말하는 것이다.

이러한 변신-도주의 가능성은 동화가 말하는 어떤 조건 아래서 성공할 수 있다. 소녀는 이미 사랑하는 로란트와 관계를 맺고 있다. 어머니와의 긴밀한 연대에서 벗어나는 과정에서 사랑의 관계가 맺어진다. 객관적 단계에서 유효한 것은 심리내적인 관계에서도 타당성을 띤다. 어느 여성이 남성과 관계를 맺는다는 것은 전체성에 대한 첫 번째 인격적 감정을 경험하는 것이 된다. 이때 쉽게 모성콤플렉스에서 빠져나오게 되고, 모성콤플렉스적 관점은 더 이상 아무 의미가 없게 된다. 사랑하는 로란트는 성공적으로 도주하기 위한 두 번째 전제가 된다. 그래서 그녀에게 마녀의 마술봉을 필요하다는 것이 제시된다. 모성콤플렉스와 결합되어 있는 상황에서 이를 극복하려면, 변화를 가

● Vgl. Jacoby M./ Kast V./ Riedel I.: Das Böse im Märchen,a.a.O.

져다 주는 희망봉을 소유해야 하는 것이다.

마술봉은 변화를 유도하는 방법을 알고 있다. 혼자 도주하기는 힘들다. 마녀가 아주 가까이 접근하는 순간, 즉 마녀적 행동에 의해 다시 사로잡힐지도 모르는 순간에, 사랑하는 로란트는 호수로, 자신은 오리로 변신한다. 그것은 보호와 명상의 상像이다. 공포에 대해 제대로 파악하고 숨어서 명상하는 것이다. 독이 든 음식의 유혹에 넘어가지 않는 한 안전할 것이라는 것을 아는 것이다. 능동적으로 대처하지는 않지만 보호막을 치는 가운데 명상을 할 수 있다. 빵은 독성을 띤 강력한 세력인 것이다.

흥미로운 것은 로란트가 호수로 바뀌는 것이다. 유사본에서는 여성이 호수로 변한다. 여기에서는 어떤 남성이 맺는 여성과의 관계가 제시된다. 그 여성은 부정적 모성콤플렉스에 인해 힘든 상황이다. 남성은 모성의 본래적 기능을 떠맡아야 한다. 오리는 물 속이나, 대지 위 또는 대기 중에서도 날아갈 수 있는 갖가지 방법으로 마녀로부터 도망갈 수 있다.

동화에서는 강력한 힘에 저항하려면 정신을 모아 집중해야 한다고 한다. 그러한 힘이 매혹적으로 다가올 수 있다는 사실을 명심하고, 그 유혹에 넘어가지 말아야 하는 것이다.

적극적 상상과 그림그리기_

내적인 상像들은 금방 사라지기 때

문에 그림으로 담아 두어야 한다. 이러한 상들을 그림으로 그려 보면 우리 삶의 의미와 감정적인 내용 속에 훨씬 더 잘 감정이입할 수 있다. 또한 그림을 그리는 동안에 이러한 상들은 여러 가능성을 띠면서 변형될 수 있다. 그러한 과정 속에 머물면서 동화 속에서 스스로를 반추시켜보는 것이다.

적극적으로 상상하기, 그림그리기 그리고 역할극 놀이는 상징적 상들을 다룰 수 있는 가능성들이다. 그리고 모든 사람들은 자신에게 맞는 방법, 즉 고유한 내면적 상들에 가장 생동감 있게 접근하는 시기 등을 스스로 찾아내야 한다.

40세 여성의 사례

나는 이리저리 뿌려진 핏방울에 놀라 쫓겨 다니다가, 화가 치밀어 오른다. 난 복수하고 싶어 성의 탑으로 달려간다. 나는 성의 탑으로 뛰어 들어 가서 그 성 창문들 가운데 어떤 창문을 통해 도망치는 아이들을 보려고 한다. 나는 저 멀리 달아나고 있는 로란트와 의붓딸을 발견한다. 나는 이 두 아이에 대한 분노 때문에 폭발할 지경이 된다. 한걸음에 칠 마일을 가는 장화를 신으면서 생각한다. '꼭 잡고 말 테다.' 그러다가 나는 갑자기 의붓딸로 바뀐다. 나는 어머니가 공포스러워 사시나무 떨듯 한다. 나는 더 이상 변신이 성공하지 못할까봐 두렵다. 마지막 순간 나는 호수로 변한다. 호수는 마치 죽은 시체처럼 조용하다. 호수는 오리가 헤엄칠 만큼 넓다.

꽃으로 변하기 전후도 공포스럽기는 마찬가지다. 나는 어머니에 대한 공포심으로 인해 능동적으로 방어할 수가 없다. 또한 이 장면에서 내가 누구인지 알 수 없어서 행동을 취할 수가 없다. 나는 어머니인가 의붓딸인가? 나는 언제나 이 둘이기도 하고, 내가 어머니이면 딸이 사라지고, 딸이면 어머니가 사라진다. 그것 때문에 나는 어찌할 바 모르고 화가 난다.

상상 중인 사람이 자신의 정체성에 대해 불안을 토로했다. 그녀가 어린 시절 종종 체험한 것이었다. 그녀는 자신보다 어린 동생들이 있었기 때문에 어머니 역할을 했다. 하지만 어머니에게 그녀는 여전히 아이일 뿐이었다. 20대 중반에 이른 그녀는 자신의 동생들을 아직도 아이로 보고 있었다. "상상 속에서 가장 기분 나쁜 것은 내가 분노를 터뜨릴 대상을 잘 알 수 없다는 것이다. 그 때문에 나는 화가 치밀었다."

이 여성은 상상 속에서 자신을 어머니이자 딸로 간주하고, 그 둘의 입장에 감정이입해 보았다. 어머니가 속았다는 사실에 화가 난다는 것과, 딸이 어머니에 대해 느끼는 불안 역시 여실히 드러났다. 이 장면에서 그녀의 모녀콤플렉스가 표출되었다.

동화 속 여주인공과는 달리 이 여성은 어머니와 거리를 두거나, 어머니와의 관계에서 희생양이 될 준비가 되어 있지 않았다. 강력한 어머니와 자신을 동일시하면서, 희생양이 될 마음의 준비를 갖추지 못했다. 그녀는 여전히 약간은 강력한 어머니이고 싶은 마음이 남아 있었다. 그래서 마지막 순간에 이르러서야 비로소 변신이 이루어졌는데, 그 순간 그녀는 호수인 동시에 오리가 되었다. 즉 실지로 여성적인 기능을 스스로 떠맡게 된 것이다.

이 여성은 그림을 그렸는데(그림 2, 3), 이 그림에서 그녀는 잔뜩 화가 난 어머니(마술신)와 동일시되었다. 또한 자신이 어머니로부터 항상 관찰 대상이 되고 있다는 느낌이 강하게 표현되어 있다. 적극적인 상상과 그림그리기를 통해 동화에 나타난 어머니로부터 분리되는 과정을 확인하게 된다. 어머니의 분노는, 물론 아이들이 어머니를 떠날 때 느끼는 배신감 때문에 생기는 것으로 모든 어머니들의 분노라 할 수 있다. 그러한 배신감은 어머니가 아이를 자기 소유물의 연장선 상에서 생각하기 때문이다. 아이들은 어머니에 의해 유린당할지도 모른다는 사실과 언제나 어머니의 감시를 받고 있다는 것에 대해 공포를 느낀다고 한다. 이 두 공포를 주관적 단계로 파악할 수 있다. 유린당할지도 모른다는 실망감과 분노, 그리고 비록 어머니가 부재 중일지라도 언제나 어머니의 감시 아래 행동하게 된다는 느낌, 그렇기 때문에 마치 어머니가 허용해야 어떤 일이든 할 수 있다는 느낌 등으로 풀이할 수 있다. 이것은 모성콤플렉스가 자아콤플

그림 2

렉스에 가하는 폭력이라 할 수 있다.

그림을 통해 살펴보면 동화상들이 얼마나 다양하게 표현될 수 있는지 알게 된다. 마녀 또한 아주 다른 모습을 띤다. 56세의 여성이 그린 그림을 보면(그림 2) 마녀는 수양버들과 유사하다. 수양버들은 마녀의 거주지로 간주된다. 마녀가 비록 우스꽝스러운 모습을 드러내도, 나는 마녀를 신뢰하지 않는다. 마녀는 자신을 위장할 수도 있고, 위장술을 통해 자신의 문제성을 덮어버리게 만들 수도 있다. 마녀란 위장술 능력을 지닌 존재가 아니던가?

그림을 통해 분명히 드러나는 사실은 동화상에 근거해 자

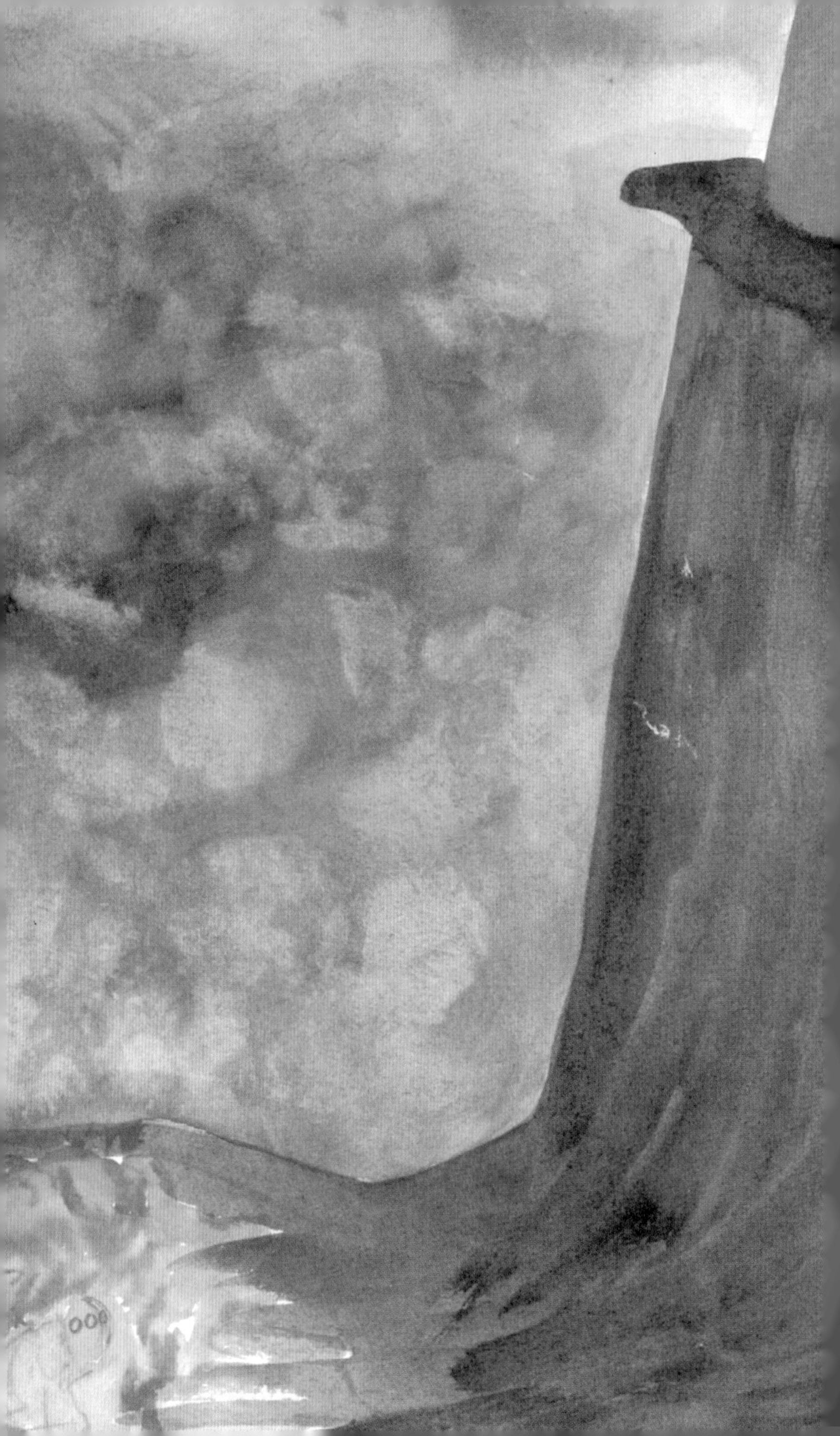

그림 3

신의 모습을 그리게 된다는 것이다. 물론 그런 연관성에서 우리는 자신에 대해 아주 많은 이야기를 털어 놓게 된다. 예를 들면, 우리가 마녀 체험을 하게 되면 타인과 자신에 대한 체험을 넓혀 나갈 수 있게 된다. 적극적인 상상, 동화상을 통한 상상은 그림 그리기나 역할극 놀이의 좋은 전제가 된다.

만남 3_

일단 긴장을 풀게 한 후 가시울타리로 변신한 부분에서 돌로 변신한 부분까지를 읽어주었다. 그룹 구성원들은 다시 동화상들을 개별장면으로 떠올렸다. 지난 번 만남보다 개별 동화상을 떠올리는 데 더 많은 시간이 걸렸다. 상상한 것을 서로 다시 한 번 이야기하고 동화 주제를 성찰하며, 이와 연관지어서 자기 자신의 이야기를 풀어내게 했다.

마녀가 다시 공격하여 두 사람에게 덮치자, 그녀는 가시울타리 속 꽃으로, 사랑하는 로란트는 바이올린 연주자로 변신하였다. 물론 마녀는 누가 꽃 속에 숨어있는지 잘 안다. 마녀의 속성은 욕망이요 소유욕이기 때문에 그 꽃을 꺾으려고 한다. 사랑하는 로란트는 춤을 추도록 바이올린을 연주한다. 해묵은 모티브다. 악마의 힘은 바이올린 연주로 표현되는, 보다 섬세하고 세분화된 감정에 저항하지 못한다. 그녀는 춤을 추다가 죽는다. 그녀는 가시울타리 안에서 가시의 효과를 십분 이용한다. 즉 쉽사리 접근하지 못한다는 것을 이용해 자신을 보호하면서, 섬세한 감정표현을 연주하게 해서 자기파괴적 생각에 사로잡히지 않게 한 것이다. 여기서 로란트는 그녀의 본질적 특징인 남성성과 동일시된다.

그녀와 로란트를 남녀 한 쌍으로 본다면, 그녀는 모성콤플렉스의 유혹이 닥쳐오는 상황에서 실제로 아름답지만 이 세상과 동떨어져 있지는 않은 모습, 즉 가시울타리와 가시장미에 한 발짝씩 걸치고 있는데 반해, 로란트는 바이올린 연주로 좋은 분위기를 띄워준다. 나는 이를 체험하도록 하기 위해 역할극을 제안했다.

이 장면의 역할극 놀이는 그룹 단위로 장시간 이루어졌다. 마녀와 꽃과 로란트는 그 역할을 바꿔가며 맡고, 나머지 구성원들은 가시울타리가 되었다. 다들 가장 재미없는 놀이가 꽃놀이라는 것에 일치했다. 그러나 한결같이 꽃이 아름다운데, 남의 눈에 띄지 않게 마냥 기다린다는 것에 불만을 토로했다. 체험 끝에 약간의 해석이 덧붙여졌다. 이 같은 상황에 처한 여성은 수동적이고, 접근하기 어려우며, 그녀의 파트너나 내면적 남성성이 능동적이라는 것이다. 그는 아마 그녀의 파트너로서 그녀가 수동적일 수밖에 없는 이유를 알고 있는지 모른다. 그녀가 적극적으로 행동할 경우, 부정적 모성콤플렉스에 사로잡힐 위험이 커지기 때문이다. 그렇게 될 경우, 그녀는 자포자기 상태에 빠지거나, 자신이나 타인에게 공격적으로 된다.

그룹참가자들의 체험에서 가장 인상 깊었던 것은 명령을 해야 공격적 태세에 돌입한다는 것이다. 가시울타리는 밀집 공격태세를 취했다. 가시울타리는 공격적이어야 하기 때문이다. 마녀는 가시울타리에 둘러싸였다. 그리고 역할극 놀이의 결론을 내자면, 아마 이 동화를 다시 써야 할지도 모른다. 로란트 역할이 매우 힘들었는데, 꼭 감정이 풍부한 남성으로 표현해야 할 필요는 없었다. 가시울타리와 마녀 역할만이 남게 되었다. 내가 개입해서 가시울타리가 빼곡하게 둘러싸여 있는 대안적 놀이를 요청하자, 마녀에게 가시울타리는 더 위협적인 존재가 되었다. 그러나 많은 그룹 참여자들은 적개감을 지닌 사람들이 아니고, 평화로운 사람들이어서, 사디즘적 태도를 취하기 어려웠으므로, 명령 아래 움직일 수밖에 없었다. 그래도 동화 서두에 제시된 마녀의 모습은 좀처럼 사라지지 않았다.• 동화 속 마녀는 죽는다. 파괴적 모성에너지가 사라진 것이다. 따라서 그녀는 강력한 어머니와의 끈을 놓게 된다. 이제 사랑하는 로란트와 결합할 수 있을 것이라는 생각을 하게 된다.

그런데 왜 로란트는 사랑하는 사람과 함께 가지 않았을까? 아버지에게 데리고 가서 결혼 허락을 함께 받아야 하지 않았을까? 동화 듣기 과정에서 이상하다고 생각되었던 부분은 역할극에서도 '공감'이 가지 않았다. 로란트에 대한 분노가 일어났고,

• Vgl. Milgram S.: Das Milgram-Experiment. Rowohlt, Reinbek-Hamburg 1974.

즉흥적으로 버리고 버림받는 체험놀이를 하게 되었다. 그녀에 대해 비판의 일침이 가해졌다. 그녀는 왜 그를 따라 가지 않았는가? 왜 그녀는 그냥 남는 쪽을 택했던 것일까?

"기다릴게요." 그녀가 말했다. 아직 그녀의 때가 아닌 것이다. 그녀는 고아처럼 행동한다. 그리고 들판에서 흔히 볼 수 있는 돌멩이로 변신한다. 석화되고, 경직되고, 수동적으로 된다. 단지 붉은 색채만이 새로운 삶으로의 변신을 예시할 뿐이다.

이 상황을 어떻게 이해해야 하나? 분명한 것은 로란트도, 그녀도 아직 관계 맺을 준비가 되지 않았다는 점이다. 로란트는 부정적인 어머니 이마고의 지배 아래 살아온 것 같다. 마녀는 파괴적인 어머니 이마고를 띠고 있는데, 마녀는 자신의 영역권에 들어오는 것 모두 과녁에 맞춘다. 로란트는 홀로 떠나 고향집으로 돌아가자, 그의 신부를 잊어 버렸다. 이는 로란트가 원래 상태로 되돌아가 자신의 발전 가능성을 망각하고 신부를 잊어버렸음을 의미한다. 그가 그녀를 잊었다는 것, 서로 긴 고난의 길을 걸어온 후에 잊었다는 것은 정말 마법에 걸렸다는 것을 말하는 것이다. 또는 그가 그녀만큼 원하지는 않았다고 볼 수 있다.

여태까지 그녀를 지배했던 콤플렉스는 '죽고', 더 이상 활동하지 못한다. 따라서 그녀의 삶에서 본질적인 내용은 사라진다. 여태까지 어머니에 반대하거나 그녀를 지배하는 힘에 저항해오면서 정체성이 형성되었다. 이제 그녀는 누군가에 반대하는 것이 아니라, 오히려 자신의 긍정적인 모성성과 결합해서 진정한 정체성을 찾아가야 하는 것이다. 로란트가 그녀를 떠나게 되면서 더 이상 그녀에게 모성적일 수 없기 때문이다. 새로운 정체성을 찾아 그녀 스스로 변신해야 한다.

만남 4_

돌멩이에서 로란트의 결혼식까지의 부분을 다루어 나갔다. 일부 그룹 구성원들이 선별적으로 떠오르는 장면을 그리고 역할극 놀이를 해나갔다. 어떤 사람들에게는 역할극 놀이가, 또 다른 사람들에게는 그림그리기가 보다 생생하고, 심정적으로 다가왔다.

상상 속에서 여러 단계에 걸친 변신과정이 표현되었다. 변신과정은 애도기간을 말한다. 꽃으로의 변신은 삶에 대한 염증을 말한다. 꽃으로 변신하는 것은 새로운 삶으로 변화하는 것이다. 아무리 위험하다 할지라도, "난 내가 파괴된다 하더라도 한 번 해 볼 거야" 하는 식으로 말이다. 삶에 대한 회의, 삶이냐 죽음이냐를 시험해 보는 것, 그것은 우울증에 걸린 사람들의 전형적인 행동양식이다.● 꽃으로 짓밟히는 대신, 양치기는 꽃의 아

● Vgl. Kast V.: Trauern - Phasen und Chancen des psychischen Prozesses. Kreuz, Stuttgart 1982, 1985(5).

름다움에 탄복해, 집으로 가져가 상자 속에 넣어 둔다.

여성이 꽃으로 변신하는 것은 동화 속에서 종종 나온다. 대개 그것은 종종 슬픔의 행동양식이다. 꽃이 되어 애인이 지나갈 때까지 마냥 기다린다. 구전적 표현에 따르면 '전망대 Wegwarte' 란 길가에 서서 주변을 살피기 좋은 지점을 뜻하는데, 이 동화적 상황을 아주 잘 말해준다고 볼 수 있다. 어떤 여성이 꽃으로 변한다면 자유를 포기해야 할런지도 모른다. 꽃은 움직이지 못한다. 단지 아름다움으로 말할 수 있고, 그 무상함을 표현할 수 있을 뿐이다. 지나가던 누군가가 꽃을 보고 감탄한 나머지, 꽃을 꺾는다. 제때에 꺾이지 않는다면 꽃은 시들어 죽는다. 그러한 의미에서 볼 때 여기 나오는 꽃은 삶에 대한 마지막 희망의 불씨, 즉 여기서는 꽃으로 변신하는 것이 인간으로 변신할 수 있는 희망을 내재하고 있다고 할 수 있다.

특히 역할극 놀이를 하면서 홀로 격리되어 가만히 있는 꽃이 아름다워 눈에 띄는 등 감탄의 대상이 됨으로써 그 존재적 가치를 깨닫게 되는 과정이 명확히 드러났다. 그리고 상자 속에 갇힌다는 것은 그 누구도 달가워하지 않았지만 이때 상자는 관이나 통, 즉 변화의 기구로 체험되었다. 세부적으로 꽃은 보호를 필요로 한다. 따라서 이러한 단계의 여성, 즉 꽃으로 존재하는 여성은 연약하고, 상처를 입기 쉽고, 아름다우며, 인간계를 아주 등지지는 않지만 일종의 선을 그으면서 자기 보호를 하며 선긋기 이전의 세계와 새로운 관계를 맺어야 하는 것으로 체험되었다. 이 꽃은 어떤 남성의 영역 안에 있다. 양치기는 보호하고 돌보며, 자연과 아주 밀접한 관계를 맺고 있다. 꽃은 남성적 존재이자 모성적인 기능을 합일시킬 수 있는 어떤 남성의 손 안에 보호받고 있는 것이다.(그림 4)

소녀가 돌에서 꽃으로, 그리고 여성으로 변신한다는 것은 긍정적인 모성의 관점에서 재생하는 것이다. 이는 실질적인 관계를 맺기 위해 한 발짝 내디디는 것을 말한다. 사랑하는 로란트와의 관계는 '필연적 관계'이다. 많은 여성들은 모성콤플렉스로부터 벗어나기 위해 젊은 남성과 관계를 맺는다. 이러한 관계는 여성이 자율성을 획득한 후 자신의 정체성을 찾게 될 때까지 지속된다.● 정체성이란 궁극적으로 남성에 의해 예속되지 않는 것을 말한다. 그녀는 양치기와 결혼하는 것을 원치 않는다.

양치기의 집에서는 불가사의한 일들이 벌어진다. 그 집에는 양치기 말고는 아무도 살지 않는 데도 불구하고 집안 살림이 꾸려진다. 꽃은 간접적 방법으로 주의를 환기시킨다. 누군가 꽃을 보고 변신시켜야 한다. 이 때 어느 지혜로운 부인이 해결책을 제시한다. 꽃 위로 천 조각을 던져야만 하는데, 그것은 흰색이어야 한다. 흰 천 조각은 새 출발이자 변화과정을 의미한다. 천 조각을 던진다는 것은 양치기가 '꽃-여성'을 더 이상 바라보거나 감탄할 수 없게 되었음을 뜻한다. 그래서 어떤 새로운 모습으로

● Vgl. Gilligan C.: Die andere Stimme. Piper, München 1984.

그림 4

나타날 수 있도록 흰 천으로 덮어야 한다는 것을 의미한다.

꽃이 경탄할 만한 대상이 되었던 '꽃 단계'에서는 실제로 진정한 관계를 맺을 수 없다. 또한 내밀히 집안일을 하면서 거의 눈길을 끌지 않게 한다는 등의 여성적 행동방식을 확인할 수 있다. 모성성의 지혜를 체화한 지혜로운 부인은 그것을 안다. 그녀는 양치기와의 결혼을 원치 않는다. 양치기와의 관계는 하나의 과도기적 의미를 띠는 것이다. 이는 젊은 여성이 맺는 모성적 남성과의 관계로 비교할 수 있다. 그리고 그녀는 사랑하는 로란트에 대한 정조를 고백한다. 그래서 그녀는 양치기 집에 머무르며, 로란트를 기다리고 싶어한다. 그녀의 마음이 아주 신중하고도 서서히 변화할 때까지 양치기 집에서 머무르고 싶어한다.

그룹 역할극 놀이에서 돌에서 여성으로 변신하는 과정이 강도 높게 체험되었다. 참여자들 모두 양치기 역할 연기에 집중했고, 한결같이 그가 소중한 꽃을 인식하기를 바랬다. 몇몇 참여자들은 돌이 되려고 했다. 그 까닭은 경직된 상태, 풀죽은 상태에서 벗어날 수 있게 되기 때문이었다. 돌에서 꽃으로 변신하는 것은 감정적으로 통제하기가 다소 힘들었다. 그 변신은 절망의 의미가 아니라, 오히려 빛을 향해 서는 것, 스스로 세상을 향해 우뚝 서는 것을 말한다. 물론 꽃 역할을 맡은 사람들은 이전보다 훨씬 노출되어 있어 상처에 취약한 존재로 느끼게 되었다. 몇몇 사람은 꽃에서 여성으로의 변신을 실존적으로, 새로운 정체성의 탄생으로 체험했다. 이러한 장면들은 자신의 이야기와의 연관선 상에서 훨씬 풍부해졌다. 또한 개별인들이 어떤 꽃으로 간주되는가도 흥미로왔다.

만남 5_

첫 시간에는 인지된 장면을 상상해 보고, 둘째 시간에는 그 장면을 회상해 보았다. 그리고 다시 한 번 더 개별적인 장면에 대해 이야기해 보고 동화치료의 개별적인 장면들에 대해 이야기를 나누게 되었다.

동화의 끝부분에 이르러 인지된 장면들이 짜여졌다. 로란트가 그의 애인을 알게 된 것일까? 무엇보다도 그 노래가 그녀의 노래라는 것을 알아챈 것일까? 그녀가 자신의 노래와 선율에 사랑의 마음을 담아서 진정으로 감동시킨다는 것, 이러한 연장선 상에서 볼 때 이러한 '인지'는 '사랑'을 깨닫는 것을 말한다.● 로란트는 이러한 체험을 통해 그녀에 대한 생생한 감정을 되찾게 된 것이다. 다시 관계를 맺게 되는 것이다. 그것이 현실적 관계를 맺는 것이든, 그녀 내면 속 남성성과 관계를 맺는 것이든 간에 말이다.

로란트가 아직도 관계를 맺기에 부족하다는 점이 주목되었다. 남성 참가자들의 항의 또한 빗발쳤다. 물론 양치기를 사랑

● Vgl. 1 Mose 4,1 usw.

하는 로란트의 관점에서 다루어 볼 수도 있다. 로란트가 양치기처럼 여성을 하등의 욕심없이 보호하고 돌봐주고 찬미한다면, 그녀의 발전에 도움을 주는 것이다. 어떤 동화에는 주인공이 신부를 고의적으로 버리기도 한다. 그 예로 그림동화 「황금산의 왕」●을 꼽을 수 있다.

> 나는 양치기의 집에서 집안일을 하고 있다. 나는 언제나 말이 없고, 우울하다. 나는 버림받은 내 운명에 순응한다. 내가 어떻게 해야 할까? 로란트가 결혼한다는 소식이 들려오자 나는 너무 심한 충격을 받고 실망감에 빠져 행복하거나 즐거운 삶 따위는 아예 생각하지 않게 된다. 그래서 로란트의 결혼식에 가고 싶지 않다. 더군다나 그의 결혼을 위해 축가를 부른다는 것은 생각할 수도 없다. 내 가슴은 찢어질 것만 같다.
>
> 그래도 나는 결혼식에 가야만 한다. 피할 수도 없다. 결혼식은 어느 수도원 같은 건물에서 행해진다. 그 지방 처녀들이 회랑에 긴 행렬로 줄지어 서있다. 로란트는 말을 타고 있다. 내 순서는 맨 처음인데, 나는 자꾸만 뒷걸음 쳐, 뒤로 물러난다. 나는 방금 태어난 갓난

● Der König vom goldenen Berge. In: Grimms Kinder- und Hausmärchen, a.a.O.

아이를 왼쪽 팔뚝에 꼭 껴안은 채 자꾸 뒷걸음치면서도, 나를 알아보지 못할까봐 초조하고 조마조마하다.

마지막 순서가 되자 나는 어쩔 수 없이 축하노래를 부르게 된다. "어느 왕이 툴레에 살았네, 죽을 때까지 사랑 변함 없었네." 내가 노래를 부르자 로란트는 내 목소리를 알아차렸는지 말을 타고 내게 가까이 와 말에서 내린다. 그는 내게 달려와 나를 껴안는다. 주술이 풀리고, 나는 마침내 로란트와 함께 살게 되고, 그를 맘껏 사랑하게 된다.

이 여성은 그날 아침 아주 인상적인 꿈을 꾸었는데, 그 꿈속에 갓 태어난 아기가 나타났다. 그녀는 앞선 역할극 놀이에서 낮에는 꽃에서 여성으로 변신하는 과정을 매우 실감나게 체험한 후, 다음날 아침에 왼쪽 품에 갓 태어난 아기를 안고 있다는 느낌으로 잠에서 깨어났다. 그녀는 그 당시 아주 좋은 느낌을 받았다.

「툴레임금님의 노래」는 『파우스트』에서 그레트헨이 감옥 속에서 부른 노래다. "학창시절 『파우스트』에 대해 토론할 때 우리 선생님께서 내가 그의 바이올린 연주를 반주 삼아 노래부를 수 있는지를 물으신 적이 있었다. 나는 그 당시 마치 감옥에 있는 듯 답답한 상태였기 때문에, 슬픈 노래의 곡조가 내 맘에 들었다."

지나치게 소심하지만, 진정으로 사랑하는 그녀의 마음이 담긴 이 노래 덕분에 로란트는 그녀를 알아본다. 그리고 이러한 인지로 인해 극도로 외로웠던 그녀의 감정상태는 극복된다.

그룹치료 과정을 마치며_

그룹치료를 마치면서 대화시간을 가졌다. 몇몇 동화 장면들을 다시 한 번 성찰하는 시간을 가졌다. 이 모임은 몇몇 그룹참가자들의 요구에 따른 것인데, 문제 형성 과정에서 떠오른 상들이 인간의 보편적인 문제들과 결부되어 있음을 확인할 수 있었다. 이러한 점은 동화가 제시하는 바와 일치했다.

그룹치료에 참여한 개별적인 참가자들의 경험은 아주 상이했다. 참가자의 다수가 자기 자신의 문제를 다루기에 매우 온유하면서도 감동적인 방법이었다고 보았다. 자신의 상으로 접근하면서 생생한 경험을 하게 되는 이러한 방법은 여러 참석자에게 아주 중요했다. 동화가 자신의 불거진 갈등을 극복할 수 있는 체험을 제공한다는 것은 그들에게 고무적이었다. 이러한 체험을 '고무적'으로 보는 사람이 있는 반면에, 단점을 지적하는 사람들도 있었다. 짧은 시간 동안, 그룹의 조장으로서 내가 제시할 수 있는 해결책이란 적어도 이러한 가능성을 제시해주는 것이었다. 몇몇 참가자들은 본질적인 문제를 해결하는 데 도움이 되었다고 내게 알려 주었다.

동화 그룹치료를 하게 되면서, 게다가 그룹 구성원 전부의 의견이 반영되는 경험을 함께 나누면서 체험하게 되는 감정 역시 주목해야 한다. 물론 어느 특정 시기에만 집중적으로 다루는 그룹이 있다면, 특히 그룹조장으로서 생각해 봐야 할 것은 동화를 전체적으로 다루느냐, 아니면 그룹별 치료과정에 따르느냐 하는 점이다. 나는 동화를 전체적으로 다루려는 경향이 있다. 왜냐하면 문제점들이 서로 얽혔다가 새로운 삶의 가능성으로 변화될 수 있기 때문이다. 동화 속에서 문제점들이 반복적으로 제시되는 것처럼, 그룹에서도 추체험될 수 있는 것이다.

_흰 셔츠 · 무거운 칼 · 황금반지

흰 셔츠 · 무거운 칼 · 황금반지

— 동화와 꿈 —

꿈 모티브와 동화 모티브는 분명 유사성을 띤다. 종종 우리는 꿈을 다루면서, 그 꿈을 동화로 확충해 나가게 된다. 다시 말해 동일한 주제를 가진 동화를 통해 꿈을 보다 넓은 의미의 그물망과 연관시켜 나간다. 그러면 개인의 내력과 개인적 삶의 화두에 대해 훨씬 폭넓게 이해하게 되어서 감명 깊은 정서적 경험을 할 수 있게 된다.

꿈은 무엇보다도 동화와 달리 해결이나 발전을 향해서 나아가지 않는다. 따라서 꿈을 동화적 특징이라 볼 수 있는 발전과정과 연관지을 수 있다. 물론 동화의 어떤 모티브와 상응하는 꿈의 모티브를 찾는다는 것은 그리 쉬운 일이 아니다. 유의해야 할 것은 해당되는 동화의 기본 모티브가 꿈꾼 당사자의 근본적인 삶의 화두와 어느 정도 일치해야 한다는 것이다.

어느 동화를 치료과정에 도입해야 하는가 하는 것은 매우 중요하다. 동화 속 발전과정을 통해 개인적 발전에 자극제가 되거나 또는 그러한 과정에 저항하는가가 보다 더 분명하게 체험된다. 동화 속 기대지평을 통해 꿈 속에서 드러나지 않았던 희망의 지평이 분명히 명시되기도 하는 것이다.

치료 사례 1_

35살 먹은 어느 남성이 교직에 종사하고 있었는데, 그는 교직을 천직이라고 보지는 않았다. 그는 희곡도 쓰고 영화 제작도 할 수 있다고 생각했다. 그는 일을 하긴 하지만 마무리가 부실했고, 가장 최선의 계획은 항상 미뤄두면서, 어째서 자신이 마무리를 하지 못하는지를 깨닫지 못했다. 그런 그가 치료를 받기 위해 나를 찾아 왔다. 그는 자신이 하고 싶은 것이 무엇인지 알고 싶어 했다. 또한 그는 자신이 우유부단하고 방황하고 있다고 느꼈고, 그러한 성격을 바꾸고 싶어 했다. 그의 우유부단한 성격은 무엇보다도 인간관계에서 드러났다. 그는 많은 여성 경험을 했는데, 자신이 항상 여성들을 도와준다고 했다. 그는 여성들을 곤경으로부터 구해 주었다. 예를 들자면, 마약을 끊도록 도와준다든가, 알맞은 일자리를 찾도록 도와준다든가 하는 것 등이다. 그리고 이러한 여성들은 일이 잘 풀리면 그를 떠났다. 적어도 그는 그렇게 보았다. 그러나 치료과정에서 밝혀진 사실은 그가 상황이 개선된 여성들과 궁극적인 관계를 맺지 못할 뿐만 아니라 그러한 여성들이 그의 흥미를 끌지 못한다는 것이다.

가족배경은 다음과 같았다. 그는 막내이고 아이가 셋 있는 집안의 외동아들이었다. 그는 어머니와 누나들의 응석받이로 키워졌고 지금도 여전하다고 했다. 아버지는 사실상 존재하지 않았다. 때때로 아버지께서 아들에게 교육적 의미에서 화를 낼 때가 있었는데, 그러면 그는 아버지의 말씀을 듣지 않았다. 그럴 때 어머니는 그의 응석을 받아주면서 갖은 요구를 들어줌으로써 아버지의 꾸지람을 상쇄시켜 버렸다.

나는 이 내담자를 피터라고 부를 것이다. 피터는 어린 시절 몽상가였지만 아주 재능있는 아이였다. 그는 그림도 잘 그리고, 글도 잘 쓰고, 또 축구도, 연극도 잘했다. 그리고 별다른 어려움 없이 학창시절을 보냈다. 하지만 항상 기대치에는 못 미쳤다. 언제나 그에게는 많은 문제가 있었기 때문이었다. 피터에게는 18살이 되었을 때부터 반복적으로 꾸는, 꿈 모티브가 있었다.

나는 바다의 어떤 배 위에 있다. 그 배는 설비도 훌

륭해 잘 달렸지만, 그만 방향을 잃는다. 나는 불안하지만, 그렇게 심각하게 불안하진 않다. 배가 견고하다고 생각했기 때문이다. 그리고 누군가가 틀림없이 한 번쯤 배 옆을 지나갈 것이라고 생각한다.

배는 그의 꿈 속에서 다른 모습을 띠며 나타났다. 때때로 그는 배 위에 혼자 있기도 했지만, 대부분은 혼자가 아니었다. 그의 꿈에서는 방향상실 모티브와 도움을 꿈꾸는 희망 모티브가 동시에 제시되고 있다. 꿈에서 방향상실을 강하게 던져주지만, 상황이 다시 나빠지지 않을 것이라는 감이 들게 된다. 특이한 점은 분명히 누군가가 도와주리라는 확신이 있다는 것이다. 그 점 때문에 그는 직접 뭔가를 시도하지 못하게 된다. 이 꿈은 어떤 이미지를 통해 그 길이 앞으로 어떻게 뻗어 나갈 수 있겠는가를 결말로 제시하지 않고, 단지 기다림에 대해서만 이야기하고 있다. 내가 보기에 이 기다림은 생산적인 기다림이 아니라, 오히려 무관심에서 생겨나는 것처럼 보였다.

나는 대략 1년의 치료과정이 지난 후에 그가 꾸었던 두 가지 꿈을 동화치료 과정 속에 개입시켰다.

노인이 나를 위협한다. 나는 이것이 참 웃긴다고 생

각한다. 힘은 내가 훨씬 더 세다. 하지만 이 노인은 여느 젊은이만 한 힘을 갖고 있다. 나는 어떻게 방어해야 하는지 알지 못한다. 난 불쾌한 느낌으로 잠에서 깨어난다.

피터는 자신이 늘 무방비 상태에 빠질 때마다 기분이 무척 나빴으며, 노인에 대한 열등감을 지울 수 없었다. 그 노인은 동화 속의 노인이나 난쟁이를 연상시켰다. 이들은 매우 순진해 보였지만 강력한 힘을 가지고 있었다. 피터는 꿈 속에 나타난 잿빛머리 노인이 매우 사악한 인물이라는 느낌을 받았다. 이 노인은 삶의 경험과 체념이 혼합된, 위험스런 요소를 지니고 있기 때문에 피터는 그가 사악할 것이라고 생각했다. 피터는 노인을 자신의 인격적 특징으로 보게 되었다. 피터는 또한 어떤 상황에서 그 노인이 공격하는지를 정확히 알게 되었다. 그것은 무의미한 느낌과 결부되었을 때에 무조건 헐뜯는 식의 비판을 하면서 표현되었다. 꿈 속에서도 피터는 이런 태도에 대해 당황했다. 한 달 후 다음과 같은 꿈을 꾼다.

나는 우리 속에 갇혀 있다. 나는 창살들을 느낀다. 나는 아무 것도 볼 수 없다. 난 분명 장님이 된 것이리라. 우리 속에 부드러운 털이 나, 고양이들이 있는 것 같다. 나는 고양이들이 따뜻하고 포근해서 좋다. 나는 그들에게 기댄다. 내가 비참하다고 느껴진다.

피터의 연상은 이렇다. 장님이 된 것이 그에겐 매우 섬뜩하다. 그는 비참한 심경이다. 넓은 바다 위에 떠 있는 배 위에서 방향을 잃고 둥둥 떠다니는 꿈을 꾼 것 같은 느낌이다. 고양이를 통해 위안을 느꼈다. 이는 피터가 여성과 잠자리할 때를 생각나게 하는데, 단지 조금 따뜻하고 위안 받기 위해서일 뿐이다. 여성과 잠자리하는 것을 사랑의 행위로 보지 않고, 그저 단순히 즐기는 것으로만 여겼다.

피터는 갇혔다고 느낀다. 스스로 창살을 친 것이다. 장님이라고? 그래서 그의 상황을 보지 못하는 걸까?

꿈꾸는 사람은 꿈을 가능한 한 자신의 일상과 결합한다. 그럼에도 꿈 속에는 일상의 의미를 넘어선 무언가가 남아 있다. 그가 깨어난다는 것을 제외하고는 꿈은 어떠한 발전도 제시하지 않을 만큼 비역동적이다. 깨어난다는 것, 눈을 뜬다는 것, 본다는 것은 두 번째 꿈에서도 표현되어 있다. 발전을 제시하지 않는 꿈은 일단 상황을 인식하고 유보하는 것처럼 보인다. 말하자면, 피터는 항상 '누군가가 지나가기'를 기다리는 유형의 인물이다. 그에게 기다린다는 것은 그리 어려운 것이 아니다. 기다린다는 것은 오히려 사전에 자세히 보아두었다는 것을 의미한다.

나는 그에게 이 동화를 제공하기로 결심했다. 나는 이 동화를 피터를 만나기 조금 전에 읽었는데, 피터의 꿈과 유사하다고 생각했다. 그도 이 동화를 읽게 되었다.

동화●

왕은 왕비를 맞이하였는데, 그 왕비는 지체 높은 가문에서 태어났으나, 품성이 좋지 못했고, 왕에 대한 배신을 밥 먹듯 했다. 일 년 후 왕비는 왕의 아들을 낳았다. 왕자는 우유처럼 하얗고 피처럼 붉었다. 그는 날이 갈수록 늠름해졌다. 왕자는 성장할수록 왕의 아들로 손색이 없어 보였다. 왕자는 온 나라의 젊은이 중 가장 영리하고, 고귀하고 덕망있는 사나이로 자라났다. 왕자가 18살이 되자 늠름하고 당당한 모습이 참 보기 좋았다. 그러자 왕비는 갑자기 왕자에게 사랑을 느끼게 되어 이렇게 혼자 중얼거렸다. "왕자는 꼭 내 남편이 되어야만 해." 왕비는 자신의 성에서는 그것이 불가능하

● Aus Wolf J. W.: Deutsche Hausmärchen, 1951. Reprint: Georg Olms-Verlag, Hildesheim 1979.

다는 것을 누구보다도 잘 알았다. 그리고 무엇보다도 두려운 것은 왕비가 자신의 사랑을 왕자에게 고백할 경우 왕에게 알려질 수도 있다는 것이었다. 그래서 왕비는 왕자를 먼 곳으로 유인할 음모를 꾸몄다. 왕비는 거기서라면 틀림없이 자신의 목표를 성취할 수 있다고 생각했다.

곧 왕자의 생일날이 되었다. 왕은 성대한 연회를 베풀어 왕자의 생일을 축하하라고 명령했다. 아침에는 군대의 모든 연대 악사들이 교회에서 예배드릴 적에 연주를 하도록 하고, 오후 두 시쯤에는 연회를 베풀어 수천 명의 손님들을 초대하며, 저녁에는 성 안과 이 도시의 모든 집들을 환하게 비추고 사방에 폭죽을 터뜨리라고 하였다. 그래서 축제의 분위기가 무르익어 갔다. 교회에서 예배가 끝나자, 왕비는 왕자를 데리고 정원으로 나와 왕자에게 아주 달콤하게 수다를 떨었다. 그래서 왕자는 그들이 계속 성에서 멀어지고 있다는 점을 눈치 채지 못했다. 왕자가 알아차리기도 전에 그들은 호숫가에 도달했다. 그 호수는 너무 커서 맞은편 기슭을 볼 수 없었고 호수가 끝 자락에는 아주 화려한 배가 한 척 놓여 있었다. "아, 참으로 멋진 집이 물 위에 떠다니는구나!" 왕자가 말했다. 왕자는 지금까지 배를 한 번도 본 적이 없었다. 왕비가 말했다. "넌 지금

바깥만 보지만, 배 안 쪽을 보면 우리의 성보다 훨씬 아름답단다." 왕자가 말했다. "그래요? 보고 싶어요!" 그러자 왕비는 왕자를 배로 데리고 가서 이 방 저 방을 둘러보면서 매번 의자에 앉아 보기도 하면서 시간을 끌었다. 그들이 그렇게 배 위에서 두어 시간을 보냈을 무렵, 왕자가 말했다. "사랑하는 어머니, 이제 연회가 곧 시작될 거에요. 그러니 아버지와 손님들이 기다리시지 않게 우리 서둘러 성으로 가야만 해요." "얘야, 아직 시간이 넉넉하단다." 왕비가 대답했다. 하지만 왕자는 가고 싶어 했다. 그래서 갑판 위로 올라갔다. 왕자가 얼마나 놀랐겠는가? 정원은 흔적조차 없고 사방에는 하늘과 물만 보일 뿐이었다. 왕비가 선장과 함께 이미 계략을 짜놓았던 것이다. 선장은 성 주변의 정원에서 대기하고 있다가 그들이 배 위에 오르자마자 얼른 닻을 풀어 다른 나라로 가도록 하였던 것이다. 왕자는 두려운 나머지 왕비에게로 달려가 말했다. "어머니, 이 집은 도둑의 집이고 도둑들이 우리를 납치한 거에요." 왕비가 말했다. "진정해라, 아들아, 난 너를 약간 놀라게 해주고 싶었을 뿐이란다. 우린 곧 다시 육지에 도착할 거야." 왕비의 말은 사실이었다. 얼마 지나지 않아, 왕자는 멀리 떨어진 곳에 조그마한 점 하나를 보았다. 그 점은 점점 더 커지더니, 가까이 다가가자 아주 아름다운 떡갈나무 숲이 나타났다. 그 배는 그 곳을 향해 갔고 그 곳에 정박했다. 왕비는 왕자의 손을 잡고선 이렇게 말했다. "여기서 우리는 내려야 한단다. 틀림없이 넌 금방 마음이 편안해질 거야."

그래서 그들은 상륙했고 아름다운 숲 속으로 걸어갔다. 왕자는 종종 묻곤 하였다. 이 숲 또한 왕의 소유인지 궁금해 했다. 하지만 왕비는 빈터에 도착할 때까지 왕자에게 침묵하도록 하였다. 그 곳에서 왕비는 말했다. "사랑하는 아들아, 피곤하구나. 우리 여기서 조금 쉬도록 하자꾸나." 그들이 풀밭에 나란히 누웠을 때, 왕비는 왕자에게 키스를 했고, 사랑을 고백했다. 왕비는 왕자를 여기로 데리고 온 이유를 말하고, 당장 여기서 죽는 걸 보지 않으려면 자신의 남편이 되어 달라고 말했다. 하지만 왕자는 일언지하에 거절하였다. 그리고 이렇게 말했다. "사랑하는 어머니, 그건 엄청난 죄를 짓는 거에요. 그래서는 안 되지요." 왕비가 어떠한 감언이설로 유혹한다 할지라도 왕자의 마음은 확고했다. 왕비는 이 모든 것이 수포로 돌아가자, 왕자에 대한 증오심이 끓어올랐다. 아들에 대한 증오심으로 인해 왕비는 아들에 대한 사랑을 모두 잊게 되었다. 하지만 왕비는 자신의 증오심을 눈치채지 못하도록 했다. 예전처럼 아주 상냥하게 대했고, 아들의 미덕을 단지 시험해 보고 싶었을 뿐이라고 둘러댔다.

그들은 잠시 휴식을 취한 후, 저녁 무렵까지 숲 속을 걸었다. 그러자 숲길이 열리고 멀리서 높고 아름다운 성이 보였다. 왕자는 말했다. “사랑하는 어머니, 여기서 기다리세요. 제가 먼저 성으로 들어가서 그 곳에 누가 사는지 살펴보겠어요. 만약 도둑의 집이 아니라면 제가 어머니를 모시러 다시 오겠어요.” 왕비는 그 말에 동의했고 왕자는 성 쪽으로 걸어 갔다. 문이 열려 있었고, 왕자는 마당을 지나 방으로 들어갔다. 그는 많은 사람들을 보았는데, 하인들과 하녀들, 요리사들, 마부와 가축 돌보는 하녀들 모두 깊은 잠에 빠져 있었다. 왕자는 성 전체를 거의 다 둘러본 후, 마지막으로 천장이 높은 호화스러운 홀로 들어왔다. 그 홀 중앙에는 둥근 황금식탁이 있었고 그 탁자 위에는 흰 셔츠와 황금반지가 놓여 있었다. 그 탁자 둘레에는 은으로 된 글씨가 새겨져 있었는데, 이렇게 쓰여 있었다. “이 셔츠를 입는 자는 벽에 꽂힌 칼의 주인이 된다. 이 황금반지를 입 안에 넣는 자는 새의 언어를 이해하게 된다.” 왕자는 위쪽 벽에 아주 크고 널찍한 칼이 꽂혀 있는 것을 보았다. 왕자는 무기를 아주 능숙하게 잘 다룰 수 있었기 때문에 그 칼을 휘두르고 싶어졌다. 하지만 왕자는 그 칼을 들어 올릴 수도 없었고 못에서 떼어내지도 못하였다. 그때 왕자는 흰 셔츠를 입고선 황금반지를 손가락에 끼었다. 그 즉시 왕자는 완전히 다른 사람이 된 듯했고 새롭고 신선한 피가 그의 혈관 속으로 흐르는 듯했다. 왕자는 단번에 벽 쪽으로 펄쩍 뛰어 그 칼을 잡고선 마치 그것이 대신들이 지니고 다니는 장식용 칼인 양 능숙하게 휘둘렀다.

바로 그 순간 그는 수백 명의 사람들이 서로 마구 뒤섞여 달리고 뛰는 것 같은 소리를 들었다. 문이 열리고 아주 화려한 옷을 입은 하인 세 명이 들어와 이렇게 물었다. "우리의 주인이시자 왕이시어, 하명하시옵소서!" 처음에 왕자는 깜짝 놀랐으나 곧 마음을 추스르며 다음과 같이 말했다. "가장 좋은 마차로 숲으로 달려가 어머니를 모셔오너라." 하인들은 꾸벅 인사를 하고 난 뒤 서둘러 떠났다. 그는 큰 홀을 이리저리 둘러보다가 어느 구석에 침대 하나를 발견했다. 그 침대는 커텐으로 둘러쳐져 있었으며, 그 안에는 회색머리를 한 늙은이가 잠자고 있었다. 그러나 그의 얼굴은 전혀 선한 모습이 아니었다. 왕자는 그를 깨우려고 했지만, 늙은이는 흰 수염 밑으로 무어라 중얼거리더니, 돌아누워 깊은 잠에 빠져 버렸다. 어머니가 도착해서 성이 매우 훌륭하다고 하면서 기뻐했다. 그러나 그녀는 복수의 일념에 불탔으며, 밤낮없이 착한 왕자를 죽일 방법만 생각했다. 그러나 그녀는 겉으로는 그에게 이전보다 친절하게 대했으며, 이렇게 훌륭한 아들을 두어 얼마나 행복한지, 그리고 이 세상 무엇보다도 그를 더욱더 사랑한다고 속삭였다.

며칠 동안 성에 머무르던 어느 날 왕자는 성벽을 산책하게 되었다. 거기서 그는 아주 고통스런 신음소리를 들었다. 그 소리는 마치 지하 쪽에서 나는 소리 같았다. 그가 칼을 휘두르자, 하인들이 나타났다. 그가 어디에서 그런 소리가 나는지, 누가 그런 소리를 내는지 물으니, 하인이 말했다. "저희들은 잘 모르옵니다. 단지 저 홀에서 잠자고 있는 늙은이만이 알고 있습니다. 그가 지하로 가는 열쇠를 죄다 쥐고 있습니다." 왕자가 하인들에게 그 늙은이를 데려오도록 명했다. 늙은이가 오지 않자 왕자가 폭력을 써서라도 데리고 오라고 위협하고 나서야 그가 왔다. 그는 열쇠뭉치 한 다발을 가지고 왔다. 그가 성벽 속에 있는 돌 하나를 치우니, 작은 문이 나타났다. 그가 그 문을 여니 어두운 복도가 나타났다. "이제 들어가시지요." 늙은이가 왕자에게 퉁명스레 말했다. 그러나 왕자는 조심스레 늙은이가 앞서 가도록 명했다. 그들이 복도를 통해 걸어가자 그 신음소리가 점점 더 가까이 들려왔다. 드디어 그들이 두 번째 문에 도달해 늙은이가 그 문을 열자 거기에는 반쯤 어두컴컴한 구멍이 있었는데, 그 구멍 속으로 더러운 물과 온갖 불결한 것들이 성에서 흘러내려왔다. 거기에는 어느 소녀가 앉아 있었는데, 그녀의 옷은 거의 다 헤진 상태였다. 소녀가 늙은이를 보자 이렇게 외쳤다. "꺼져라 이 늙은이야, 나를 죽여줘, 그래야 내 고통이 끝날 테니 말이야." 그때 왕자가 어두운 복도에서 나와 늙은이에게 소녀를 구해오라고 명령했다. 처음에는 늙은이가 망설였지만, 왕자가 칼을 휘두르자 곧 명령에 복종했다. 소녀는 간절하게 소리치며 말했다. "아, 옷도 다 헤졌는데, 대낮 같이 환한 빛이 비치는 곳에 날 데려가지 말아요. 날 이대로 죽게 내버려두세요." 왕자는 그녀를 친절하게 위로하고 이렇게 말했다. "어서 나오세요. 당신이 원하는 대로 해드릴게요." 왕자는 늙은이를 성으로 돌려보내고, 두 하녀에게 소녀를 깨끗이 씻을 물과 아름다운 옷과 원기를 회복할 맛있는 음식을 가져오도록 했다. 잠시 후 그녀가 어두운 복도에서 나왔을 때 그녀는 이루 말할 수 없이 아름다웠다. 그녀의 머리는 황금색이었는데, 태양빛이 비치는 것 같았고, 그녀의 두 눈은 파랬으며, 얼굴은 마치 백합과 장미로 색칠한 듯 했다. 왕자는 그녀를 보자 너무나 황홀해서, 더 이상 참지 못하고 그녀에게 다가가 그 손에 다정하게 경의를 표했다. 그는 그녀가 어디서 왔으며, 어떻게 그렇게 끔찍한 감옥에 갇히게 되었는지 물었다. 그녀가 말했다. “나는 공주이며, 내 아버지의 왕국은 바다 너머 저 멀리 있습니다. 나는 시녀들과 함께 바닷가를 거닐고 있었는데, 그때 해적들이 떼거지로 몰려와 나를 강탈해 배에 태워 그 곳을 떠나버렸습니다. 그들은 나를 사악한 노인에게 팔았습니다. 이 성의 주인인 노인은 나에게 밤낮 그의 부인이 되어달라고 괴롭혔습니다. 내가 그의 청혼을 거절하고 그 어떤 요구도 들어주지 않자, 그는 나를 그 끔찍한 구멍 속에 처넣고 삼 일마다 그 구멍으로 빵과 물을 가져다주면서 생각을 바꿨는지 물었습니다. 내가 원치 않자, 그냥 내버려두어서 당신이 나를 발견했을 때와 같은 꼴이 되어 버렸습니다.” 그러자 동정과 사랑의 감정이 일어 좋은 우정이 싹텄고, 왕자는 그녀를 보자마자 그녀에 대한 사랑이 일었다. “당신이 노인의 청혼을 거절했다면, 내가 당신에게 청혼합니다. 당신 없이는 살 수 없을 것 같습니다. 당신 아닌 다른 여성을 부인으로 맞고 싶지도 않습니다. 당신을 나의 부인으로 맞고 싶습니다.” 공주는 노인보다 왕자가 훨씬 더 맘에 들어서, 순수한 마음으로 이렇게 말했다. “저도 당신을 사랑합니다. 다른 남편을 맞이하지 않겠습니다.” 그들은 키스를 서로 나누고 기쁨에 넘쳐 이리저리 뛰어다니며, 늙은 왕비에게 갔다. 물론 왕비는 그 이야기를 듣자 마음에 상처가 깊어져, 왕자를 이전보다 더 미워하게 되었다. 그러나 그녀는 얼굴을 바꿔 이렇게 말했다. "아이구 기쁘구나, 내 아들아. 네가 이렇게 이쁘고 참한 여자, 며느리를 구해오다니. 네가 이 세상에서 가장 큰 행운을 내게 선물한 것 같구나. 지금처럼 기쁜 적이 없었던 것 같구나." 그녀는 왕자와 아름다운 아가씨를 포옹하고 꼭 안아주었다. 그러나 그녀는 마음 속으로 몰래 이런 생각을 품고 있었다. '기다려라! 내가 너희들에게 앙갚음을 할 날이 올 거야!' 공주가 말했다. "결혼식을 여기서 치를 수는 없습니다. 저는 부모님 집에서 치루고 싶습니다. 게다가 저는 부모님이 너무 보고 싶습니다. 그들은 제 걱정에 근심 펼 날이 없으실 겁니다. 제가 먼저 간 후, 왕자님, 저를 따라 오십시오!" 왕비가 이렇게 말했다. "넌 정말 사랑스런 딸이로구나! 사랑스런 아이로구나! 그럼 훗날 내가 아들과 함께 가도록 하마. 거기서 기쁨에 넘치는 결혼식을 치루자꾸나." 그녀는 그러나 다른 생각을 품고 있었다. '네가 떠나기만 하면, 그를 내 마음대로 할 거야.' 왕자가 배를 마련해 주어, 공주는 삼 일 후 그 곳을 떠나게 되었다. 그러나 늙은 왕비는 배의 선장을 매수해서 선장이 무슨 짓을 해서라도 공주와 결혼해야 한다는 약조를 받아 냈다.

배가 깊은 바다 한가운데 이르렀을 때 선장이 그녀에게로 가서 그녀의 사랑과 총애를 받고 싶다고 말했다. 그러나 그녀는 화를 내며 거절했다. 그러자 그가 말했다. “공주님께서는 둘 중 하나를 선택해야 합니다. 당신이 저를 선택하시면 공주님의 아버님이신 왕에게 제가 당신을 구해주었다고 말할 것이고, 그렇지 않다면 당신을 바다에 던져버릴 것입니다. 삼 일간 생각할 여유를 주겠습니다.” 그녀는 혼자가 되자 무릎을 꿇고 신에게 구원해 달라고 요청했다. 그러자 그녀에게 좋은 생각이 떠올랐다. 선장이 삼 일 후 나타나 어떤 결정을 내렸는지 물었다. 공주는 이렇게 말했다. “한 해를 넘긴 후에 결혼식을 치루면 좋겠어요.” 선장은 이에 만족했다. 그들이 육지에 닿자, 선장은 공주를 공주의 부모님께 데리고 갔다. 그리고 그들에게 자신이 어두운 동굴에서 공주를 구해냈으며, 구혼을 간청하노라고 말했다. 그들은 딸을 다시 만난 것이 너무 반가와 이에 동의하고, 한 해를 넘겨 결혼식을 올리도록 하겠다고 말했다. 그러자 공주는 다음과 같이 말했다. “제가 동굴에 있을 때 신께 서약을 했는데, 그것을 지켜야만 합니다. 제 기도는 제가 살아나면 거리에 모든 가난한 여행객과 순례객이 자유롭게 머물 수 있는 여관을 지어 그들을 보살펴드리는 겁니다.” 왕은 이 말을 듣고 이렇게 말했다. "왕족인 공주의 몸으로 그건 안 된다." 그러나 왕비는 다음과 같이 말했다. "우리 주님이신 신과 한 약속을 인간이 파기해선 안 됩니다. 그럼 벌을 받게 될 겁니다. 공주에게 여관을 지어주고, 거기서 일하게 합시다. 공주가 기도한 대로 여관을 지어 주도록 합시다." 그래서 여관을 지어 수많은 가난한 여행객과 순례자들이 와서 그 곳에서 원기를 얻고 떠나면서 경건한 마음으로 공주를 축복하면서 신께서 공주님께 은총을 내려주십사고 기도드렸다. 자, 이제 공주님은 잠시 여관에 머물러 계시게 하고 왕자님이 어떻게 지내시는가 알아보도록 합시다.

공주가 떠나가자 사악한 왕비는 왕자를 죽일 방법을 짜내느라 혈안이 되어 있었다. 결국 왕비가 노인에게 이를 털어 놓자 그는 즉시 왕비를 도와주겠노라고 하였다. 그 조건으로 왕비가 그의 부인이 되어야 한다고 제안하자 그녀는 좋다고 말했다. 그가 말했다. "이봐요, 왕자를 성 지하에 있는 사자굴 속으로 던져버려요. 사자들이 달려들어 뜯어 먹을 거에요." 그러자 왕비는 침대에 누워 죽을 병이 든 것처럼 행동했다. 왕자는 어머니가 걱정되어서 왕비를 낫게 할 방법을 재차 물었다. 그녀는 대답했다. "사랑하는 아들아, 네가 날 도울 수는 있지만, 위험한 일이고, 날 도와주다가 해를 입을 수 있다. 너를 힘들게 하느니 차라리 내가 죽는 게 낫겠다." "사랑하는 어머니, 어머니의 생명이 위태로운 상황인데요. 어떤 위험도 두렵지 않습니다." "왕비가 말했다. "넌 정말 좋은 아들이구나! 그렇다면 네게 말하겠다. 사자 새끼 중 한 마리를 내 가슴에 앉히면, 힘이 생겨서 하루 만에 건강해질 거다." 왕자는 그 자리에서 사자굴로 두려움 없이 뛰어 들어 갔는데, 사자들은 고귀한 사람들에게는 해를 끼치지 않기 때문에 늙은 사자들은 그를 내버려두었다. 그가 어린 사자를 붙잡자, 어미 사자가 으르렁거리며 달려들려고 했다. 그러나 그가 날카롭게 쏘아보자 그만 주저앉았다. 여왕은 어린 사자를 가슴에 앉히며 말했다. "이제 기운이 나아지는 것 같구나. 이제 살아난 것 같다." 그러나 사자가 가만히 있지 않고 발톱을 뻗어 할퀴려 하자, 왕비가 비명을 질렀다. "이제 됐다. 사자를 데려가 죽여라. 사자를 더 이상 괴롭히고 싶지 않구나." 왕자가 새끼 사자를 데리고 가며 말했다. "왜 내가 이 가엾은 사자를 죽여야 합니까? 내 사랑하는 어머니의 목숨을 구해주었는데 말입니다. 제가 어미에게 다시 되돌려 주겠습니다." 왕자는 어린 새끼를 다시 사자굴 속에 넣어주었다. 어미 사자는 새끼 사자를 보자 너무 기뻐 크게 울부짖었다.

암살 계획이 실패로 돌아가자 왕비는 다시 왕자를

암살할 방법을 노인과 상의했다. 노인은 이렇게 말했다. "방법이 있다면 그의 내의를 벗기는 겁니다. 그럼 그는 칼을 휘두를 힘을 잃게 되고 우리가 그의 주인이 됩니다." 왕비는 많은 손님을 초대했다. 그리고 그에게 가서 이렇게 말했다. "사랑하는 아들아, 네가 나를 죽음에서 구해 주었으니, 너를 기리기 위해 성찬을 베풀 생각이다. 와서 내 곁에 앉아 우리 함께 기쁨을 나누자꾸나." 왕자는 기쁨에 넘쳐 왕비를 따라 홀로 갔다. 홀에는 벌써 손님들이 모여 있었다. 그가 성찬이 끝날 무렵에 손님들과 열띤 대화를 나누고 있을 때, 왕비는 재빨리 수면제를 왕자의 잔에 쏟아 부었다. 그리고 그녀는 잔을 높이 들어 올리고 이렇게 외쳤다. "나를 죽음에서 구해준 나의 아들이여, 축복받기를!" 왕자는 그의 잔을 단숨에 들이마셨다. 곧 손님들은 집으로 돌아가고, 왕자는 몹시 피곤함을 느껴 잠자러 갔다. 그는 곧 깊은 잠에 빠졌다. 왕비가 노인과 함께 침실로 몰래 들어와 그의 흰 셔츠를 벗기자 노인이 그 셔츠를 입었다. 그런 다음 노인이 칼을 들어 왕비에게 주면서 이렇게 말했다. "자 이제 그의 왼쪽 눈을 찌르시오." 왕비가 그렇게 하자 노인이 왕자의 오른쪽 눈을 찔렀다. 그런 다음 그들은 왕자를 사자굴에 던져버렸다.

고통으로 인해 그는 곧 잠에서 깨어났고 어머니의

위선을 똑똑히 확인하며 노인이 대승을 거두는 소리를 들을 수 있었다. 사자굴에 던져지는 것을 느꼈을 때 그는 차라리 기뻤다. 그는 사자들이 그를 덮쳐 잡아 먹을 것으로 생각했기 때문이었다. 그것이 그에게는 오히려 좋았다. 왜냐하면 그는 살 생각이 없었기 때문이었다. 그러나 그런 일은 일어나지 않았다. 오히려 사자가 그에게 다가와 크게 소리내어 울부짖으면서 심히 슬퍼하였고, 새끼 사자들이 다가와 그의 두 눈이 낫도록 핥아 주었다. 매일 암사자가 고기 한 덩어리를 가져와 그의 무릎에 놓아 주었다. 왕자는 그것을 날 것으로 먹었다. 그것이 그의 유일한 음식이었다. 사자들은 그 고기를 땅 속에 난 길을 타고 가져다 주었다. 사자굴은 그 길을 따라 숲으로 통해 있었다. 왕자가 어느 날 사자굴에서 이리저리 걷고 있을 때 그는 통로를 발견하고 그 안으로 들어갔다. 그는 꽤 오랫동안 숨쉬기가 힘들었다. 그러나 차츰 호흡하기가 나아지면서 그 통로가 점점 더 넓어진다는 것과 숲의 바람이 그에게로 불어오는 것을 알아차리게 되었다. 그는 나뭇가지에서 노래 부르는 새소리를 들었고, 사슴들과 노루들이 뛰어다니는 소리를 들었다. 그리고 해가 그의 얼굴을 따뜻하게 비치는 것을 느꼈다. 그는 신에게 무릎 꿇고 감사를 드리며, 서둘러 걸어갔다. 저녁 무렵이 되자 멀리서 소리가 들렸는데, 그리로 달려가니 거대한 바다에 이르렀다. 거기엔 배 한 척이 깨끗한 물을 담아가기 위해 정박하고 있었다. 그 배의 선장은 불쌍하게 눈이 멀어 이리저리 헤매고 다니는 젊은이를 보자 동정심이 일었다. 그래서 그가 물었다. "우리와 함께 배를 타고 가겠소?" "네. 그러고 싶습니다. 여기선 배가 고파 죽을 것만 같습니다." 왕자가 그렇게 말하고 배에 올라탔다. 착한 선장이 그를 극진히 돌봐준 덕분에 그는 날이 갈수록 용기를 얻게 되었다. 배가 육지에 닿자 왕자는 진심어린 감사를 드리고, 선장과 이별을 나눈 후 길을 계속 걸어갔다.

어느 날 그는 큰 도시에 이르렀다. 성문 앞에서 어느 여성이 외쳤다. "제 집으로 오세요. 가난한 여행객이든 순례자들이든 모두 쉬어 가십시오!" 그가 손을 더듬어 여관으로 들어갔다. 그 곳에서 그는 좋은 음식과 깨끗한 침대를 얻게 되었다. 그가 잠들기 전 여관의 여주인이 다가와 옆에 앉더니 말했다. "이제 당신의 이야기를 들려주세요. 그것이 내게 지불할 대가입니다." "제 이야기는 너무 슬퍼서 차라리 말하지 않는 것이 나을 거에요. 그러나 당신이 듣고 싶다면 이야기해 드리지요." 왕자는 그의 지나온 이야기를 이리저리 풀어 놓기 시작했다. 여관의 여주인은 아름다운 처녀를 사자굴에서 구해서 그녀와 약혼한 대목에 이르자 그를 두 팔에 안고 피눈물을 흘리며 외쳤다. "오 사랑하는 나의 신랑이여! 당신을 다시 보게 되다니." 얼마나 기뻤겠는가. 그리고 왕자가 자신의 어머니와 사악한 노인 이야기를 했을 때 얼마나 슬펐겠는가. 움푹 파여진 그의 두 눈을 보았을 때 아름다운 공주의 두 눈에서 눈물이 하염없이 쏟아졌다. 그의 이야기가 끝나자 그녀는 그에게 좋은 옷을 입히고 아버지에게 데리고 갔다. "사랑하는 아버지, 오늘이 제 생애 가장 기쁜 날이에요. 사랑하는 신께서 제 목숨을 구해준 분이자, 저의 유일한 신랑을 돌려보내주셨어요." 그리고 왕에게 그 동안의 모든 이야기를 전하게 했다. 왕은 그가 이야기한 것이 진실이라는 것을 알고 처음에는 기뻐했지만, 곧 딸이 장님과 결혼하고자 하는 것에 화가 났다. 그러나 선장보다는 왕자 신분인 젊은이가 훨씬 맘에 들었다. 선장은 그 사실이 알려지자 곧 자취를 감추었다. 성의 정원 아주 외진 곳에 작은 성이 있었는데, 그 곳에서 왕자와 공주의 결혼식이 아주 비밀리에 치루어졌다. 그들은 작은 성으로 들어가 살면서 왕으로부터 일체의 음식을 받지 않고 스스로 마련해야 했고, 그들이 입을 옷 또한 스스로 짜서 마련해야만 했다. 공주는 밤이고 낮이고 옷을 짜야만 했다.

왕과 귀족들은 대단히 화가 났는데, 왕자가 그들이

중요시하는 향응을 베풀어 주지 못할 뿐만 아니라, 여성들이 즐기게 될 무도회나 춤도 일체 없었기 때문이었다. 게다가 가장 맘에 들지 않는 점은 장차 장님 왕이 이 나라를 통치하게 된다는 것이었다. 그래서 그들은 왕자와 공주가 사는 작은 성을 폭파한다는 계략을 짰다. 그리고 그것은 실제로 그렇게 실행될 예정이었다.

어느 날 두 사람은 그들의 작은 성에서 나와, 신선한 공기를 마시기 위해서 그 성에 딸린 정원에서 산책을 했다. 그들은 어느 키 큰 보리수 아래 가 앉았다. 그때 왕자는 성에서 가지고 온 것 가운데 유일하게 남아 있는 황금반지를 손가락에서 빼서 입 안에 집어 넣었다. 그는 새의 이야기를 들으며 시간을 보내고 싶었다. 그때 까마귀 세 마리가 날아와 보리수 위에 앉았다. 그 까마귀들은 조잘대기 시작했다. 첫 번째 까마귀가 이렇게 말했다. "너희들 알아? 난 뭐 좀 알고 있는데!" "그게 뭔데?" 다른 두 마리 까마귀가 물었다. "우리도 좀 아는 게 있는데." "저기 저 면장님 댁에 말이 쓰러졌는데, 그건 아주 먹음직한 썩은 고기지. 아, 한번 맛 좀 봐야하는데." 첫 번째 까마귀가 그렇게 말했다. 그러자 두 번째 까마귀가 이렇게 말했다. "내가 알고 있는 건 약간 다른 건데. 저기 저 보리수 아래 앉아 있는 두 사람이 그 사실을 안다면 저기 편안하게 앉아 휴식을 취할 수 없을 텐데." "그게 뭔데?" 다른 까마귀들이 물었다. "오늘밤 열 시에 그들이 살고 있는 작은 성이 폭파될 거야. 왕이 그들을 위해 지어준 그 성 말이야." 그러자 세 번째 까마귀가 말했다. "내가 알고 있는 걸 저 아래 있는 눈먼 왕자가 알게 된다면 정말 좋아할 텐데!" "그게 뭔데?" 다른 까마귀들이 물었다. "오늘밤 열한 시에서 열두 시 사이에 하늘에서 이슬이 떨어지는데, 그 이슬로 눈을 씻은 사람은 그 자리에서 즉시 볼 수 있게 된다는 거야. 자, 우리 죽은 말한테로 가자. 다른 놈이 채가기 전에 말이야." 그러면서 까마귀들은 휘익 날아 가버렸다.

왕자가 그 반지를 다시 손에 끼우고 난 뒤 부인에게 말했다. "이리 와요. 우리 좀 더 숲 속으로 들어가 봅시다. 저녁 빛이 너무 아름답소." 그러자 부인이 나섰다. 그들이 십오 분쯤 걸어갔을 때 갑자기 번개가 치더니, 마치 수천의 대포가 한꺼번에 발사하는 듯한 폭음소리가 났다. 공주는 너무나 놀랐다. 마치 그녀도 함께 폭발하는 줄 알았다. 그러나 왕자가 모든 이야기를 털어 놓자 그녀는 기뻐하면서 신에게 그들의 생명을 구해주신 것에 감사드렸다. 그리고 그들은 숲 속에서 휴식을 취하기 위해 드러누웠다. 공주는 곧 잠이 들었다. 그러나 왕자는 깨어 있었다. 열두 시경이 되었을 때 그는 잔디를 이리저리 더듬으며 이슬을 손으로 모아들었다. 그리고 그 이슬로 눈을 씻었다. 씻으면 씻을수록 그의 눈앞이 훤해졌는데, 세 번째 씻자 달빛이 나무 사이로 비치는 모습을 볼 수 있었고, 사랑스런 부인이 달빛 아래 놀랍게 아름다운 모습으로 누워있는 것을 볼 수 있었다. 그는 그녀의 아름다움에 취해 키스를 했다. 그때 그녀가 눈을 떠 그를 바라보았는데, 마치 그를 거의 처음 만난 듯 신비한 눈빛으로 바라보았고, 그의 두 눈은 맑고 아름답게 그녀를 쳐다보고 있었다. 왕자는 그의 물병에 이슬을 조금 더 채우고 난 후 물병을 목에 걸쳤다. 그러면서 그는 이렇게 생각했다. '누가 알겠어. 또 필요할런지 모르잖아. 이슬로 인해 나 같은 불행한 사람도 행운아가 되는데, 이렇게 가난한 사람도 큰 부자가 될지 모르지 않는가.' 그들은 아직 좀 더 시련을 견뎌내야 하고, 그들의 시험은 아직 끝난 것이 아니었다.

아침이 되자 그들은 숲 속으로 걸어 들어가 풀뿌리와 잡초를 캐 먹었다. 공주가 걷는 데 익숙하지 않기 때문에 곧 지쳐서 정오가 되자 떡갈나무 아래에 가 앉았다. 공주는 왕자의 품에 머리를 묻고 깊이 잠들었다. 그는 그녀의 아름다운 모습을 흐뭇한 눈길로 바라보았다. 그때 그는 그녀의 목에 작은 주머니가 달린 줄을 발견했다. 그 주머니를 열자 그 안에 홍옥이 있었다. 그는 그 홍옥이 맘에 들어서 조용히 그 줄을 풀어 홍옥을 오랫동안 관찰했다. 그는 그 홍옥을 햇빛 속에서 한 번만 더 보고 싶어서 홍옥을 잔디에 놓고, 공주의 머리를 품에서 가만히 들어올려 급히 마련한 잎사귀와 이끼로 만들어진 베개 위에 올려놓았다.

그가 다시 홍옥을 보려고 몸을 돌렸을 때 까마귀 한 마리가 홍옥을 들고 놀고 있었다. 그가 까마귀를 쫓아가자 그 까마귀는 휙 날아올라 먼 나무 위로 날아가 버렸다. 왕자는 까마귀를 따라갔다. 왕자가 돌을 들어 까마귀에게 던져 보기도 했지만, 까마귀는 가지 사이로, 나무를 옮겨가며 날아가더니 드디어는 덤불 사이로 사라져 버렸다. 왕자는 공주에게 돌아가는 길을 찾고 또 찾았지만, 점점 더 깊숙이 숲 속으로 들어갈 뿐 공주에게 돌아갈 길을 찾을 수가 없었다. 그때 어느 점잖은 신사 한 분이 이리로 다가오고 있었다. 왕자는 그에게 자신이 사랑하는 여자가 나무 아래서 잠자고 있는데, 그 곳이 어딘가 하고 물었다. 그러자 그 신사는 잘 모르겠다면서 이렇게 말했다. "그와 같은 나무는 숲 속에 수천 그루가 있소. 당신이 아마 다시 찾아내기 힘들 거요. 나와 함께 내 집으로 갑시다." 왕자는 그 신사를 따라 어느 아름다운 숲 속 집으로 갔다. 그 집에는 열한 명의 젊은이들이 한상 잘 차려진 식탁에 앉아 먹고 있었다. 그 신사가 말했다. "이제 당신이 와서 열두 명이 되었소. 당신은 일 년 동안 여기 머물 것이고 모든 걸 다 가질 것이오. 단지 일 년 후 당신은 세 개의 수수께끼를 풀어야 하오. 풀 수 있는 사람은 돈 지갑을 얻을 것이고, 그 지갑엔 돈이 가득 차 있을 것이오. 만일 풀지 못할 경우, 당신은 죽어야 하오." 그러자 열한 명의 사나이들이 환호하며, 그 신사의 장수를 기원했다. 일 년 내내 환호는 계속되었다. 종종 그들은 왕자를 불러 그들과 함께 여흥을 즐기자고 했지만 그는 말없이 생각에 잠겨, 거의 먹지도 마시지 않고, 말도 거의 하지 않으면서 끊임없이 자신의 불쌍한 부인만 생각했다. 자 그럼 이제 한번 그녀가 어떻게 지내는지 살펴볼까요?

공주는 잠에서 깨어나 남편을 찾고, 오랫동안 외쳐 불렀지만, 당연히 아무 소용이 없었다. 그때 그녀는 갑자기 목에 걸려 있던 작은 주머니가 없어진 것을 느꼈다. '아아 그가 내 홍옥을 가지고 도망갔단 말인가?' 그녀는 그렇다고 생각했다. 어떻게 달리 생각할 수가 있었겠는가? 그런 생각 때문에 그녀는 몹시 우울했다. 그녀가 경건한 사람이 아니었더라면 아마 고통스런 죽음을 택하지 않을 수 없었으리라. 그러나 그녀는 슬픈 운명을 하느님의 손에 맡기고, 숲 속 길을 따라 간신히 걸어가 바다에 이르렀다. 바닷가에는 배 한 척이 정박

중이었는데, 그녀는 그 배를 타고 4주 후 어느 낯선 땅 바닷가에 이르렀다. 그녀는 걷고 또 걸었다. 멀리서 성 하나가 보였는데, 가까이 가니 왕자가 자신을 구해준 성이었다. 그녀는 너무나 기뻤다. 그녀는 남편이 거기 있을 것이라고 생각했고 남편이 그녀를 내쫓지는 않으리라고 판단했기 때문이었다. 그렇게 생각한 그녀는 성 안으로 들어갔다. 그리고 왕자에 대해 물었다. 하인들이 그녀에게 그의 슬픈 이야기를 막 들려주려고 할 때 왕비가 다가와 그녀를 알아보았다. "너 여기서 무얼 찾고 있니?" 사악한 왕비가 물었다. 그러자 공주는 그녀가 숲에서 사라진 남편을 찾고 있다고 말했다. "들어오너라." 왕비가 말했다. 공주가 왕비를 따라 들어가자 왕비는 재빨리 문을 걸어 잠근 뒤 노인을 불렀다. 그들은 공주를 붙잡아 놓고 그녀의 두 눈을 파서 사자굴로 던져 버렸다. "거기서 남편이나 찾아 보거라." 그들은 공주를 향해 외치면서 조롱했다. 사자들은 그녀를 잡아 먹지 않았을 뿐만 아니라 어린 사자들은 그녀의 두 눈을 핥아 치료해 주었다. 늙은 사자들은 그녀가 생명을 유지하도록 음식물을 가져다 주었다.

한편 왕자는 숲의 오두막에서 한 해를 보내게 되었고, 열한 명의 사나이들은 한 번도 수수께끼에 대해 생각하지 않았다. 왕자는 아무리 머리를 짜내 생각하고 또 생각해 보았지만, 수수께끼를 밝혀낼 수 없었다. 어느 날 그가 숲 속 어느 떡갈나무 아래에 앉았을 때 까치 세 마리가 날아와 떡갈나무 잎에 앉았다. 왕자는 까치 세 마리가 어떤 이야기를 할 건지 궁금한 생각이 들어 혀 밑에 반지를 넣고 그들이 나누는 대화에 귀를 기울였다. "자! 형제들이여!" 한 까치가 외쳤다. "내일이 우리들의 축제날인데, 열한 명의 피둥피둥한 직공 녀석들과 삐쩍 마른 왕자가 우리의 먹이감이지." "무슨 말이야?" 둘째 까치가 물었다. "내일 그들은 세 가지 수수께끼를 풀어야 하는데, 그들은 수수께끼에 대해 아무 것도 몰라." 세 번째 까치가 말했다. "넌 알고 있어?" 둘째가 물었다. 그러자 다른 두 까치들이 짹짹거리며 말했다. "그래, 내가 먼저 말해볼까?" "그래 네가 먼저 시작해." 둘째 까치가 말하자, 첫째 까치가 말하기 시작했다. "수수께끼 중 하나는 집이 무엇으로 지어졌는가 하는 거고, 다른 하나는 음식이 어디서 오는 것인가 하는 거고, 세 번째 것은 왜 이 집에는 밤이 오지 않느냐는 거야." "내가 맞춰볼게." 둘째와 셋째가 수다를 떨었다. "집은 사형수의 뼈다귀로 지어진 것이고, 음식은 임금님의 식탁에서 온 것이고, 이 집의 밝은 빛은 홍옥 때문인데, 그건 까마귀로 변신한 마법사가 숲 속에서 불쌍한 왕자에게서 빼앗아서 천장에 걸어둔 거야.” 그들은 그렇게 수다를 떤 후 다시 날개를 펴더니 날아가 버렸다. 왕자는 일 년을 지낸 이후 처음으로 기쁨을 느껴 편안하게 잠을 잤다.

이튿날 아침 열한 명의 직공들은 좋은 음식을 먹으며 놀고 있었다. 그때 주인이 숲에서 와서 멀리서 외쳤다. “너희들, 줄지어 서라! 이제 수수께끼를 풀어야 한다.” 열한 명은 기분좋게 줄을 섰다. 왕자는 맨 끝에 섰다. 주인이 물었다. “집은 무엇으로 지었지?” “아이, 벽돌이죠 뭐.” 첫 번째 직공이 말했다. 두 번째 직공이 “막돌입니다.” 세 번째 직공이 말하기를, “찰흙과 나무입니다.” 하였다. 그렇게 왕자의 차례가 되었다. 왕자가 말했다. “사형수의 뼈입니다.” “네가 맞추었구나.” 주인이 말했다. “이젠 너희들 음식이 어디서 오는지 맞춰 보아라.” “음식점에서 온 거지 뭐.” 하고 열한 명 모두 외쳤다. 그러나 왕자가 대답했다. “왕이 보내신 겁니다.” “네가 또 맞췄구나.” 주인이 말했다. “이제 세 번째 수수께끼를 내겠는데, 왜 너희 집이 밤에도 대낮처럼 밝은가?” “램프 때문에.” 열한 명이 일제히 외쳤다. 그러나 왕자가 말했다. “당신이 까마귀로 변신해 내게서 훔쳐가 천장에 달아 놓은 홍옥 때문입니다.” “네가 맞추었으니 여기 이 지갑을 네게 주마. 그 지갑은 언제나 돈으로 가득할 것이다.” 마법사는 왕자에게

돈주머니를 주곤 열한 명의 목을 다 잘라버렸다. 그동안에 왕자는 집으로 들어가 홍옥을 들고 다시 숲 속을 통과해 바닷가에 이르렀다. 거기서 그는 다시 이웃 해안도시로 가 배 한 척을 빌려 성을 향해 달려갔다. 그 성은 왕자의 어머니가 머물러 계신 곳이었다. 왕자는 생각했다. '갖은 불행을 겪고도 내가 이만큼 행복할 수 있으니, 성을 되찾고 부인을 다시 만날 수 있을지 누가 알겠는가?'

배가 성 가까이에 정박한 때는 컴컴한 저녁 무렵이었다. 그는 선원복을 입고 육지를 밟고 성으로 향해 갔다. 그는 소리를 죽이고 성으로 들어갔다. 모두가 잠을 자고 있어, 그는 지붕 위로 올라갔다. 굴뚝을 통해 성 안으로 들어가니, 거기에 노인이 자고 있었다. 그가 본 첫 번째 것은 흰 셔츠였는데, 그 셔츠는 둥근 황금 탁자 위에 놓여 있었다. 그는 그 흰 셔츠를 입고 벽에 걸려 있는 칼을 쥐고 방을 살폈다. 거기에는 처음 보았을 때처럼 노인이 침대에 누워있었고, 그 옆에는 왕비가 자고 있었다. 왕자가 칼을 세 번 휘두르니, 군사들이 물밀듯이 쏟아져 들어와 그에게 왕이자 주인으로서 예의를 갖추었다. "두 사람을 묶어 우리 속에 가두어라. 그리고 짐승 다루듯 해도 좋다." 왕자가 말하자 곧 그렇게 되었다. 왕비가 또 다시 새로운 거짓과 음모를 꾸미려고 했지만 아들은 귀담아 듣지 않았다. 왕비는 우리 안에 갇힌 신세가 되었다.

하인들은 가장 먼저 공주가 거기에 와서 왕자의 안부를 물었다고 보고했다. 그래서 왕자는 새로운 희망을 갖게 되었다. 그는 왕비에게 공주가 어디에 있는가 하고 물었으나, 왕비는 말하려 하지 않았다. 그래서 사건은 미궁 속에 빠져 들었다. 왕자는 우울했지만 착한 사자들에게 감사를 표시하고, 풍족한 만찬을 대접하고 싶다는 생각이 들었다. 황소와 암소들을 잡아 모든 하인들이 큰 함지 그릇에 고기를 담아 가지고 왕자를 따라 나섰다. 그는 사자들에게 먹을 것을 주기 위해 사자굴로 향해 갔다.

아이고 맙소사! 그가 우리 문을 열었을 때 사랑하는 부인이 장님이 된 채 사자 우리에 갇혀 있지 않는가. 그는 공주에게 달려가 두 팔로 그녀를 껴안아 주었다. 그러나 행복한 가운데 또 다시 슬픔이 찾아왔다. 그는 즉시 공주를 성으로 데리고 가 먼저 언젠가 병에 모아 두었던 이슬로 그녀의 두 눈을 씻어 주었다. 그러자 공주는 말할 수 없을 만큼 행복한 미소를 지었다. 이제 두 사람은 함께 행복을 나누고, 그들이 재회한 것을 기리고자 축제를 열도록 했다. 그런 다음 그는 어떤 일이 벌어졌는가를 자세하게 써서, 사랑하는 부인과 함께 아버지에게로 갔다. 그는 왕비와 노인을 함께 우리에 가두어 아버지에게 데리고 가 처벌을 의뢰했다. 그들은 많은 사람들이 보는 앞에서 장작불로 화형에 처해졌다. 왕자는 왕이 죽은 후 나라를 다스리게 되었고, 훗날 부인의 나라와 성까지 상속을 받아, 세 왕국을 다스리는 왕이 되었다.

내가 이 이야기를 동화치료에 적용하게 된 이유는 이 동화를 우연히 접하게 되었을 때, 무척 매혹적으로 다가왔기 때문이었다. 그리고 꿈 모티브와 동화의 모티브가 많은 부분 일치했기 때문이기도 했다.

앞에서 이야기한 세 가지 꿈 모두 이 동화의 모티브에 해당된다.

- 바다에서 길을 잃음
- 노인의 손아귀에 사로잡힘
- 사자굴에 감금됨

동화의 주제와 그의 삶은 다음과 같은 점에서 연관된다.

- 그는 젊고 잘 생긴 남성이다.
- 그는 어머니와 긴밀한 관계를 맺고 있으며, 어머

니가 그를 연모한다.

– 그는 곤경에 처한 여인들을 구해준다.

나는 이번 치료에서 활력을 약간 불어넣을 필요성을 느꼈다. 그렇게 하기 위해서는 동화가 내담자에게 호소력을 지녔는지 알아내야 했다. 또한 동화를 다루는 가운데 중요한 점은 피터가 다른 '누군가'에 대한 의존성을 줄이고 보다 자율적으로 자기 자신의 일을 처리하게 하는 것이었다.

심리치료 과정에서 어떤 동화를 다루게 될 때 동화의 주인공이 제시하는 방법이 내담자에게 충격을 줄 수 있다. 이것은 치료에 위험요소가 될 수 있다. 이런 경우, 동화와 동화치료는 나중에 다시 다루거나, 아예 포기해야 한다. 이 때 치료사는 희망을 가지고 개입한다. 또한 내담자가 치료사의 제안으로 실행한 것이 아무런 성과가 없을 경우, 실망이 클 수 있다는 사실을 고려하고 각오해야 한다. 피터의 반응은 이러했다. 피터는 내가 이 동화를 개입시킨 것을 자신의 사례를 배려한 덕분이라고 여겼다. 동화는 그를 동요시켰고, 정확히 적중했다.

유혹_

피터는 동화의 초반부가 자신의 상황과 무척 일치한다고 보았다. 물론 그의 어머니가 그에게 성적인 욕망을 표현한 것은 아니었다. 그러나 사실 그의 어머니는 아들의 독립된 삶을 허용하지 않았고, 품 안의 아들이기를 원했다. 그로 인해 피터는 장기간 '판타지 나라에 머물게' 되었는데, 물론 그러한 삶이 외적으로 정당하게 평가받을 수는 없었지만, 그것은 내적인 부자가 되는 체험을 하게 했다. 그것은 긍정적인 모성콤플렉스를 지닌 사람에게는 전형적인 난관이 된다. 모성콤플렉스가 작용하면 사악한 세계에 대응할 필요 없이 모든 것이 가능해지는 판타지 세계에서 행복을 느끼게 된다. 부성적 아버지가 부재한 아들일 경우, 그 아들은 이러한 무의식에 사로잡힐 수 있다.

근친상간은 모성콤플렉스에 지나치게 장기간 사로잡힌 경우에 발생한다. 이 때 물론 성적인 경우로만 간주되어서는 안 된다. 상징적 의미로 볼 때, 성욕으로 풀어볼 수는 있을 것이다.

동화 속에서 극적인 전환이 발생하는데, 아들이 어머니와 잠자리하기를 거부한 것이다. 이것이 어머니의 요구에 대한 첫 번째 거부이자 분리이다. 동화 속에서 분리는 어떤 성性이 가시화되면서, 새로운 부, 새로운 삶으로 이어진다.

피터는 실제로 어머니의 요구를 거부한 적이 없었다고 말했다. 집 밖에서 다른 여성을 사랑하기도 했지만, 그것은 그 자신도 알다시피 판타지 세계에서 일어난 것이며, 실제적 현실로 돌아오지는 않았다. 사랑하면서도 사랑을 느끼지 못했는데, 그것은 그가 야심차고 위대한 인물이 되고 싶었기 때문이었다. 그가 사디즘적 극본을 쓸 때에는 어머니가 그를 비웃는 것 같은 생각이 들어 집중이 잘 안 되었다고 했다.

동화 속에 나오는 결정적인 '아니오'는 피터가 감당하기 힘든 몫이었다. 그도 그것을 잘 알고 있었다. 그는 '아니오'라는 말을 분명하게 내뱉을 수 없었다. 적기 적소에 자신의 의사를 표현한다는 것은 힘든 일이지만 매우 중요하다.

전망_

이 동화에서 주인공이 '아니오'라고 했기 때문에 주인공은 성을 얻기 위해 싸워야만 했다. 그리고 그는 신비스러운 둥근 탁자를 발견한다. 형태로 볼 때, 그것은 귀하고도 중요한 전체성을 상징한다. 피터는 동화의 이 장면에 대해 말하고 있다. 여기에서는 그의 어떤 경험이 표현되고 있는데, 그것은 그가 시도해보려 했지만 하지 못했던 점이다. 다시 말해 미래에 대한 전망이 여태까지 너무 미약했다는 것을 말한다.

동화에서 보면 이 줄거리 부분에서 자율적 삶을 시작하는 왕자의 전망이 제시된다. 셔츠는 그에게 큰 힘을 부여하는 자기적 존재를 표현한 것이다. 칼은 방어와 결단, 반지는 현세와 지상의 결합, 정신과의 결합을 의미한다. 둥근 탁자는 전체성을 환기시킨다. 그것은 그가 살아가는 과정에서 노력해서 쟁취해야 하는 몫이다.

누군가가 어떤 전망을 하게 되면, 그 전망으로 인해 그는 새로운 삶에 활력을 받게 된다. 그래서 그는 아주 다른 사람이 될 수도 있다. 전망은 새로운 힘을 불러일으킨다. 그는 현실과 이상의 결합을 확신하며 자신의 길을 걸어가는 주인공이 되는 것이다. 대부분의 사람들은 동화와 같지는 않다 하더라도, 미래를 전망하게 된다. 그들은 살아가는 과정에서 갑자기 '깨닫는다'. 갑자기 자신의 전망에 사로잡히게 되는 것이다. 전망은 그들에게 살아갈 어떤 힘을 주고, 그러한 느낌을 갖게 한다. 또한 전망은 아주 천천히, 망각되거나 그 가치가 폄하되기도 한다. 어떤 것은 단지 소녀시절의 꿈으로 남겨 두기도 한다.

피터도 이와 같은 전망을 한 것은 아닐까? 그가 동화의 이 대목에 매혹당했고, 여태껏 이러한 전망이 없었다면, 적어도 추체험은 했다고 볼 수 있을 것이다. 피터는 이러한 전망을 자신의 전망으로 재해석했다. 즉 셔츠는 대체로 자신의 셔츠를 입고 다닌다는 의미에서 바로 자신의 것이다. 언젠가 원했듯이 그는 독립적 존재가 되는 것이다. 그것은 그에게 강한 힘을 주게 된다. 그는 칼을 원하지는 않았다. 그러나 결정적인 순간에, 무자비하지 않게 현명하게 행동하고 싶었다. 그는 '말의 힘'을 지니고 싶어 했다. '탁월한 구사 능력'을 지니고 싶었다. 반지의 소유자가 된다는 것은 자신의 예감 능력을 믿는 것이다. 현세를 천국과 결합시키는 세계관을 예지하는 것이다. 그에게 있어 천국은 현세보다 본질적이고, 중요하다. 그는 초감각적 인지 능력이 반지 속에 있는 듯 생각하였다.

나는 그에게 왜 이 장면에 매혹되었는지 물었다. 이와 연관해서 질문을 여러 차례 제기하기도 했다. 왜냐하면 우리가 전망을 통해 실제적 힘을 체험하게 되면 그러한 전망에 대한 믿음을 지니게 되기 때문이었다. 전망은 환상과 구분된다. 환상은 일상화하기 힘들다. 동화의 어느 부분이 실제로 인간에게 말을 건넨다고 볼 수는 없다. 그러나 우리는 분명 동화 중 어느 부분에 대해 이야기하게 되고, 스스로 의미를 찾게 된다. 이와 같은 경험들은 자신감을 갖게 될 경우 강한 치료적 효과를 낳을 수 있다. 그러나 이는 강요로 되는 일이 아니다. 적당한 시기에 알맞는 상像이 정신적 실재를 표현하는 동인을 띠면서 우리에게 나타나게 된다. 그것이 외부에서 우리에게 다가오는 것이라 할지라도 우리 자신의 상이 될 수 있다. 그리고 그것은 매혹을 불러 일으킨다. "원형 캡슐의 희망"●이 열리게 되는 것이다.

피터는 영화의 필름처럼 전망을 감지하고 파악했다. 아주 생생하게, 희망하는 바가 결정되어 갔다. 동화 속 전망은 분명히 현실적 전망이 되어갔다.

어머니와의 첫 대립_

동화에서 남주인공은 좀 더 자율적으로

● Bloch E.: Das Prinzip Hoffnung, a.a.O., S.185-187.

살아가게 된다. 점점 활기가 가시화되면서 성 전체가 잠에서 깨어났다. 하인들은 깨어나 각자 맡은 일을 한다. 「잠자는 숲 속의 공주」의 어느 부분을 회상하도록 했다. 그것은 왕자의 잠과 일치하는데, 이제 잠에서 깨어나기 시작한 것이다.

왕자는 어머니에게 사람을 보낸다. 어머니를 그대로 방치해 둔다면 문제는 해결되지 않는다. 문제는 언제나 확인되고, 고려되어야 한다. 그러나 아무리 확대경을 들이대도 문제가 확실히 풀리는 법은 없다.

어머니의 문제는 그녀의 사랑이 주체하지 못할 만큼 지독한 증오감으로 바뀌었다는 데 있다. 우리는 보통 이러한 감정의 변덕을 잘 알고 있다. 삶의 양가성을 수용하지 못하는 사람들은 모든 것에 밝은 측면과 어두운 측면이 있다는 것을 수용하지 못한다. 동화의 주인공은 그와 같은 모성콤플렉스의 영향을 받고 있다. 이런 주인공도 어떤 실망감으로 인해 모든 일을 탈가치화하거나, 복수를 맹세하거나 아니면 자살을 택할 수밖에 없는 상황에 접할 수도 있다.

이 동화 속의 어머니는 아들에게 거부당한 후 감정이 완전히 뒤바뀐 경우에 해당된다. 어머니가 아들을 소유하지 못할 경우, 그러한 어머니는 '소유'의 노예가 되어 아들을 죽이고 싶을 만큼 심각한 정서장애를 일으킨다는 것이 여실히 확인된다. 그녀는 슬픈 감정으로 인해 자신의 죄책감조차 인지하기를 거부하는 것이다.

아들에 대한 어머니의 실망은 이해할 수 있다. 그러나 동화는 어머니를 너무나 잔인하게 묘사하고 있어 그녀에게 감정이입하는 것조차 힘들다. 설사 근친상간의 욕망이 존재한다 하더라도, 근친상간이란 죄는 엄격한 처벌의 대상이 되기 때문이다. 이러한 연장선 상에서 아들을 자기 소유물로 여기는 여성들을 생각해 보자. 이들은 남편에 대한 실망감을 아들과의 관계에서 보상받으려고 한다. 또한 아들들은 아버지와의 경쟁관계에서 종종 아버지보다 나은 남편 역할을 하기도 하기 때문에, 어떤 부분은 어머니와 일치하는 점이 없지 않다. 아들을 자기 것으로 만들려는 어머니들은 흔히 남편과의 관계에 문제가 있으며, 아들과의 관계에서 이를 시정해 보려고 한다. 그래서 이를 만회해 보려는 희망을 품게 된다. 아들이 어머니와 분리될 경우, 분명 문제가 잘못 풀릴지도 모른다. 모든 분리과정에서 나타나는 고립으로 인해, 어머니가 자신의 바보스러움에 대해 분노를 터뜨릴 수 있다. 물론 이 동화에서처럼 증오감으로 인해 어머니가 치명적인 결단을 내릴 경우, 다시 행복해지기는 힘들게 된다.

피터는 자신의 어머니가 증오감이 아니라, 오히려 그들이 서로 함께 할 수 없는 것을 슬퍼하며 우울해 하신다고 생각했다. 피터는 동화의 이야기가 자신의 실제 어머니와 많은 차이가 있다는 것을 확인했다. 피터의 어머니는 그가 하고 싶은 것을 하지 못하게 하시는 분이었다. 그것은 마치 바다처럼, 어떤 형태 없이 편안하고도 평평한 수면에서 그를 약간 불안하게 만들고 마비시키는, 그것은 어찌 형용할 수 없는 감정이었다. 피터의 의도는 이 세상 모든 것을 소유하고자 하는 것인데, 바로 그 때문에 기회를 놓치게 되면 자신이 용서가 되지 않았다. 피터의 어머니가 그를 파괴시키고 싶어하는 것은 아니다. 그를 오랫동안 놓아주지 않을 뿐이다. 그리고 그도 자유를 쟁취하기 위해 애쓰지 않았다. 파괴적 모성성이 그를 방황하게 하고 수동적으로 만들었으며, 경제적으로 독립하지 못하게 했다.

여기에서 현실과 동화 속 어머니상 사이의 차이점을 발견할 수 있다. 그럼으로써 자신의 실제 부모와 동화상에서 부각되는 부모상이 상대화되고, 좀 더 긍정적 방향으로 인식할 수 있는 것이다.

동화치료에서 염두해 두어야 할 점은 동화와 실제 삶 사이의 공통분모를 억지로 만들어서는 안 된다는 것이다. 동화는 오히려 자극을 환기시킬 뿐이다. 동화라는 거울을 통해 우리가 체험하고 경험한 삶을 다시 성찰해 보면서, 동화에 의해 부각된 것을 확인해 보는 것이다.

노인과의 첫 대결__ 성 안에는 노인이 잠에 취한 상태로 마냥 자고 있다. 잠은 새로운 상황을 통해 활기를 되찾게 되는 전환점이다. 노인은 젊은 공주를 샀지만, 공주가 자기 의지대로 되지 않자 더러운 구덩이에 떨어뜨려 부패해 죽게 만드는, 아주 잔인한 인물이다.

노인이 젊은 여자와 결혼하고 싶어 한다는 점이 눈에 띈다. 동화를 집단적 연관성에 두고 살펴보면, 이것은 나이든 인물들이 한 번 더 활동적으로 삶에 개입하려는 욕망을 반영하고 있다. 차세대에 일을 맡길 수가 없기 때문에 그들은 떠날 수가 없는 것이다.

이 노인을 물론 어떤 아버지상으로도 볼 수 있다. 주인공은 아버지와 대결해야 하는 것이다. 여기서 사실상 우리는 그가 행복하게 체험하지 못했던 면, 즉 아버지의 어두운 모습을 보게 된다. 동화 속에서 아버지는 고결한 성품의 전형으로 기술되어 있다. 이 동화의 배경인 오이디푸스 신화를 통해 노인과의 대결을 살펴볼 수 있다. 물론 아버지와 아들의 대결은 신화 속에서 아들이 아버지를 죽인 것으로 기술되어 있다.

심리적으로 볼 때 이 노인은 사악한 측면을 띠며, 주인공은 본질적으로 자신보다 나이가 많은 사람의 영향을 받고 있다. 따라서 그는 셔츠를 벗자마자 힘을 잃어, 강력한 힘을 장악한 노인의 손아귀에서 벗어나지 못하는 것이다.

우선 노인은 소녀와의 관계에서 자신의 정체성을 드러낸다. 노인은 그녀가 노인이 원하는 대로 하지 않자 그녀를 시궁창으로 던져버린다. 여성성은 굴욕적 상황에 빠지게 되고 탈가치화된다. 이러한 관계는 옛 세대들에게서 지배적으로 나타나는 이성 관계와 상응한다. 여성들은 남성의 뜻에 따르지 않으면 가차없이 처벌의 대상이 되는 것이다. 이러한 이유에서 자신의 역할보다 좀 더 자립적인 여왕은 부정적으로 다루어진다. 상징적으로 볼 때 여성성, 에로틱하고 성욕적이고 감각적인 것들은 시궁창에 던져지는 것이다. 젊은 왕자는 노인과 대립한다. 그는 노인에게 압력을 가해 소녀를 풀어주게 한다.

노인은 피터의 꿈 속에도 나온다. 동화 속 노인에 대해 피터는 분노했다. 피터의 꿈 속에서 노인은 노인과 젊은이의 힘 모두를 소유하고 있었다. 동화에 따르자면, 노인은 젊은이의 셔츠를 입고 있다. 피터는 자신이 셔츠를 입고 있지 않아서, 즉 결단성이 부족하여 아버지나 할아버지에게 모든 결정권을 맡겼다는 것을 깨닫게 되었다.

피터는 여성들을 '오물'에서 구해내는 것이 바로 자신이 아버지에 대해 지니고 있는 태도를 교정하는 것이라는 점을 알게 되었다. 여태껏 그는 자신의 태도를 가부장제에 대한 교정으로 간주했다. 다시말해, 가부장제가 여성들을 '오물' 속에 빠뜨렸고, 그는 다시 그들을 구해주어야 하는 것이다. 피터에게 갑자기 떠오른 생각은 아버지가 실제로 여성들을 '오물' 다루듯 했으며, 자신은 그러한 아버지에게 맞서 어머니를 도와주어야 한다는 사명감을 지니고 있었다는 사실이다.

물론 피터는 노인이 자기 속에 있는 내적 상像일 수 있다는 것을 깨닫게 되었다. 실제로 그는 여성을 도와주고자 하는 데 큰 관심을 보이는 반면에, 여성들의 자율성은 허용하지 않는, 양가성을 깨닫게 된 것이다. 피터는 자신의 권력 지향성과 투쟁하면서, 자신이 여성의 권익에 도움을 주고자 한다는 점을 감지했다. 그것은 어머니에게서 위임받은 일종의 임무였다. 그러나 그는 자신이 아무리 여성들의 권리를 존중하려고 해도 궁극적으로는 여성들의 자율성을 신뢰하지도 허용하지 못한다는 것을 확인하게 되었다. 그런 과정에서 피터는 여성들에게 그 자율성을 위임하게 되었다. 그럼으로써 그는 여성과의 관계를 개선할 수 있었다. 그도 자신의 도우미적 성향을 깨닫게 되고 도움을 받는 법도 배우게 되었다.

동화의 언어로 표현하자면, 피터는 여성의 신음소리를 듣고 분명 칼을 들고 노인을 견제하긴 했지만, 그 기간이 길지는 않았던 것이다.

공주와의 첫 만남_ 동화 이야기는 좀 더 명백하게 진행된다. 왕자와 공주는 서로 결혼하기로 약속한다. 동화 속에서 처음으로 사랑의 결합이 형성된다. 그것은 강요된 것이 아니다.

동화의 줄거리에서 여성과의 관계가 중요하므로 나는 동화를 무엇보다도 관계찾기의 관점에서 바라보고 싶었다. 젊은 남자가 그의 어머니에게 매료되어 있다면 관계찾기가 어떻게 되겠는가? 그리고 소유와 감금을 원칙으로 삼아 풀어주지 못한다면 어떻게 되겠는가? 나는 소녀를 왕자의 적임자로 보았다. 그녀와 관계를 맺는 방식이 왕자가 관계찾기를 할 수 있는 가능성인 것이다. 물론 그녀는 왕자가 지니고 있는 매혹적이고 여성적인 본질이기도 하다.

왕자는 여성을 '더러운 구덩이'의 존재로 보지 않고 아름다운 존재로 보게 된다. 공주는 아주 유혹적이지만, '더러운 구덩이에서 사는 여자'로 묘사되고 있다. 남성들은 여성들의 유혹에 빠지지 않기 위해서 모든 여성들을 우선적으로 통째로 폄하하는 경향이 있다. 이는 소년들이 사춘기가 되면 흔히 보이는 태도다.

왕자는 그러한 여성에게 사랑을 느껴 결혼하고 싶어 한다. 사랑의 결합은 잠시 지속된다. 소녀는 다시 집으로 돌아가기를 원한다. 그리고 왕자는 재빨리 그녀에게 배 한 척을 마련해 준다. 그녀가 빨리 돌아오도록 그렇게 한 것일까? 아니면 그가 그녀와의 관계에 피곤해진 나머지 휴식을 취하게 된 것에 감사의 기도를 올리는 것일까? 둘 다 결정적인 결합에 불안을 느낀 것처럼도 보인다.

어머니는 대만족이다. 어머니는 공주와 아들을 파멸시키고 싶다. 모성콤플렉스가 형성되고, 곧이어 부정적 모성콤플렉스가 짜여진다.

여관 주인_

어머니는 선장을 매수해서 공주와 동행시킨다. 물론 그 일은 실패로 끝난다. 공주는 절망감에 빠져 신에게 물음을 구하고, 구원의 응답을 받는다. 공주는 왕자가 자신을 데리러 오리라는 생각을 품게 된다.

젊은 여성은 자율적 단계를 거쳐야 한다. 공주는 여관을 차려야 한다는 생각을 관철시킨다. 공주 신분으로는 혁명적인 일이 아니던가! 동화에 따르면, 공주의 아버지는 외적인 가치를 띤 규율을 신봉한다. 왕비는 신과의 약속을 중시한다. 두 사람 모두 부성콤플렉스가 지배적인 것은 마찬가지다. 그리고 현실적 삶이 낯설다.

공주는 여관을 지어서, 숙박비용을 지불하지 않는 대신 손님들에게 이야기를 해달라고 요구하며 여관을 관리한다. 그녀는 음식을 베푸는 어머니이다. 그녀는 모성적 특징을 보여주며, 어려운 심리적 상황을 극복해 나간다. 이제 그녀는 이전처럼 현실적 생활에 적응하게 된다. 심리적 관점에서 볼 때 그녀는 자신의 본질적 측면, 즉 모성성을 확인하고 키우며, 다시 잊는 과정을 배우고 있다. 여러 측면, 여러 삶의 가능성을 알아가는 것이 중요하다. 고정적 틀에 안주해서도 안 된다. 물론 소녀가 훗날을 위해 모성적 태도를 익혀가고 있다는 것도 확인할 수 있다.

어머니 · 노인 · 왕자_

그러는 동안 성에서는 끔찍한 일이 벌어지고 있었다. 아들에 대한 증오심을 삭이지 못하는 어머니와 노인은 함께 왕자를 죽일 음모를 꾸미고 있었다. 어머니는 자신의 증오를 이기지 못했고, 왕자가 노인의 손아귀에서 공주를 빼앗아가 굴욕감을 안겨 주었기 때문에 노인도 그러하다. 전형적 상황이 짜여진다. 자율성으로 일보 내딛으면, 배후에 있던 사실들이 훤히 모습을 드러내는 법이다. 왕자는 아들을 죽여 자신의 곁에 두고자 하는 어머니의 트릭에 빠지게 된다.

우선 어머니는 몹시 아프며, 새끼 사자만이 그녀를 구할 수 있다고 한다. 물론 어머니를 사랑하는 아들은 어머니를 구하기 위해서라면 무슨 일이든 마다하지 않는다. 어머니의 병은 자신이 받은 모욕감과 증오심과 고집으로 말미암아 점점 더 심화된다. 병은 사실 일종의 트릭이다. 왕자는 사자에게 가서 먹이가 되어야 한다. 그러나 이러한 트릭은 동화뿐 아니라 실제 삶에서도 작용한다. 즉 타인을 위해 무언가 해주기 위해 가야 할 뿐만 아니라 자기 자신의 삶에 필요한 것 또한 가져와야 한다. 꼭 가지고 와야만 하는 것은 상징적으로 볼 때, 치유제다. 인격적 측면에서 볼 때, 여기서는 어머니와 아들을 위한 치유제를 말한다.

사자들은 특히 이집트 신화에서 모신을 수반한다. 사자들은 고양이의 특성을 드러내고, 본능적인 생명력을 상징한다. 고양이의 특징은 이러한 본능적인 생명력의 자율성에 주목하게 한다. 사자들은 힘과 권력을 의식하면서 태만한 척한다. 사자들은 엄청나게 집중적인 에너지를 지니고 있는데, 그것은 위기 상황에서 드러난다. 결정적인 순간에 에너지를 발산한다. 어머니는 보다 깊은 생명력을 지녀야 한다. 그러면 아마도 증오감 따위는 씻어낼 수도 있을 것이다. 아들이 새끼 사자를 데리고 오면 그녀의 내면에서 이러한 생명력을 발견하고 수용할 수도 있을 것이다.

그러나 어머니는 아들이 가져온 것을 받아들이지 않는다. 그녀는 지금 증오의 노예가 된 상태다. 그는 과도한 칭찬을 받아가며, 그 대가로 파티가 열린다. 아들은 자율적일 수 있으며 어머니는 이런 아들을 존경하고 경탄해야 한다. 그것은 둘이 함께 실현해야 할 태고적 소망이다. 그러나 지금 동화 속 왕자는 몹시 위태로운 상황에 처해 있다.

부모로부터 떠난다는 것은 주관적으로 보면, 부모콤플렉스로부터의 이탈을 의미한다. 이는 전형적인 이탈 과정이다. 이탈의 첫 단계 후에는 재접근 단계, 즉 옛 관계를 회복하려고 시도하는 단계가 뒤따른다. 재접근 단계 후에는 재결합의 위기가 뒤따른다. 첫 이탈 후 재접근 단계에 이르러서야 비로소 이탈의 필연성이 분명해진다. 재접근은 자신이 떠나온 상황을 음미하고 의식적으로 체험하는 기능을 떠맡는다. 자신이 이미 떠나온 상황을 재음미하는 것이다. 왕비의 문제는 유혹이다. 왕비와 왕

자 모두 다시 한 번 분명하게 인지해야 한다. 이는 분리의 슬픔을 극복하기 위한 일종의 전제 조건이다.•

사자굴_

왕자는 옛 것과 새 것을 재결합해서 자신에게 매우 유리한 방식으로 결합시킬 수 있다고 생각한다. 그래서 그는 몽롱하게 잠에 취해 깨어나지 못하고 어머니와 노인에게 맹목적으로 현혹되어 사자 우리로 던져진다. 사실 그는 여태까지 어머니의 실체를 통찰하지 못할 정도로 악에 대해 어리석었다. 왕비의 사랑이 이중적이라는 것을 동화의 독자는 이미 알고 있었을 것이다. 왕자는 왕비의 감정에 문제가 있다는 것을 본능적으로 감지했지만 이를 드러낼 수가 없었다. 노인과 친해진다는 것은 무책임하고 어리석은 짓이다. 악에 대해 어리석은 왕자의 태도는 오히려 긍정적인 모성콤플렉스의 결과이다. 그래서 악은 간과된다. 어떤 악이 발생했을 때, 너무 상처를 입어 우울증을 앓게 되는 것 따위에 대해서 의식하지 못하는 사람들만이 악인이 된다.

현혹 장면은 피터의 꿈과 연관된다. 이 장면은 피터가 꾼 꿈의 배경과 관련된다. 피터는 꿈에서 장님이 되어 고양이 우리

• Vgl. Kast V.: Trauern - Phasen und Chancen des psychischen Prozesses., a.a.O.

에 갇힌 채 앉아 있는 꿈을 꾸었다. 문제는 이렇다. 피터가 자신의 자율성을 가로막는 어머니의 욕망에 빨려 들어가는 것이라면, 그것은 실제 어머니의 욕망이거나 피터 속에 있는 모성성일 수도 있다. 그리고 중요한 것은 피터가 노인의 위험성을 조망한 장소다. 그것이 피터가 당면한 문제들이다. 피터의 꿈은 이 동화의 각 장면처럼 나타났다. 피터는 이 동화가 자신의 문제를 다루고 있다는 느낌을 받았다. 피터는 과거의 무수한 상황을 회상했다. 피터 스스로 세상과 문을 닫고 살다가 우울증에 빠져서 여성들로부터 위안을 받았던 일들을 회상했다. 피터의 회상에서 공통점은 회상의 각 장면이 그에게 모두 소중하다는 것이다. 다른 사람이 이에 대해 마음에서 우러나오는 박수를 쳐주느냐 쳐주지 않느냐 와는 별개로 말이다.

물론 이러한 태도는 감금상태나 맹목적 상황과 결부시킬 수 있다. 어떤 상황에서 실제를 바르게 직시할 수 없으면 편견에 사로잡히거나 편파적일 수 있다. 어떤 것을 의도하지만 적당한 선에서 끊을 줄 아는, 건강한 경쟁을 할 줄 안다면 그것은 건설적인 공격이 된다. 그러나 여기서는 감금상태에 빠진다. 이와 같은 태도를 '모성콤플렉스적' 나르시스적 상태라고 명명할 수 있을 것이다.

노인의 위험성을 과소평가한 점에 대해 피터는 이렇게 설명한다. 피터는 권위가 싫어 권위에 경쟁적 태도를 취하기보다, 노인들 일반을 염두에 두고 평가한 것이다. 어떤 사람이 누군가를 학대하거나 해를 끼친다면 그의 인간성에 대해 회의하게 될 것이고, 다른 모든 남자들이 자신보다 더 지혜롭다면 그것 역시 맥 빠지는 일이다. 그는 늘 노년층을 노쇠하고 순응적인 계층으로 여겼다. 피터에게는 경쟁관계에 대한 심각한 문제가 있었는데, 그는 그것을 알지 못했을 뿐만 아니라 알려고 들지도 않았다.

꿈 속의 고양이들과 동화 속의 사자들은 생존을 보장해 주며, 마음에 위로를 준다. 생명보존의 차원에서 자연에 내재해 있는 뿌리깊은 모성은, 생명력 있고 감정적인 동물적 단계에서 작용한다. 여기서는 비록 위로로 한정되고 있지만, 분명 작용하고 있다. 따라서 위협의 시간은 천천히 사라지게 된다.

왕자는 파티를 주최했던 왕자의 신분에서 장애인으로 추락하는 끔찍한 체험을 하게 된다. 그는 그냥 죽고 싶었을 것이다. 어머니와 노인의 사악함을 깨닫게 된 후 그는 모든 것을 부정적으로 보게 된다. 그의 우울증은 심화된다. 그러나 내면 속에 있는 생명력 덕분에 그는 생존할 수 있었다. 아무리 깊은 좌절감을 맛보았다 하더라도 말이다. 실제로는 삶을 포기하고 죽고 싶지만, 생명의 불씨를 꺼뜨리지 않기 위해 다시 한 번 육체적으로 살아 남아야 하는 상황에 처하게 된 것이다.

왕자가 사자의 먹이인 고기를 얻었기 때문에 내면 속에는 사자의 본성이 싹텄다고 볼 수 있다. 사자의 본성이 싹튼 덕분에 왕자의 내면 속, 질긴 생명이 되살아난 것이다. 생존의 본질은 상냥한 것이다. 인간의 어머니가 아닌 동물이 왕자를 마치 자신의 새끼처럼 껴안아주는 것이다. 그 결과 왕자는 생명을 보존시키고, 그를 위로해 주는 순수한 생명적 세계로 되돌아 간다.

사자굴에서 빛의 세계로_

사자굴에서의 탈출은 제2의 탄생이다. 대지에서의 탄생이다. 인격의 결정적 변화가 암시된다. 이러한 변화로 새로운 태도가 제시된다. 왕자는 자신의 보호막을 포기하고 불확실성 속으로 몸을 던지는, 왕자답지 않는 행동을 보여준다. 용기와 대결하는 과정에서 그는 실제로 굶주릴 수도, 삶의 위기에 빠질 수도 있다. 그러나 그의 어머니는 그의 행동을 파악하지 못했다.

동화에서 나오는 우리에서의 탈출은 피터에게도 결정적인 의미를 띤다. 그는 더 이상 우리에 갇히는 꿈을 꾸지 않았다. 동화주인공이 경험했던 모든 과정이 피터를 보다 책임감 있게 만들었다. 피터가 감옥에서 탈옥하는 행동은 실제로 비록 우울한 상태일지라도 감행하는 모험이며, 자신의 안일을 도모했던 틀을 깨고 자기 스스로를 믿는 것이다. 그는 그렇게 자기 길을 가는 것이다. 피터는 한 번도 그렇게 살아 본 적이 없었다. 피터에게 무엇보다 중요한 것은 '결손적 상황', 즉 우울증을 인정하고, 자신을 자유롭게 해방시키는 활동을 시도해보는 것이다.

피터는 이 동화가 자신을 위한 심리프로그램이라고 보았

다. 나는 그가 말하는 상황에 대처하면서, 다른 한편 동화주인공의 과정을 그대로 따르는 것이 바람직하지 않으며, 그럴 경우 자율성을 떨어뜨린다는 점을 암시해 나갔다. 이 점은 동화치료에서 늘 명기해 두어야 할 부분이다. 자율적 과정은 동화 주인공의 과정을 다루면서 늘 발견된다. 부분적으로는 동일할 수 있지만, 전부가 같은 동일한 과정이란 결코 있을 수 없는 것이다.

비록 피터가 동화와 그의 상황과 일치하는지에 대해 회의적이었다 하더라도, 피터는 이 동화를 가지고 그의 상황을 다루어나갔다. 특히 여성과의 관계에 의미를 두었다.

우선 동화 속 왕자의 이야기를 살펴보자. 사자굴에서 탈출하면서 동화는 감정의 바닥을 쳤다. 왕자가 배 한 척을 발견하고 선장과 친해지면서 그에게 수많은 고통을 불러 일으켰던 정신적 지점으로부터 멀어져 간다. 그는 그에게 변신의 가능성을 제공해주는 수송선인 배로 또 다른 해안에 이르게 된다. 그는 거기서 계속 길을 가야 한다. 선장의 모습에서 우리는 동화 속 남성상에 필요한 모성적 특징을 찾게 된다. 방랑자가 되어 그는 신부에게 다다른다. 이제 신부가 선택권을 쥐게 된다. 둘은 여태껏 서로 이야기를 나누지 못했다. 그녀는 그의 이야기를 듣고서야 비로소 그를 알아차리게 된다. 그녀 역시 눈이 멀었던 것이다. 그녀가 그를 알게 되는 상황에서 그녀는 그를 선택한다. 그러는 동안 그는 신부와 친숙해진다. 그것은 처음으로 이루어진 사람에 대한 신뢰와 책임인 동시에, 두 사람 사이에서 전개된 새로운 정신력, 신뢰의 실현인 것이다.

피터도 이 장면을 그렇게 이해했다. 그가 절실히 바라는 것은 자신의 방향상실과 정신적 궁핍을 여성에게 있는 그대로 내비치는 것이다. 그에게 가장 중요한 것은 어떤 여성을 찾아야만 한다는 것, 위대성뿐만 아니라 우울증도 받아주는, 말하자면 그를 모성적으로 수용할 만한 여성을 발견하는 것이다. 그 점이 가장 힘든 것이었다. 그는 오물에서 구해준 여성들이 다소간 모성적 특징을 지니고 있기를 바랬고, 이를 통해 그의 상처를 확인했으면 했던 것이다. 그러나 그는 그렇게 소망했던 빛나는 주인공이자 여성도우미 역할을 할 수 없었다.

피터에게 또한 중요한 점은 왕자가 다시 시력을 회복하는 장면이다. 꿈 속에서 피터도 장님이 되었기 때문이었다.

위기 극복_

동화 속에서 왕자가 그의 신부를 찾았다 하더라도, 상황은 여전히 위기다. 왕자와 공주 둘은 이상적 관계로서 그들 주변 인물들로부터 묵인되지만, 묵인 그 이상은 아니다.

그들은 성에서 멀리 떨어진 외진 곳에서 산다. 동화에 나오는 평화로운 성의 사람들은 한편으로는 우리 사회체계 속에 존재하는, 외적 화려함을 제시하고 전개시키는 사람들이다. 이 사람들은 왕자와 부인의 심리적 존재들이다. 그 본질적 특징들이다. 이 사람들은 왕자와 공주의 내면적 인물상들이다. 이로 인해 왕자와 공주는 그들이 처한 상황을 폄하하고, 더 이상 살 가치가 없다고 느끼기에 이른다.

왕자는 힘이 없고 활동하지 못하기 때문에 더 이상 인정을 받지 못한 상태가 지속되면서 내면화된다. 그러나 다행히 왕자에게는 아직 반지가 남아 있다. 그는 자신의 내면세계로 향하고 까마귀에게 향한다. 까마귀의 까악거리는 울음소리는 분명 그의 우울증을 반영한다. 그는 집단의 위협을 받고 있는 것이다. 두 사람이 맺는 관계는 주변사람들에 의해 평가되는 것이 아니다. 이와 같은 상황에서 머물 피난처는 없는 것이다. 그는 주관적으로 자기 파괴적 측면을 확인한다. 그는 자신의 삶이 더 이상 빛날 수 없다는 실망감으로 인해 파괴적으로 된다. 따라서 그는 만족스럽지 못한 이런 상황에서 벗어나야 한다. 치유적 전망이 제시된다. 그 곳을 떠나야 새로운 전망을 낳을 수 있다. 외진 곳에 있던 작은 성이 공중으로 폭파되었다는 것은 행운의 사건이다. 성이 그렇게 폭파되지 않았다면 두 사람은 그 곳에 너무 오래 머물러 주저앉았을 것이다. 떠남으로써 발전은 가능해지는 것이다.

이슬은 모두들 잠자고 있는 시각인 밤 열한 시에서 열두 시 사이에 하늘에서 내려오는 것이다. 이 과정은 마치 하늘에서 생명수가 흘러내리는 것과 같다. 치유는 동화에서 종종 어려운 상황을 견뎌냈을 때 제공해주는 기적이다. 동화는 문제적 상황을 다시 치유한다. 자연은 한 방울씩 치유하고, 왕자는 치유의 예지를 믿게 되어 이슬을 모은다. 그는 미래를 위해서도 이슬을 모은다. 그는 앞날을 예견할 뿐만 아니라 미래를 전망하며 마냥 선善을 기다리지 않고 악惡을 예측한다. 그는 우연에 의존하지 않는다.

그때서야 비로소 남녀는 서로 보고 확인하게 된다. 그러한 확인은 무의식적이고 직관적인 확인을 말하며, 정서로 확인하는 것이다. 말하자면 사랑을 깨닫는 것이다.

피터는 동화의 이 부분을 마음 속 깊이 새기고 그가 사랑을 확인할 때까지 기다려야만 한다고 보았다. 방울 방울 아래로 떨어지는 이슬을 모아 원기를 회복해야만 하는 것이다. 그러면 어느 날 그의 눈은 사랑의 시력을 얻어 진짜 부인을 알아볼 수 있게 된다.

홍옥_

여전히 문제 해결의 기미가 불투명하다. 왕자는 부인의 홍옥에 매혹당해 그녀의 목에 걸려 있던 홍옥을 떼어낸다. 혼자 간직하기 위해 말이다. 홍옥은 붉게 빛나는 보석으로 빛을 반사시킨다. 『천일의 야화』에서도 나온다. 홍옥은 신비한 에로스와 매혹적인 성욕과 결부되어 있다.

왕자가 부인으로부터 에로스적이고 성적인 판타지를 빼앗

아 버린다. 그녀와 맺고 있었던 판타지적 관계를 절단하자마자, 새로운 이별이 발생한다. 왕자는 남성사회로 인도되고, 공주는 왕자가 자신의 홍옥을 슬쩍 가지고 간 것이 아닌지 의심하게 된다. 분명 소유가 거론된다. 왕자는 어느 도둑의 무리 속에 끼어 살아가게 된다. 그는 마법사와 함께 홍옥을 두고 대결한다. 이제 그는 오이디푸스콤플렉스의 대결 배역을 맡는다. 그가 노인과의 대결에서 얼마나 미숙했는가 하는 점을 생각해 보면, 이제 그가 훨씬 더 강해졌다는 것이 분명히 제시되고 있다.

피터는 모든 동화상을 동시에 확인해야 한다고 말했다. 그가 도둑의 집에서 평생 머물게 된다면, 그냥 도둑의 생활이나 즐기면서, 수수께끼 따위는 풀지도 않고, 생명의 대가를 담보로 하지 않아도 되었기 때문이다.

왕자가 푼 수수께끼에서, 반지는 모든 것을 '전체적으로' 보는 능력을 뜻한다. 다시 말해 긍정적인 모성콤플렉스에 힘입어서, 그는 자신의 직관으로 숲 속 집의 정체를 통찰하게 된다. 그러나 구원은 일 년 동안 수수께끼를 풀려는 노력을 시도했을 때만 가능하다. 수수께끼의 답은 인간이란 죄를 짓지 않을 수 없다는 것이다. 그가 비록 아무리 왕족이라 하더라도, 죄를 지은 사형수와 같으며, 왕자의 삶 또한 사형수의 뼈로 지어진 삶인 것이다. 또한 수수께끼의 답은 다음 사실을 환기시킨다. 홍옥의 원래 가치를 망각한 사람, 즉 홍옥을 여성의 매혹적인 소유물로 보지 않고, 남성을 위한 등불로 보는 사람은 죽어 마땅

하고, 공생해서는 안 된다는 것이다.

사자굴에 갇혀_

부인은 왕자에게서 도둑의 그림자를 보고도, 함께 한다. 하지만 둘 다 돌아가야만 하는 성에서 그녀는 장님이 된다. 아주 긴 발전과정을 거쳐 다시 돌아와야 비로소 문제를 풀게 된다는 법칙에 따라, 그녀는 장님이 된 것이다. 우울증에 빠지게 된 것이다.

그녀는 사자굴에서 심각한 우울증에 빠지는데, 여기서 생명의 체험을 경험하게 된다. 그녀는 이러한 육체적이고 감각적인 생명의 세계로 퇴행해야만 한다. 이것은 결코 놀라운 일이 아니다. 그녀는 홍옥을 목에 걸고 다녔고, 작은 주머니에 숨겨 몰래 지니고 다녔던 것이다.

해결_

왕자는 이제 질서를 세우고자 한다. 그는 배를 빌리고, 선원처럼 변장하고, 악령이나 악마나 타고 들어온다는 굴뚝을 통해 집으로 잠입한다. 그리고 셔츠를 입고 칼을 다시 잡는다. 그는 반지는 잃어버린 적이 없다. 이제 그는 인내하면서, 이전부터 품고 있었던 전망을 생각한다. 그리고 단호한 조치를 취하고, 부인을 찾아 치유한다. 이것은 그의 예감과 예언력 덕분이다. 물론 그는 다시 빛나는 도우미의 역할을 담당하고 있다.

왕자는 노인과 어머니를 아버지에게 떠넘긴다. 왕에게 중요한 것은 질서이기에 왕은 질서를 세워야 한다. 그리고 그는 아버지에게 불법적인 세계를 다스릴 권한을 되돌려준다.

동화의 마무리 부분에서 왕자는 세 나라를 다스리는 왕이 된다. 자기 부인의 나라, 아버지의 나라, 그리고 그림자 나라다. 그가 겪은 고난의 과정이 그에게 위대한 능력을 준 것이다. 또한 자기 부인의 나라를 다스리는 것이 분명히 제시되고 있다. 이는 그가 어머니의 유혹과 무리한 요구에 시달리는, 즉 모성콤플렉스의 지배 아래서 자신이 제 또래에 알맞은 자율적 행동을 취하지 못했던 점을 깨닫고 그 지배에 대항하는 것을 말한다.

내가 여기서 말하는 콤플렉스는 사회사적 의미로도 해석할 수가 있다. 오이디푸스는 모권사회적 문화를 극복했어야 했다.● 모권사회에서 영웅은 관습적으로 아버지(늙은 영웅)를 죽이고 어머니와 결혼하게 된다. 오이디푸스는 이러한 옛 생활방식에 합당한 태도를 취한다. 오이디푸스 신화에서 중요한 것은 사실상 근친상간이라기보다 그가 아버지를 죽였다는 데 있다. 말하자면 성보다는 권력이 문제의 초점인 것이다.

동화는 옛 모권사회적 문화로 돌아가고자 하는 유혹을 내

● Vgl. Dieckmann H.: Der Ödipuskomplex..., a.a.O.

비치고 있다. 이와 연장선 상에서 여성성의 탈가치와 왕비가 지니고 있는 증오심은 검토해 보아야 한다. 왕비는 권력을 박탈당한 것이다. 이러한 권력 투쟁의 해결은 남녀가 서로 사랑하는 데서 가능하다. 이 동화에서 비록 희미하게 제시되고 있지만, 남성이 여성의 권력을 빼앗는다는 점은 분명하게 드러나고 있다. 남성이 여성의 신비, 추측컨대 여성이 지니고 있는 에로스와 성의 신비를 빼앗아간 것이다. 사실 왕자가 홍옥을 부인에게 돌려주었다는 것은 동화 속에 전혀 언급되고 있지 않다.

피터에게 동화의 결론은 시사적이지 않았다. 홍옥에 대해 그는, 여성이 생기면 그런 일이 발생할 수도 있겠지만, 진정으로 맘에 드는 경우라면 그럴 수는 없는 것으로 보았다. 피터는 동화의 왕자를 비판하고 왕자가 문제를 확대시켰다고 보았다. 동화의 결론이 피터의 사례와 일치하지 않았다. 우리 둘 다 이에 공감했다. 일반적으로 꿈 속에 나타나는 모티브들을 중심으로 동화를 다루다 보면, 특히 동화 속에서 흥미를 끄는 모티브들이 발견된다. 피터는 계속 이 동화를 연관시켜 나가면서 이 동화가 자신의 실제 문제점을 언급하고 있다고 확인했다.

피터에게 왕자와의 동일시는 중요했다. 그는 언제나 강한 인상을 받았는데, 자신의 문제가 동화보다 덜 심각하다고 보고, 왕자가 겪는 과정을 인생의 방향으로 받아들여야겠다고 생각했다. 동화를 다루어가면서 피터는 문제점을 통찰하는 능력을 갖추게 되었다. 무엇보다도 문제에 접근하는 방법을 익히게 되었고, 대부분 그에게는 전혀 흥미거리도 되지 않았던 문제들도 다루어 나갈 수 있는 판단력을 얻게 되었다.

피터는 모성콤플렉스에서 기인된 문제들을 다루는 동화들을 통해 자신의 문제를 치료해 나갔다. 동화의 주인공과 동일시하는 것이 결정적이었다. 그는 우선은 피상적으로 확인하는 과정을 거쳐 자신의 문제를 구체적으로 잘 파악해 나갔으며, 우울증을 확인해 가는 방법을 배웠다. 중요한 점은 동화에서처럼, 그가 자신의 육체성, 즉 가장 단순한 육체적 욕망과 접해보는 것이다. 피터는 남성과의 관계에서 대결 욕구를 확인했다. 그리고 여성과의 관계에서 자신의 욕망의 편에 서서, 서서히 이성과의 관계를 균형잡아 나갔다. 그는 여성이 근본적으로 모성적 존재가 아니며, 어머니도 다른 상황에서는 변할 수 있다는 것을 발견했다. 피터에게 중요한 것은 동화상들을 통해 자기 자신의 모습들이 환기된다는 것, 영화의 장면처럼 바라볼 수 있게 된다는 것이었다.

동화치료를 한 지 반 년이 지난 후 피터는 동화의 결론 부분을 다루어보겠다는 결심을 했다. 물론 치료과정은 오래 걸렸지만 내담자는 자율적 인간으로 전환되었다.

치료 사례 2_

어느 여성의 꿈 속에 나타난 모자 근친상간

38살 먹은 어느 여성이 심신상관 장애증과 가벼운 중독증을 앓고 있었다. 그녀는 종종 사업이 실패했다고 보고 이를 만회하려고 애썼지만 쉽지 않았다. 여행코스를 정해 두고도, 그리로 가지 않았는 등 그녀는 자주 어찌할 바를 모르고 안절부절했다. 그러나 문제를 해결해야 할 때면, 그 실행 여부를 사전에 명확히 기록해 두었는데, 그것은 쉽게 할 수 있었다. 그녀는 자신이 해야 할 바를 명확히 말해주는 책임감 있는 사람을 좋아했다. 그녀는 결혼한 지 팔 년이 되었고, 두 자녀를 두고 있었다.

그녀는 남편이 그녀에게 방향을 잡아주고 활기를 불어 넣어주기를 바랐지만, 그렇지 못했다. 예전에는 남편을 패기있는 젊은이로 보았는데, 이제는 그녀와 유사하게, 그 역시 불확실하고 용기없는 사람이라는 것을 알게 되었다. 그녀는 종종 그들이 서로에게 감정의 앙금이 남아 그들의 문제점을 풀어나가지 못할 것이라는 인상을 받았다. 내담자에게는 두 명의 자매가 있었다. 아버지는 그녀가 13살 때 가족을 버렸기 때문에 어머니의 경제적 부담은 심각했다. "어머니는 일거리가 많은 편이었는데, 용돈은 거의 주지 않았다."

내담자는 꿈을 두 번 꾸었는데, 그 꿈들 때문에 나는 이 동화를 떠올리게 되었다. 첫 번째 꿈은 다음과 같았다.

> 나의 어머니가 오빠를 유혹한다. 그 또한 어머니를 좋아하는 것이 분명하다. 그 둘은 함께 자게 될 것이다. 나는 심한 불안감에 오빠에게 그렇게 해서는 안 되며, 그러면 어머니에게서 평생 벗어나지 못한다고 말한다. 나는 그가 나와 관계할까봐 노심초사하다.

그녀는 이렇게 말했다. "이상하지요. 전 오빠가 없거든요." 좀 더 질문을 가하자, 꿈 속의 오빠가 그녀를 닮았다는 것을 알게 되었다. 눈도, 머리도, 몸의 구조도 같은데, 그녀가 남장을 한 것이었다. 그녀는 그를 자기보다 세 살 아래로 어림잡았다. 어머니는 그녀의 어머니를 닮았고 대략 50살쯤 되었다. 내담자에게 이 꿈은 독특하고 매혹적이지만 거의 이해하기 힘들었다. 이 꿈을 꾼 후 그녀는 머리가 '텅 빈' 상태로 깨어났다. 일상생활의 의무감을 덜어내고 싶었지만 무척 힘들었다.

첫 번째 꿈을 꾼 후 14일 지나서 그녀는 두 번째 꿈을 꾸었다.

> 어느 나이 지긋하신 교사가 나에게 어떤 수학문제를 제시하는데, 나는 문제 파악이 잘 안 된다. 그는 나를 매우 경멸적으로 바라보더니 이렇게 말한다. "네가 문제를 잘 풀게 되면 내가 그때 다시 오마."

그녀는 꿈을 꾸고 난 후 '이 늙은이 모습이 평생 따라다닐 것 같은' 강한 인상을 받았다. 그녀는 부가된 문제를 풀지도, 거기서 해방되지도 못할 것 같았다. '나는 마치 내가 시궁창에 빠진 것 같이 느꼈다.'

그런 다음 그녀는 다른 권위적 인물에 대해 연상해 나갔다. 그녀는 그들이 무리한 요구를 했지만 자신이 쾌히 그 요구를 들어 주었다고 생각했다. 이러한 연상과정을 담은 꿈들 때문에 이 동화가 떠올랐다. 내가 그녀에게 읽어주자, 그녀의 첫 반응은 이 동화 속 왕자와 같은 남자가 필요하다는 것이었다.

내가 그녀의 남편이 이와 같은 왕자님이 아니었는지를 묻자, 그녀는 잠시 생각에 잠기더니 이에 동의했다. 이어 그녀는 좀 더 상세한 이야기를 풀어 놓았다. 그녀는 동화의 주인공을 희망의 관점에서 다루고 싶지, 우울한 측면에서 바라보고 싶지 않다는 것이었다. 그녀에게는 우울증 증세가 있었다. 그녀는 남편이 과거에는 왕자님이었지만, 이제 그들 두 사람은 종종 늪에 빠져서 서로 빠져나오지 못하고 있다고 말했다. 그것은 맞는 표현이었다.

첫 번째 꿈은 이렇게 볼 수 있다. 그녀의 젊은 남형제 아니무스, 즉 그녀 속의 젊은 남성상이 부모와 연관되어서 가족 이외의 인물로 이어지고 있는 것이다. 심리적으로 살펴보자면, 어머니가 부모콤플렉스와는 약간 다른 에너지의 옷을 입고 있는 꼴이 된다. 우리 생활에 침투해 들어와야 하는 이러한 남성적 측면이 어머니 안에 머물러서, 모성콤플렉스에 의해 사로잡힌 상태가 된다. 이는 그녀가 처한 삶의 상황, 즉 그녀의 공허함, 좌절감, 방황과 일치하며, 취기에 잘 빠지는 그녀의 경향과도 일치한다.

젊은 남성상이 여기서는 남형제로 표현되는데, 여성이 모성콤플렉스에서 해방되지 않는다면, 부성콤플렉스로부터도 자유로울 수 없다. 이 여성의 경우 확인되는 것은, 아버지와 연대되어, 어떤 권위적 요구를 충족시킬 때 그녀가 만족한다는 것이다. 이 상황은 두 번째 꿈과 연관된다. 이 두 번째 꿈은 이 상황의 양가성을 강조한다. 교사는 이 여성을 얕보는데, 그의 태도로 인해 그녀는 학생, 즉 아이의 입장이 된다. 동화와 연관지어 볼 때 그녀를 더러운 시궁창에 던진 노인상이 떠오른다. 물론 바로 이때 그녀를 이러한 상황에서 벗어나게 하는 주인공은 나타나야 한다. 그가 외부에서 와야 하는가? 그렇다면 대만족인가?

사실상 피터와 같은 남성에게 말을 거는 여성들이 있다. 여성들은 그때마다 그러한 남성들에게서 앞날에 대한 전망을 얻고, 에너지를 얻게 된다. 이러한 내담자와 같은 여성들은 자극을 받고 싶어하고 에너지를 얻고 싶어한다. 그러나 그건 인간의 능력 밖에 있는 일이다. 그래서 나는 내담자에게 이 주인공이 될 생각을 해보지 않았는지를 물었다. 내 의도는 그녀에게 필요한 측면들을 바로 그녀 속에서 깨어나게 할 수 없는지를 고려한 것이었다. 그러나 그녀는 이에 대해 화를 냈다. 그녀 스스로 이러한 측면을 계발해야 한다고? 그녀의 남편도 마찬가지로?

이러한 문제는 전형적인 여성의 문제이며, 정도의 차이는 있어도 여성들의 일반적인 특징이다. 이러한 상황에 처한 여성들은 이렇게 말한다. "우리보고 어쩌란 말인가? 무엇을 해야 할지 잘 아는 권위자나, 문제의 인물을 수렁에서 끌어내는 영웅적 시도를 하는 주인공에게 이 문제를 위임하면 안 되는 것인가?" 여성들이 영웅 역할을 위임하지 않거나, 아버지에게 자문을 구하지 않는다면, 그녀의 영혼 속에 문제 해결 능력이 스스로 형성된다. 아니면 자신을 매혹시키는 사람을 실제로 만나게 된다. 이는 결코 어려운 일이 아니다. 우리가 한 번 집중해 보면 된다. 이 여성이 살아가는 동안 성취해야 할 점은, 동화를 통해 볼 때, 그녀가 모성성을 발전시켜야만 한다는 것, 모성적이어야 한다는 것, 무엇보다도 온 마음을 모아 스스로를 성장시켜 나가야 한다는 것이다.

이 내담자와 함께 하는 동화치료는 그녀가 동화의 주인공을 자신의 요구에 따라 재단하는 바람에 한계에 부딪혔다. 그래서 일부만 치료할 수밖에 없었다. 그래도 그녀의 본질적인 발전을 이끌어 내는 데에는 유효했다. 비록 그녀가 이 주인공을 '바깥'에서 찾는 데 오랜 시간이 걸렸다 하더라도 말이다.

_불행한 공주님

불행한 공주님

— 운명 바꾸기 —

치료 사례_

37살 먹은 법학도가 치료를 요청했는데, 그 이유는 본인 스스로 인간관계에 문제가 있다고 느꼈기 때문이었다. 치료하는 가운데 드러난 사실은 그녀가 몹시 파괴적 성향을 띤다는 점이었다. 그녀는 관계가 맺어질 만하면 그 끈을 모두 끊어 버렸다. 아주 심각한 경우였다. 우리 사이에 약간의 친밀한 분위기가 펼쳐지면 그녀는 치료상의 문제나, 나의 인격을 문제 삼는 등 누군가가 접근하는 것에 대해 심한 공포심을 드러냈다. 어떤 사람과 관계를 맺었다가 그 사람과 헤어질 수도 있다는 위험부담에 대한 공포가 심각할 정도였다. 그녀는 이러한 공포로 인해 모든 인간관계를 사전에 차단시켜 버렸다.

물론 이러한 태도에는 그 배경이 있다. 나는 이제부터 그녀를 하이데라고 부르겠는데, 하이데의 아버지는 그녀가 태어난 지 얼마 안 되어서 산 속에서 치명적인 사고를 당해 사망했다. 어머니는 이 사고의 후유증에서 벗어나지 못하고 그 결과 약물중독을 앓게 되었다. 하이데는 비교적 어린시절부터 약국이나 상점에서 어머니에게 필요한 약을 '조달'해야만 했다. 어머니는 심한 불안증세를 보였다. 어머니는 어느 곳에서도 오래 머물지를 못했다. 하이데에게 그건 중요했는데, 왜냐하면 어머니가 어떤 남자와 새로운 관계를 맺게 되면, 그것은 하이데가 다시 어머니 곁에서 떨어져 있어야 한다는 것을 의미했기 때문이다. 아이가 감당하기에는 끔찍한 부담이었다.

어머니는 남자 친구를 자주 바꿨다. 하이데가 친구를 사귀게 될 시기에 하이데는 어머니 집과 할머니 집을 오가야 했다. 그녀는 할머니 집이 좋았다. 할머니 집에 있으면 마음이 안정되고 따뜻해졌기 때문이다. 할아버지는 아이가 태어났을 때 이미 돌아가시고 없었다. 하이데는 할머니 집에 머물렀으면 좋았을 것이다. 하지만 어머니가 남자 친구와의 관계에서 실패하게 되면 하이데는 다시 어머니 집으로 돌아가야 했다. 어머니는 혼자 살지 못하는 분이었기 때문이었다. 아이는 서서히 '생존의 방법'을 익히게 되었는데, 어머니와 어머니의 남자 친구 사이를 떼어놓는 것이었다. 그러면 어머니 곁에 적어도 오래 머물 수도 있었기 때문이다. 여러 가지 방법이 동원되었다. 그녀는 훼방꾼 역할을 했고, 힘들어지면 어머니의 남자 친구를 자기에게 관심을 두게 해서 유혹하려 했다. 갖가지 방법을 동원해서 어머니와 그 남자 친구와의 관계를 절연시켰다. 그런 방식으로 하이데는 어머니 집에 머무는 목적을 달성했다. 그래서 어머니에게 하이데가 자식이라는 책임감을 느끼도록 했다. 그러나 어머니는 하이데 내면에 어머니에 대한 증오감이 자리잡고 있다는 사실을 알아차리지 못했다. 하이데는 어머니를 다른 사람들과 달리, 불안정하지만 늘 흥미있는 것에 매달리는, 사랑스러운 분으로 보았다. 어머니는 하이데의 집에서 죽을 때까지 살았다. 어머니가 사망했을 때 하이데 나이 30살이었다.

학업기간 중에 하이데는 다정한 짝꿍들에게 '훼방꾼 노릇'을 했다. 그들이 이성의 짝꿍이든, 동성의 짝꿍이든, 또는 심지어 '팀웍'이 잘 짜여진 그룹이라도 그녀는 훼방꾼 노릇을 했다. 하이데는 이러한 짝꿍들이 서로 다투도록 하는 방법을 알고 있었다. 즉 한 쪽의 관심을 자기에게로 돌려 그 두 사람을 헤어지게 만드는 것이었다. 그녀는 자신의 이러한 행동을 오랫동안 '합리화'해 왔다. 말하자면 하이데는 자신의 행동에 대해 한 번도 깊이 성찰하지 않았던 것이다.

하이데는 능숙한 방식으로 직장 여성 동료와 그들의 남자 친구 사이를 이간질했다. 한 여성 동료는 그녀에게 비난을 퍼부었던 사람들과 달리, 그녀에게 달려와 하이데가 그녀가 살아오면서 처음으로 믿고 사랑했던 남자 친구와의 관계를 망쳐버렸다고 울먹이며 말했다. 그 당시 그 여성 동료는 40살이었다. 그때 하이데는 자신이 무언가 잘못했다는 생각이 문득 들게 되었고, 자기가 무슨 짓을 했는지를 자문하게 되었다. 그것이 바로 그녀가 치료를 시작하게 된 계기였다.

그릇된 양심, 분한 심정이 담긴 공격을 받게 되면, 이러한 '유년기의 밑그림', 즉 '놀이'는 계속 진행된다. '유년기의 밑그림'이 반복되고 있다는 사실을 하이데는 곧 통찰할 수 있게 되었다. 하이데는 밀접한 관계에 대해 심한 공포심을 지니는 동시에 그러한 관계를 동경하고 있었다. 하이데가 또 다시 누군가의 관계에 훼방꾼 놀이를 했을 때 그녀는 치료를 받으러 와서 한숨을 지으면서 이렇게 말했다. "운명을 바꿀 수 있을까요?" 그래서 내가 말했다. "동화에선 가능하지요."

나에게는 하이데를 치료해 보고 싶다는 생각과 그녀가 아주 힘든 케이스라는 생각이 교차했다. 나는 중요한 심리치료법인 상징적 자료들을 동화치료에 단계적으로 도입시켰다. 그것은 하이데가 내게 파놓은 함정에 빠지지 않기 위한 것이기도 했다. 나는 하이데에게 「불행한 공주님」에 대한 이야기를 들려 주었다. 그녀의 이야기를 들으면서 막 떠올랐던 동화였다. 하이데는 이 동화를 철저히 정독해 나가게 되었다.

동화●_

옛날 어느 왕비님이 살고 계셨는데, 딸을 셋 두었다. 세 공주 모두 혼기가 되었는데도 결혼하지 못하자, 왕비의 근심은 컸다. 왜냐하면 다른 집 아가씨들은 모두 결혼을 하는데, 공주님이기도 한 이 세 분은 아마도 평생 미혼으로 살아가야 할런지 모르기 때문이었다.

어느 여자 거지가 성을 지나가다가 동냥을 구했다. 여왕이 우울해 하는 모습을 보자 그 거지는 왕비에게 무슨 걱정거리가 있는지를 물었다. 그녀가 자신의 걱정거리를 털어 놓자 거지가 말했다. "제가 말씀드리는

● Die unglückliche Prinzessin. Aus: Griechische Volksmärchen, hrsg. von Georgios A. Megas. © 1965 Eugen Diederichs Verlag, Köln.

것을 잘 들어 두십시오. 왕비님, 밤이 되면 따님들이 어떻게 주무시는지 그 모습을 잘 살펴보십시오. 그리고 제게 전해주십시오."

왕비는 그렇게 하겠다고 했다. 밤이 되어 왕비는 딸들이 자는 모습을 관찰했는데, 맏딸인 공주님은 두 손을 머리 위로 뻗고 자고, 둘째 공주님은 두 팔을 포개서 가슴에 안고 자고, 셋째 공주님은 무릎 사이에 두 손을 끼운 채 웅크리고 자고 있었다.

이튿날 거지가 와서 왕비에게 물었다. 왕비는 거지에게 자신이 살핀 것 모두를 말해주었다. 그때 거지가 왕비에게 말했다. "잘 들어 보십시오. 왕비님! 두 손을 무릎 사이에 끼우고 주무시는 세 번째 공주님이 나쁜 운명을 타고 나셨습니다. 그 분의 운명이 다른 공주님의 운명에 방해가 됩니다."

거지가 떠나자 왕비는 시름에 잠겼다. "어머니, 제가 말씀드릴 게 있어요." 막내공주가 왕비에게 말했다. "걱정하지 마세요. 어머니, 제가 다 들었어요. 저는 두 언니들의 결혼에 방해가 되고 싶지 않아요. 제게 결혼지참금으로 금화를 주세요. 치마 가장자리에 금화주머리를 꿰매달고 길을 떠나겠어요."

그러나 왕비는 막내딸에게 떠나지 말라고 만류하며 이렇게 말했다. "사랑하는 딸아! 대체 네가 어디로 간단 말이냐?" 그러나 막내 공주는 왕비의 말을 따르지 않고 수녀복을 걸치고 어머니에게 이별을 고한 후 길을 떠났다. 그녀가 성문을 통과해 출발하자 언니들에게 청혼할 두 남자가 성 안으로 들어갔다.

불행한 공주는 걷고 또 걸어 어느 마을에 이르렀다. 그 공주는 어느 상인의 집 문을 두드리면서 밤에 그 집에서 자게 해달라고 부탁했다. 상인은 그녀에게 이층 방에서 자라고 말했다. 그러나 그녀는 이를 거절하고 지하실에 머무르겠다고 말했다.

밤이 되자 공주의 모이라(그리스 신화에 나오는 인간의 운명을 주관하는 여신)가 와서 그 지하실에 보관되어 있는 옷감들을 갈갈이 찢기 시작했다. 막내공주가 제발 그러지 말라고 부탁하고 또 부탁했는데도 불구하고 모이라는 몽땅 찢어 헝클어 놓고 말았다. 모이라가 어찌 인간의 목소리에 귀를 기울이겠는가? 그녀는 오히려 막내공주도 찢어 버릴 것이라고 위협했다.

날이 밝자 상인이 와서 끔찍한 재앙을 보게 되었다. 그의 옷감들은 모두 못쓰게 되고 엉망이 되어 버렸다. 상인은 수녀에게 이렇게 말했다. "오 수녀님! 어떻게 이렇게 할 수 있습니까? 저를 망하게 하시다니! 이제 저보고 어쩌란 말입니까?"

"진정하십시오!" 그녀가 그렇게 말하고 치마 끝에

꿰매둔 주머니를 열어 금화를 꺼내 상인에게 주었다. "적지는 않을런지요?" "아니, 충분합니다. 넉넉하고말고요."

그래서 공주는 상인과 이별하고 다시 길을 떠났다. 그녀는 걷고 또 걸었다. 다시 밤이 되자 유리장수 집에 머물게 되었다.

옷감장수 집에서와 똑같은 일이 벌어졌다. 그녀는 지하실에 머물게 해달라고 부탁했고, 다시 밤이 되자 모이라로부터 공격을 받게 되었다.

이튿날 아침 상인이 수녀를 보러 오게 되었고, 또다시 끔찍한 재앙을 확인하게 되었다. 그 상인이 계속 통곡하며 소리를 지르자 공주는 그에게 두 손 가득 금화를 쥐어 주었다. 그러자 그는 마음을 가다듬고 수녀를 가도록 해주었다.

불행한 공주는 다시 길을 걸어 가다가 어느 나라 왕이 다스리는 성에 도착하였다. 그녀는 거기서 왕비님을 뵙고 싶다고 했다. 그리고 일감을 좀 달라고 청했다. 그 나라 왕비는 아주 영리했기 때문에 공주가 수녀복을 입고 신분을 속이고 있다는 것을 알아차렸다. 그래서 왕비는 "진주 자수를 놓을 줄 아는가?" 하고 공주에게 물었다. 공주가 "진주 자수를 놓을 줄 압니다." 하고 대답하자, 왕비는 그녀를 자기 옆에 두었다. 불행한 공주가 진주 자수를 놓자 벽에 걸린 그림 속 사람들이 내려와, 그녀가 수놓을 진주를 빼앗으며 한순간도 가만히 내버려두지 않고 계속 그녀를 괴롭혔다.

이 모든 광경을 다 지켜본 왕비는 그녀에 대한 동정심이 일었다. 그리고 하녀들이 밤마다 식기가 깨졌노라고 탄원을 하면서 진주 자수 놓는 아이의 짓이라고 고자질을 할 때면, 왕비는 하녀들에게 이렇게 말했다. "모두들 진정해라, 진정하라고! 그녀는 공주님이고 지체 높으신 분이시란다. 단지 나쁜 운명을 타고 났을 뿐이야."

결국 어느 날 왕비는 공주에게 말했다. "사랑하는 애야, 내가 오늘 네게 하는 말을 잘 들어두어라. 이런 방식으로 너는 네 운명의 힘을 이겨낼 수 없단다. 차라리 너는 새로운 방법으로 새로운 운명을 받아 오도록 해라." "제가 어떻게 하면 되나요? 제가 어떻게 해야 모이라가 제게 새로운 운명을 주실까요?" 불행한 공주가 물었다.

"이리 와봐라! 내가 너에게 말해 주마. 저 멀리 높은 산 보이지? 그 산에는 세상의 모든 모이라들이 다 모인단다. 거기에 모이라의 성이 있단다. 그게 바로 네가 찾아 가야 할 곳이란다. 너의 모이라를 찾아 산꼭대기까지 가도록 해라. 그리고 그녀에게 내가 너에게 줄 빵을 주면서 이렇게 말해라. "제게 제 운명을 나누어 주시는 나의 모이라여, 제 운명을 바꿔주소서! 그리고 그녀가 네게 해를 끼치더라도 그 곳을 떠나지 말고, 그녀가 손에 빵을 들고 있는지 주의해서 살펴 보거라."

공주는 시키는 대로 그렇게 했다. 그녀는 빵을 들고 길을 떠났다. 험한 산길을 따라 힘들게 걸어 올라가 산꼭대기에 이르렀다. 그녀가 정원문을 두드리자 아주 아름답게 세련된 치장을 한 소녀가 걸어 나와 문을 열어주었다. 그러나 "오, 당신은 내 손님이 아니네요." 그렇게 말하고는 그냥 들어가 버렸다.

잠시 후 또 다른 소녀가 나왔는데, 마찬가지로 아름답고 깨끗한 아가씨였다. "사랑스런 아가씨, 난 당신을 모르겠는데요." 그녀는 공주에게 그렇게 말하고는 떠나버렸다.

연이어 여러 소녀들이 걸어 나왔지만 누구도 그녀를 알아보지 못했다. 드디어 머리 빗질도 전혀 하지 않고 다 헤진 누더기 옷을 입은 더럽기 짝이 없는 여자가 정원 문에 나타나 공주에게 말했다. "저주받은 게 왜 여기까지 온 거지? 무얼 원하는 거냐? 썩 꺼져, 얼른 꺼져 버려! 꺼지지 않으면 널 죽여 버리겠어!"

불행한 공주는 그녀에게 빵을 주면서 말했다. "저에게 운명을 주시는 사랑하는 모이라! 제 운명 좀 바꿔

주세요." "저주나 받아라! 네 엄마에게 가서 다시 한 번 낳아 달라고 그러지 그래. 엄마 가슴팍에 안겨 자장가나 불러 달라고 그러지 그래! 그래서 네가 내게 다시 오면 내가 네 운명을 바꿔줄지 모르지."

다른 모이라들이 그녀의 모이라에게 말했다. "불행한 아이에게 다른 운명을 베풀어 주어요! 험한 산길을 비틀거리고 고생하면서 당신을 찾아온 거 아닌가요. 게다가 그녀는 공주님인데… 운명을 바꿔 줘요, 다른 운명을 선물 좀 해주라니까!"

"난 못 해, 꺼지라니까!" 그리고 갑자기 빵을 들더니, 공주의 머리를 향해 던져 빵이 땅바닥으로 굴러 떨어졌다.

공주는 빵을 들어 올려 다시 모이라에게 접근하며 말했다. "이 빵을 들어 보세요. 착한 모이라님, 들어 보세요. 그리고 제 운명을 바꿔주세요." 그러나 모이라는 돌을 던지면서 공주를 쫓아 내려고 했다.

이 모이라도 저 모이라도 제발 그만두라며 애원하는 데다가 공주도 참을성 있게 그녀의 모이라에게 빵을 건네자, 갑자기 그 못된 모이라가 마음을 바꾸더니 공주에게 이렇게 말했다. "그럼, 빵 좀 이리 줘 봐." 빵을 주자 모이라는 손으로 그 빵을 잡았다.

공주는 온 몸을 떨면서 모이라가 다시 빵을 던질까

봐 두려워하며 모이라 앞에 서있었다. 그러나 모이라는 빵을 꼭 잡고 공주에게 말했다. "잘 들어 둬라! 이 실뭉치를 가져 가!" 모이라는 공주에게 비단 실뭉치를 던져 주었다. "이걸 잘 보관해 두어라! 넌 이걸 누구에게 팔거나 선물로 주어서는 안 된다. 단지 누군가가 그걸 원하면 주되 이 실뭉치 무게만큼 나가는 사람에게만 주도록 해라! 이제 돌아가 네 운명을 잘 풀어 봐라!"

공주는 실뭉치를 들고 왕비에게로 돌아왔다. 왕비는 이제 시름을 놓았다.

이웃나라 왕이 결혼식을 치르려고 하는데, 신부의 옷에 필요한 비단실이 부족했다. 그 실은 옷감에 잘 맞아야만 했다. 그 나라의 하인들은 사방으로 돌아다니며 적당한 비단실이 있는가 알아보고 다녔다. 그들은 이웃나라에 사는 어느 소녀가 실뭉치를 갖고 있다는 것을 알게 되었다. 그래서 그들은 공주에게 가서 그 실뭉치를 신부가 있는 성으로 가지고 가자고 요청했다. 그 비단실이 옷감에 잘 맞는지 실험해 볼 수 있도록 말이다.

그 곳에 도착했을 때 그들은 실뭉치를 옷에 갖다 대어 보았는데 그 비단실은 옷감에 꼭 맞았다. 그래서 그들은 공주에게 이 실뭉치를 꼭 사고 싶다고 말했다. 그녀는 팔지는 않을 것이며, 단지 달아보게만 하겠다고 말했다. 그들은 그 실뭉치를 저울 한 편에 놓고, 다른 편에 금화를 달아 놓았다. 그러나 저울의 눈금이 전혀 움직이지 않았다. 그들이 더 많은 금화를 올려 놓았지만 아무 소용이 없었다.

그때 왕자가 저울 위로 올라 가겠다고 자청했다. 그러자 저울이 어느 한 쪽으로 기울지 않고 무게가 똑같이 나갔다. 그러자 왕자가 말했다. "당신의 실이 내 무게만큼 나가니 우리 함께 비단실뭉치를 간직할 수 있도록 나와 결혼해주시오."

그래서 왕자는 공주와 결혼하게 되었고, 성대한 축제를 벌이며 결혼식이 치루어졌다. 두 사람은 우리들 가운데 그 누구보다도 훨씬 더 행복하게 오래도록 잘 살았다.

치료 과정_

이 동화에서 하이데에게 매혹적으로 다가왔던 점은 공주가 운명을 바꾸고자 한다는 것이었다. 하이데는 보통 사람들이 자신의 운명에서 맞서 싸워야 할 부분에 대해 대부분 잘 모르며, 운명을 바꾸려 하다가 오히려 운명이 더 나빠질 수 있다고 생각했다. 그녀는 동화의 여주인공과 자신을 동일시했다. 자신보다 더 나쁜 운명을 지니고 있는 공주가 운명을 바꿀 수 있다면, 그녀도 운명을 바꿀 수 있을 것이라고 생각했다. 하이데는 자신의 불행을 이겨낼 용기를 여주인공의 용기에서 얻었던 것이다.

동화 치료에는 아주 폭넓은 방법이 가능하다. 동화의 남녀 주인공과 동일시하면서 자신의 문제를 다룰 용기를 얻게 된다. 동화의 남녀 주인공들은 이상적인 모델 역할을 떠맡는다. 주인공들은 우리를 격려하기도 하고, 어떤 과정을 제시하기도 한다. 그렇다고 물론 우리가 언제나 주인공과 똑같은 과정을 밟을 필요는 없다. 동화의 모델들이 제시하는 과정은 우리가 갈피를 잡지 못할 경우를 위한, 소위 말해 심리적 '안전선'인 것이다.

나는 이 동화적 상황이 하이데에게 필요한 치료적 의미를 띤다고 보았다. 그래서 동화를 개입시켰고, 이 동화를 이해하고 싶기도 했다.

이미 밝힌 대로, 동화 치료는 상징적 의미를 치료에 도입시키는 것이다. 나는 보다 많은 상들의 상징성을 치료과정에 도입시켜, 흔히들 쉽게 빠져들게 되는, '전이와 역전이의 클린치 Übertragungs-Gegenübertragungsclinch' 에서 거리를 두고자 했다.

동화적 상황은 우리를 매혹시켜 서로 이야기를 나누도록 해 준다. 그러한 상황은 쉽사리 붕괴되지 않는, 공동의 몫이 된다. 동화치료를 통해 우리 인간관계의 일부분이 가시화된다는 의미에서 볼 때, 동화적 상황은 전이의 대상이다. 전이과정에서 내담자는 자신이 지닌 문제점의 배경을 보다 잘 알게 되고, 영혼의 층위에 대해 관심을 넓혀가면서 변화의 동기를 찾아내는 것이다.

시일이 꽤 지난 후 하이데는 내가 그녀에게 이야기해준 동화가 그녀 자신이 문제를 해결하는 데 결정적인 영향을 주었다고 했다. 그 동화를 내 기억의 파편에서 짜깁기해 그녀에게 들려주었음에도 불구하고 말이다. 아마 그 당시 그녀가 내게 동화 치료를 중단할 것을 제의했기 때문에 그에 대한 대응으로 동화 한 편을 이야기해준 것이리라. 그녀는 나의 그런 결정을 모성적 태도로 느꼈을지 모르겠다.

운명 바꾸기_

근본적인 주제는 명백하다. 운명 바꾸기를 다루고 있다. 운명 바꾸기의 의미는 운명이 영구히 고정된 것이 아니라, 운명에 대항하거나 치료를 통해 바꿀 수 있다는 확신을 주는 데 있다. 그리고 이러한 나쁜 운명의 배경은 무엇인가? 그리고 이러한 운명을 바꿀 수 있는 방법은 무엇인가?

동화는 왕비와 세 딸에 대해 이야기를 풀어 놓고 있다. 동화 속에서 왕에 대한 이야기는 한 마디도 언급되지 않는다. 문제는 공주들이 남편을 찾지 못한다는 것이다. 남성과의 관계를 맺지 못한다는 것, 그 나라에 대를 이을 가능성과 생존에 문제가 발생했다는 것을 말한다.

이러한 관계 부재는 현실 속 관계의 문제, 또는 내면 속에 있는 남성성과 여성성 사이의 관계가 결여된 것으로 볼 수 있다. 이러한 관계는 삶의 욕구를 채울 수도, 느낄 수도 없다는 것, 즉 인간관계를 맺는 데 장애 요소가 있다는 것을 말한다.

어쨌든 동화는 공주들이 어머니 곁에 마냥 머물러, 자신만의 삶을 제대로 추구하고 있지 않다는 것을 말해주고 있다. 그들은 제때에 알맞는 발달과정에 이르지 못하고, 어머니로부터 분리되지 못하고 있다. 무슨 문제가 있는 것인가? 거지가 딸 중의 한 사람이 나쁜 운명을 지니고 있다고 폭로한다. 간접적으로 말해, 딸들이 태어날 때 어머니가 대모의 역할을 하는 운명의 여신들을 제대로 대접하지 않은 것으로 볼 수 있다. 아마도 운명의 여신들에게 너무 소량의 빵과 소금을 준 것은 아닌지 모르겠다.

옛날 그리스에서는 한 아이가 태어나면 생명의 상징인 소금과 빵을 모이라에게 바치는 풍습이 있었다. 아이를 잘 살게 해달라는 희망에서 말이다. 그러한 풍습은 살아있는 사람들과 신들과 정령들이 함께 살아간다는 옛 사고방식에 기인한다고 볼 수 있다. 특히 그리스에서 이러한 사고는 중시된다. 저승길에 모이라는 모든 사람을 성에 따라 동반하거나 호위한다고 그리스인들은 믿고 있었다. 그리스인들은 그들을 잘 알고 있어야 한다고 보았다. 이 운명의 여신인 모이라는 한 사람에게 주어진 운명의 몫을 체현한다. 다수였던 모이라는 세 명으로 제한된다.

크로토는 생명의 실을 잣고, 라헤시스는 모든 사건을 통해 생명의 실을 짜 유지하고, 아트로포스는 그 실을 자른다.● 이 생명의 실로 결합된 운명의 여신들은 그리스 이전의 역사에 나오는, 실을 짜는 대지모상과 결합되어 있다.

어머니인 왕비는 아마도 운명의 여신과 좋은 관계가 아니거나, 운명의 여신을 무시했을 것이다. 그렇지 않았다면 딸 중 하나가 나쁜 운명의 수렁에 빠지는 일이 있었을 리 없다. 여자 거지는 어느 딸이 나쁜 운명의 소유자인지를 밝혀낸다. 이에 대해 어머니는 어쩔 줄 몰라 하며 걱정만 할 뿐이다. 거지는 쫓겨난 신세이기 때문에 구걸을 해야만 살아갈 수 있는 존재로 체현된다.

이 동화에서 거지는 지혜로운 존재로 나오며, 왕비는 거지에게서 지혜를 구하고 있다. 다시 말해 인간 세상에서 국외자적 존재로 살아가는 이방인인 거지가 왕비에게 지혜를 전해주고 있는 것이다. 그것은 아마도 여성이나 여신이 현실적으로 중요한 존재로 고려되지 않았다는 것을 말해준다고 볼 수 있다. 이 동화의 유사본인 시칠리아본 「불행한 아이」●● 에서는 전쟁으로 인해 가난하게 살아가는 아이의 이야기가 전개된다. 동화에서

● Hunger H.: Lexikon der griechischen und römischen Mythologie. Rowohlt, Reinbek 1981.

●● Unglückskind. In: Sizilianische Märchen. dtv 9036, München 1983.

는 전쟁상황과 '별나라 여자'로 불리는 모이라와의 관계가 다루어지고 있다. 여기서 모이라는 현실에서 배제된 존재로 나온다. 그로 인해 처참한 파괴가 일어난 것이다. 그리스 민담에서는 아이를 이 세상에서 양육하는, 신적인 존재로서의 어머니가 거의 고려되지 않는다. 즉 아이가 두 세계의 인간이라는 사실을 망각한 것이다.

웅크리고 자는 딸은 태아 자세를 취하고 있으며, 나쁜 운명을 타고 났다. 그녀는 발달해야만 하는 존재인 데도 불구하고 여전히 태아 상태로 머물러 있다. 어머니는 전혀 나쁜 어머니가 아니며, 딸을 지키고 싶어 한다. "내 사랑하는 막둥이"이라고 그녀는 말한다. 어머니는 딸의 운명에 대해 어찌할 바를 모른다. 어머니는 딸에게 막둥이의 운명에 대해 말해줄 용기가 없다. 딸이 오히려 엄마의 불안과 짐을 덜어준다. 그것은 어머니 자체가 문제가 있다는 점을 제시하고 있다. 또는 심리학적으로 '공격장애'를 드러낸다고 볼 수 있다. 그녀는 세상과의 대결에 대해 불안해 한다. 말하자면 그녀 스스로 모이라와 바른 관계를 맺지 못한다는 것은 여성적 정체성 측면에서 불안하다는 뜻이다.

공주에게 감정이입을 해보면, 분명해지는 점은 그녀의 삶이 얼마만큼 철저히 바뀔 수 있는가, 얼마만큼 다른 세계로 진입할 수 있는가 하는 것이다. 우선 배려와 보호를 받고, 그래서 과보호로 유약하게 살아오던 그녀는 하루아침에 국외자의 입장, 즉 극도로 외로운 추방자의 입장에 처하게 된다. 그녀에게 아주 힘들고 중요한 과제가 주어지지만, 그녀는 그 해결 가능성을 전혀 알지 못한다. 그러나 거지는 '알고 있다.' 공주도 '아는' 것처럼 보인다. 공주는 침착하고 용기있게 길을 떠난다. 그녀는 자기에게 주어진 모든 유산을 버리고, 자기가 담당해야 할 삶의 몫을 끌어안은 채, 자기 본연의 길을 간다.

공주는 수녀복을 입고 가는데, 이는 외적 현실세계에 반응할 만한 상황이 아니라 자신을 위장했다는 말이 된다. 위장 과정은 내적인 과정이다. 자기적 존재가 되는 것이 중요하지, 곧바로 남편감을 찾는 것이 문제가 아니라는 뜻이다. 나쁜 운명을 타고 났다는 것은 모이라의 활동 속에서 구체적으로 체험된다.

첫날밤 모이라가 옷감장수 집에 나타나 옷감들을 죄다 찢어 놓는다. 공주는 모이라에게 하지 못하도록 극구 말리지만, 모이라의 공격은 거세다. 공주는 대결하려고 시도하지만 성공하지 못한다. 언제나 공주는 이 공격성에 노출되어 있다. 그리고 그 대가를 지불해야 한다. 생명의 실을 잣고 삶의 그물망을 변화시키고 작용시키는 것이 모이라이듯이, 짜놓은 옷감을 자르는 것 역시 모이라인 것이다. 모이라가 지니고 있는 공격성은 그녀가 지니고 있는 창조적 존재로서의 가능성과 대립각을 세운다.

실이 마련되고, 그 실들이 엮여져 옷감이 짜여지지 않는다. 서로간의 관계를 맺을 모든 단초들이 잘 엮어지고 짜여져서 마침내 옷감 한 벌이 될 수 있는 모든 가능성이 공격당하여 찢어지게 된다. 모이라는 끊임없이 공주를 공격하여 위협한다. 공주는 파괴적 모이라와 거리를 두게 된다. 될 수 있는 대로 자신과 모이라 사이에 선을 그음으로써, 모이라의 공격에서 벗어나려고 한다. 공격적 위협을 당할 때 우리는 마치 우리가 공격을 당할 만한 짓을 한 것처럼 생각하게 된다. 그러나 그 공격성이 낯설게 보인다 하더라도, 우리는 그에 대해 대가를 지불해야 한다. 공주는 돈을 치렀다. 공주가 금화로 지불한다는 것은 바람직한 일이다. 공격의 결과를 '보상'할 수 있으니 말이다.

유리장수 집에서도 그 집에 있는, 부서지기 쉬운 유리가 옷감장수 집에 있는 직물처럼 산산조각날 것인지가 관건이다. 물론 인간의 손끝에서 훌륭하고 아름답게 만들어진 모든 유리제품이 박살이 난다.

유리장수는 유리제품을 팔아야 한다. 용기는 수용과 보관, 변화와 양분을 상징한다. 이러한 용기가 깨져 버렸다는 것은 공주가 생명을 담을 수 없다는 것을 말한다. 생명이 공주의 손가락 사이로 모두 새어 나가 버린 것이다.

공주가 찾아간 왕비는 좋은 어머니로 제시된다. 이전까지 공주가 지하실에서 밤을 지내면서 타인과 유리되어 지낸 데 반해, 이제 공주는 현명한 왕비 덕분에 함께 하는 삶을 살게 된다. 공주는 진주로 자수를 놓는다. 진주 자수로 자신의 고유한 삶을 짜넣게 된다. 진주자수에서 유리진주도 함께 '엮어진다.' 이는 깨어지기 쉬운 삶을 자수짜기를 통해 통합하려는 시도를 나타낸다.

수 놓기 과정에서 형상이 떠오른다. 공주는 형상으로 고통받는다. 그것이 형상에 불과할지라도, 공주는 불안하고 정신이 어지럽다. 공주는 환각 상태다. 지금까지 그녀의 공격성이 외부로 향했다면, 이제 공주의 정체성은 파괴된다. 그녀는 파편적 체험밖에 못한다. 그녀는 많은 식기를 부순다. 그러나 왕비는 그녀의 보호자가 되어 주고 그녀를 잘 이해한다. 왕비는 그녀가 공주라는 사실을 안다. 왕비는 외적 상황에 속지 않는다. 왕비는 공주가 나쁜 사람이 아니라, 단지 나쁜 운명을 타고 났을 뿐임을 잘 알고 있다. 왕비는 공주가 운명과 거리를 두게 한다. 그 결과 공주의 문제점이 고려되고 통찰된다. 이러한 상황에서 운명과의 협상이 이루어져야만 된다. 왕비는 자신이 해야 할 바를 잘 알고 있다. 공주는 자신의 모이라를 찾아가 그 모이라에게 빵을 주어야 한다. 그 빵은 왕비가 그녀에게 준 것이다. 공주는 모이라에게 자신의 운명을 바꾸어 달라고 요청해야 한다.

왕비는 마치 또 다른 운명의 여신 같다. 나쁜 운명을 완화시키는 착한 요정 같다. 또는 달리 표현하자면, 우리는 이 공주에게서 매우 파괴적이고 심각한 환각증에 시달릴 뿐만 아니라, 정신질환을 앓고 있는 어느 젊은 여성의 모델을 보게 된다. 왕비는 공주를 모성적으로 보살피면서, 그녀가 직면하고 있는 문제와 그녀가 겪고 있는 감정 상태를 동시에 확인하며, 이를 통해 공주가 자신의 공격적 성향과 대결할 수 있도록 도와주는 존재이다. 공주는 착한 왕비의 도움으로 자신의 공격성을 고통스럽게 확인하고 대항하면서도, 결코 공격성을 보이지 않는다. 즉 진주 자수를 놓는 가운데 공주에게 긍정적인 모성 원형이 짜여진다고 볼 수 있다. 긍정적인 삶으로의 변화는 순간적으로 가능해진다. 이러한 변화를 경험한 끝에 치료 또한 가능해진다.

정신적인 양분을 주는 어머니, 선한 어머니의 빵은 여기서 왕비의 것으로 묘사되는데, 공주는 그 빵을 자신의 모이라에게 가져가야 한다. 빵은 인간이 대지모에게서 선물받은 것으로서 자연을 가공하며 만든 양식이다. 왕비가 대지모 대신 공주에게 그 빵을 주는 것이든, 그 빵이 모성성으로 만들어진 것이든, 또는 공주가 자신의 나쁜 운명과의 대결에서 자신과 타인을 위해 만든 것이든 간에 그것은 우리가 결정할 바가 아니다. 인간은 긍정적인 모성원형의 영향 아래 있을 때 비로소 자신과 타인을 먹여 살릴 수 있는 양분을 섭취하게 된다. 긍정적인 모성원형의 영향 아래서야 인간관계가 온전히 맺어지게 되는 것이다.

왕비는 산에 모이라로 불리는 운명의 여신들이 살고 있다는 것을 안다. 그것은 옛날 그리스인들의 생각이었다. 그리스인들은 신들과 여신들이 올림푸스산에 살고 있다고 생각했다. 산은 꼭대기에서 하늘로 잇닿아 있고, 그 곳은 지상적인 것과 천상적인 것이 만나며, 신들과 사자들이 머무는 곳이기도 하다. 산 위에서는 공주의 근본적인 변화가 관건이다. 그녀는 죽음도 이겨내야 한다. 그녀는 극한상황과 대결한다. 산으로 올라가는 것은 대단한 결단이다. 그것은 절망을 딛고 일어선 용기에서 온 것이며, 착한 왕비의 빵이 도움이 될 거라는 희망과도 결부되어 있다.

동화 속에서 무수한 운명의 예언녀들이 나타난다. 그래서 많은 사람들이 좋은 운명을 지닐 수 있다는 희망과 위안을 준다. 동화 속에 나오는 '아름다운'과 '행복한'은 동의어다. 이 동화 속의 공주는 사실 예외적 상황이다. 공주의 모이라는 더럽기 짝이 없고 옷은 헤진 데다가, 공주에게 죽음의 위협을 가하기까지 한다. 공주의 모이라는 버림받은 존재이며, 그로 인해 매우 공격적이다. 합당한 대접을 받지 못해 신경이 곤두서 있는 것이다. 모이라는 공주에게 쏘아붙인다. "다시 태어나게 해달라고 하렴." 우리가 이 말은 이런 상황에서 흔히 말하게 되는, 태어날 때 무언가 잘못되었다는 것, 첫 단추가 잘못 끼워졌다는 것을 의미한다.

모이라에게 아무리 호소해도 아무 효과가 없다. "나의 착한 모이라"라고 공주는 호소한다. 그것은 나쁜 모이라를 다스리는 좋은 방법이다. 모이라의 좋은 측면에 말 건네면서 그녀의 좋은 면을 상기시키는 것이다. 그러나 모이라는 그녀를 쫓아내고 돌을 던진다. 여기서 분명해지는 것은 공주의 운명이 얼마나 가학적인가 하는 것이다. 공주는 이제 더 이상 운명의 희생자로 남을 뜻을 접고, 스스로 또 다른 운명을 요구하게 된다. 대단한 결단성과 강한 용기가 감지된다.

공주가 끈질기게 모이라에게 어떤 것을 주어야 하고, 그래서 보다 나은 운명을 받아들일 순간을 기다린다는 것은 심리학적으로 볼 때, 자기 스스로에 대해 더 이상 공격적이지 않고, 요괴가 잘 지나갈 수 있도록 먹이를 주어 보살피는 것을 말한다.

모이라는 빵을 받아들고 부탁을 들어준다. 공주에게는 무척 두려운 순간이다. 공주는 운명이 바뀔 수 있을지 불안에 떤다. 그녀는 운명에 대항할 기운을 잃고 우리 인간이 과연 모이라 앞에서 숨을 쉬고 있어도 되는 것인지, 운명의 파괴력이 다시 우리에게 덮치는 것은 아닌지 불안해 한다. 모이라는 매우 고운 삶을 상징하는 비단실꾸러미를 가져온다. 운명의 여신이 고운 실로 짜게 된다면 매우 특별한 운명이 될 수 있다. 이제 그녀는 혼란스럽지 않다. 그렇게 동화는 말한다. 이제 파괴성과의 대결만이 남은 과제인 것이다.

실꾸러미를 가지고 낯선 왕자와 만난다는 것은 긍정적 운명의 결실이다. 그리고 운명에 대한 믿음이 얼마나 깊어졌는가를 말해주는 것이다. 공주나 왕자가 파트너를 선택할 때 궁극적인 결정권은 모이라에게 있다. 아무리 두 사람의 운명이 결합되어 있다 하더라도 동화 속에서는 왕자가 아주 하찮은 일을 빌미삼아 결혼을 거부하는 등의 이야기가 전개되는데, 그것은 집단적 관점에서 볼 때 운명의 훼방꾼인 모이라가 남성들의 삶에 영향을 끼치기 때문이다. 동화에서 결혼은 어떤 규범의 완성일 뿐만 아니라, 필연성을 띠는 행복한 합일을 의미한다. 삶이 발전하고, 자연의 결실이 맺어지는 것을 뜻한다.

이 동화의 핵심은 파괴성과의 대결이다. 파괴성이 배후에 숨어서 작용하게 되면, 공격과 상처의 대상은 모이라와 공주 둘 다인 것이다.

동화치료_

하이데는 「불행한 공주님」 동화에 매혹되긴 했지만 이 동화의 어떤 부분에 대해서는 비판적이었다. 모이라가 빵을 통해 변화된 것처럼 공주가 이제는 혼란스런 상태를 벗어났다고 볼 수 있다. 하이데는 공주의 모이라도 변해야 한다고 비판했다. 하이데가 동화치료에 필요한, 중요한 지적을 한 것이다. 이러한 지적은 중요하다. 공주의 모이라가 근본적으로 변하지 않는다면, 공주는 다시 모이라의 해묵은 파괴성에 빠지지 않을지 늘 노심초사해야 한다. 시칠리아 유사본인 「불행한 아이」에서 불행한 아이는 빵을 들고 세번이나 별나라 여자에게 간다. 세 번째에는 옷, 빗, 그리고 예쁜 소장품들을 가지고 간다. 결국 불행한 아이는 별나라 여자에게 몸을 던져, 그녀를 잡고 문지르자, 그녀는 머리에서 발끝까지 새 치장을 하게 된다. 그녀가 한 방에 변신한 것이다.

하이데는 동화의 주인공처럼 모이라의 인격적 파괴력을 상상하고 이와 대결하면서 그녀가 변하기를 기다리고자 했다. 하이데는 판타지를 연습하기로 결심했고, 이를 실행하기 위해 적극적 상상을 선택했다.

이러한 방법에서 중요한 점은 내적 인물상에 독자적 삶을 부여하면서, 역동적으로 표현하게 하는 것이다. 그러면 내적 인물상들은 실제로 독자적 삶을 띠게 되는데, 우리의 자의식으로는 그러한 삶을 전반적이거나 일부라도 조절할 수 없게 된다. 우리는 의식적 자아로서 이러한 형상과 접촉을 시도하게 된다. 이 배후에는 내적 형상이 바뀔 수 있다는 생각과 기대감이 깔려 있다. 그것은 이론적인 전제이기도 하다. 우리가 그 형상들과 결합하는 데 성공한다면, 내적인 형상만 변하는 것이 아니라, 자아 콤플렉스도 변하게 된다.

내담자의 당면문제와 연관되는 동화상에 대해 적극적 상상을 할 수 있다. 자유로운 적극적 상상과는 달리 동화는 판타지적 틀을 제시한다. 그 틀에 따라 판타지화하게 된다. 하이데는 '산' 장면을 상상하고자 했다. 그녀는 높고 성스러운 산에 있었는데, 모이라가 나타나지 않았다. 그때 그녀는 자신에게 모이라에게 줄 빵이 없다는 사실을 깨달았다. 그녀는 수치심을 견디지 못하고 하산했다. "내게는 모이라에게 줄 빵도, 선물도 없구나." 그녀는 다시 한 번 높은 산에 올라가고자 했다. 그리고 장기간의 시도가 필요하다는 생각도 하게 되었다. 그리고 그녀는 옷감장수 집 지하에서 보낸 첫날밤 숙박에 대해 상상했다.

적극적 상상_

나의 옷들은 옷감 소재가 아주 좋고 모두 내가 살아오면서 바느질 한 것들이다. 내가 수녀복을 입자 마치 보호받은 듯 기이한 느낌이 들었다. 적어도 모이라가 내 살을 직접 만지지는 않으리라. 나는 불안과 긴장감 속에 기다렸다. 그녀는 급히 서둘러 들어왔다. 검은 머리에, 헝클어진, 불결한 여자가 들어와 거기 있는 것들을 모두 찢어 발겼다. 나는 미칠 것 같았다. 나는 그의 팔을 붙잡으려고 달려갔다. 그러나 또 옷감이 찢어졌다. 그녀는 나를 밀쳐버렸다. 나는 빌고 또 빌었다. "제발 그만둬!" 무반응이다. "그만 둬! 이 미친 여편네야!" "그만둬, 그만두지 않으면 너를 찢어발길 거야." 슬픔이 나를 엄습했다. 그녀와 대화를 나누는 것이 쉽지 않았다.

적극적 상상 이후에도 슬픔은 계속되었다. 하이데는 자신의 무의미한 파괴적 욕망에 대해 슬퍼하는 한편, 상상 속에서 그녀가 바라던 바만큼 되지 않아서 속상해 했다. 그녀 생각에 자신의 파괴적 욕망은 동화 속에서보다 조금은 나은 상태인데, 그녀가 아마도 동화상을 너무 우선시한 것이 아닌가 하고 생각했다. 그녀는 차후 자신의 파괴적 욕망을 보다 자유롭게 전개시키기를 원했다.

나는 그녀가 모이라상 속에 자신의 파괴적 욕망을 각인시켰다는 인상을 받지 못했다. 내가 보기에 그녀는 자신의 파괴적 욕망을 접하면서 매우 상처를 입은 것 같았다. 이쯤해서 동화는 스스로 '퇴각'한다. 상처는 보상되지 않는다. 상처는 또 다른 실망과 상처의 씨앗을 보유하고 있다. 그래서 문제의 동화상과 거리화를 두어야만 치료가 이루어질 수 있다. 이러한 거리화를 통해 자신에 상응하는 심리적 의미를 오히려 잘 확인할 수 있다. 거리화는 문제를 상세히 다루도록 유도하기도 한다.

다음 번 만남에서 하이데는 자신의 파괴적이고 거칠고 사악한 측면에 해당되는 이름을 지었다. 그녀는 하이드룬이란 이름을 선택했는데(나는 내담자의 이름에서 익명의 이름을 도출해 내었다), 이 이름에 대한 하이데의 생각은 최근에 그 이름을 들어 본 적이 있고, 맘에 들었다는 것뿐이었다.

하이드룬은 게르만 민족의 태고적 염소 이름이다. 그 염소는 발할라에서 쓰러진 전사들에게 젖을 먹였다. 이러한 이름을 선택한 것으로 인해 매우 많은 이야기가 쏟아져 나왔다. 파괴적 욕망을 이야기하면서 하이데는 자신이 파괴적이며 '야수적'이라고 했다. 이 염소는 쓰러져 있는 전사자에게 젖을 먹임으로써, 싸우다가 기진맥진한 남성들을 양육하는 모성적 기능을 담당했다. 하이데는 분명 양육적 의미를 띠기도 한 이 '파괴적 욕망'과 남성전사를 결합시켜 나갔다. 하이드룬은 비록 신화적 염소이긴 하지만, 꽤 제멋대로인 염소가 아닌가 싶다.

물론 이런 식의 이름은 내담자의 소망에 따른 이름이라 할 수 없다. 하이데는 계속 상상했다. 이때 그녀의 삶에 대한 회상은 매우 중요한 역할을 했다. 그녀에게 언제나 떠오른 생각은 그녀가 파괴적이라는 것, '절망적 쾌락'을 즐기며 방자하게 굴었다는 것이었다. 특히 그녀를 우울하게 만든 것은 그녀에게 가장 소중했던 어머니와의 관계에서 파괴적이었다는 점이다. 그녀는 어렸을 적의 행동에 대해 이해했고 어머니를 생각하면서 사과했는데, 몹시 우울해 했다. 그녀는 날마다 덜 파괴적이 되려고 애써가며 치료를 받아갔다. 그녀는 자신이 파괴적이라는 사실을 오랫동안 알고 있었다. 그녀는 자신의 상처입은 감정을 대담함과 극기로 이겨내지 못할 때면 어김없이 파괴적이 되었다. 성장기에 입은 상처로 인해 그녀는 아주 쉽게 상처를 받았다. 그녀는 그런 증세가 재발하지 않도록 노력하는 대신, 하이드룬을 자신의 한 측면으로 인지했다. 말하자면 그녀는 사람들과 관계를 맺을 경우, 특히 그녀에게 의존하는 사람들을 배려하려고 했다. 그녀는 치료 또는 치료사인 나, 아니면 이 둘 다를 폄하하려고 한다는 점을 확인하게 되었다. 치료를 받으면서 자신의 문제점을 확인하려고 애썼다. 이러한 가치폄하적 사고로 인해 우리는 동화치료에서 한 발 물러서게 되었다.

드디어 그녀가 확인한 사실은 동화 속의 공주가 모이라와 직접 대결을 벌이지는 않았다는 것이다. 착한 왕비의 집에 머무르는 것은 중요했다. 옷감장수 집과 유리장수 집에 머물면서도 공주가 파괴적이지 않았던 점들을 회상해 보았다. 그러나 왕비의 집에 머무르면서, 공주는 사실상 치료되기 시작했다. 그녀에게 치료사인 나는 왕비를 의미했다. 왕비는 공주를 이해하기는 하지만 판단하지는 않았고, 그녀를 보호하되 자신과 타인 앞에서, 무엇보다도 매사에 비판적인 그녀에게 방패 역할을 해주었던 것이다.

나는 건설적인 전이를 선행이라고 본다. 내담자인 그녀와 치료사인 왕비의 관계에서는 긍정적인 모성 원형을 체험할 수 있다. 그녀가 이제까지처럼 나를 폄하하기보다 이상화한다는 것이 확인되었다. 그러나 이 단계에서 치료적 관계는 긍정적 모성콤플렉스적 역할이 가능한 것처럼 보였다.

물론 문제는 여전히 남아 있었다. 하이데도 어떤 의미로든 간에 동화과정과 일치하는 진주자수를 놓아야 할까? 그녀는 수를 놓거나 그림을 그리려 하지 않았다. 그녀는 벽에 걸린 양탄자에서 어느 견습공 소녀의 전 생애를 회상했다. 그녀는 그 그림에 무척 감명을 받았던 모양이다. 삶의 이야기가 양탄자에 묘사됨으로써 이야기에 객관성과 타당성이 부여되는 것 같았다. 우리가 합의를 본 것은 그녀가 자신의 삶을 한 번 더 회상해 보면서 비판하는 것이 아니라, 공감과 애정을 가지고 성찰해 보자는 것이었다. 그녀는 그렇게 했다. 그러면서 그녀는 훨씬 더 좋은 엄마가 될 수 있었다. 그녀는 이와 같은 말을 남기게 되었다. "어머니에게 줄 약을 얻기 위해 약사에게 약간의 거짓말을 둘러대는 내 모습을 이제서야 확인하게 되었는데, 그 순간 나는 마음이 진정되면서 두 팔로 나를 사랑스럽게 어루만졌다."

이런 회상을 거쳐 그녀는 자신과 대한 존경심을 되찾게 되었다. 그리고 비극적 운명과 그 파괴성에도 불구하고 자신이 이루고 실현했던 모든 것에 대해 경의를 표했다. 치료과정을 마치면서 그녀는 이런 말을 남겼다. "나는 빵이 있어요. 내 운명으로 구워낸 빵이에요. 나는 수유할 수 있어요. 이제 나는 모이라에게 갈 수 있어요."

그녀가 의미하는 빵은 자신의 삶으로 만들어낸 것일 뿐만 아니라, 자신의 파괴성으로 인해 겪었을 고통의 과정에 대한 이해를 의미하며, 파괴적 충동에 대한 일종의 거부를 의미한다. 바로 그것이 그녀의 빵이 의미하는 상징이었던 것이다. 그녀에게 빵은 삶이요, 파괴, 즉 죽음이기도 했다. 이제 그녀는 산에 오르고자 했다. 치료를 시작한 지 반 년이 흘러 그녀는 산에 사는 모이라를 찾으러 길을 나섰다.

> 나는 장시간 등산을 한다. 나는 하이드룬과의 만남에 마음을 집중한다. 하이드룬이 거기 서있다. 그녀는 나를 기다리고 있고, 얼굴에는 불쾌한 표정이 역력하다. 그녀는 내가 겸손해지기를 바란다. 나는 그녀의 표정에 흔들리지 않을 것이다. 나는 그녀에게 빵을 준다. 그리고 나를 파괴적으로 되지 않게 해달라고, 내 운명

을 바꿔 달라고 사정한다.

"내 빵을 드셔 보세요. 맛있어요. 호두를 넣어 구웠어요. 눈물로 반죽해 구운 거에요."

"난 네 빵이 필요하지도, 원하지도 않는다."

그녀는 빵을 들어 내 발 앞 쪽을 향해 던진다. 난 심한 모욕감과 굴욕감을 느껴, 그녀에게 빵을 다시 던지고 싶은 기분이 든다. 그러나 나는 내 감정을 억누른다. 그녀가 내 말을 들어줄 리가 없다.

갑자기 새 한 마리가 우리의 머리 위를 맴돈다. 내게 용기를 준다. 난 다시 그녀에게 빵을 던진다. 그녀가 그걸 들고 먹는다. 그녀는 산으로 들어간다.

"기다려!" 그녀가 그렇게 말한다.

나는 하이드룬을 기다리면서, 훨씬 긴장이 풀리고 희망을 품게 된다. 그녀가 다시 돌아 온다. 머리 빗질을 잘 하고, 여전히 거칠어 보이지만 깔끔해 보인다. 그녀가 내 맘에 든다. 그녀가 나를 골짜기로 데리고 간다…

이후 몇 달이 흘러 모이라에 대해 적극적 상상을 하게 되었다. 사악한 하이드룬은 사실상 거친 야생성을 드러내고, 그녀의 파괴욕은 건설적인 공격적 희열을 드러내었다.

하이데는 그녀가 이러한 파괴적 욕망 가운데서도 대단한 집중력을 띠면서 삶의 구심점을 찾아갈 줄 안다는 것을 체험하게 되었다. 그녀는 이 파괴적 욕망이 자신을 잃지 않고 살아있게 하는 유일한 가능성이었다는 것도 배웠다. 바로 이러한 파괴적 욕망 가운데 삶의 구심점을 찾고 고수하는 노력을 멈추지 않았던 것이다.

하이데는 자신의 상처를 매번 인지하는 가운데, 타인의 행복이 그녀에게 상처를 준다는 것을 확인했다. 왜냐하면 그녀는 배제, 격리, 상실을 불행을 야기시키는 요인으로 받아들였기 때문이었다. 그리고 그녀가 스스로 상처받았다고 느낄 때 긍정적인 사고를 하면서 마음의 중심을 잡아 가는 방법을 익히게 되었다. 하이드룬 이름을 적극적 상상에 도입하면서 그녀는 자기 집중의 가능성을 체험했다. 그녀가 점차로 타인과 관계를 맺게 되고, 거기서 느낀 기쁨 또한 그녀에게 큰 도움이 되었다.

놀라운 점은 하이데가 모이라에서 제2의 자아ein alter-ego를 찾아냈다는 것이다. 제2의 자아는 내적 과정을 제시하는 인물을 의미하는 것이 아니라 인격의 가장 강력한 측면을 완결해 주는 존재다. 이러한 인격을 완결시켜 가는 가운데 그녀의 창조적 기질은 자신의 삶에 통합하게 되고, 파괴적 욕망은 조절 가능하게 되었다. 제2의 자아와 통합하면 할수록 하이데는 그녀의 파괴적 욕망에 대해 책임감을 느낀다는 점이 드러났다.

동화 속 운명의 여신은 인간의 내적인 인물상이 되면서 신적인 특징을 잃어버렸다. 비록 모이라가 신성을 띠지는 않지만, 나는 동화를 다루면서 치료적 측면에서 필요한 인물상으로 보았다.

그녀는 운명의 부인에 대한 생각을 떨쳐 버리지 못했다. 하이데의 파괴적 욕망에 대한 치료는 그녀 가족에게 덮친 나쁜 운명에 대한 치료이기도 했다. 그녀는 파괴적 욕망이 어머니나 아버지의 삶 속에서도, 비록 모두 다른 방식일지라도 중요한 역할을 했다는 것을 알게 되었다. 파괴적 욕망에 대한 치료는 그녀에게 즉효했다. 그것은 인격적 병리학에 의한 치료일 뿐만 아니라, '모이라'에 대한 치료이기도 했다.

마무리 글

나는 이 책에서 여러 사례를 통해 동화의 치료 가능성을 점검해 보았다. 동화 해석 방법과 동화치료 방법을 제시해 보고자 한 것이다. 여기서 제시한 나의 방법은 상징 해석법과 일치한다.

여기서 제시된 사례들이 최상의 것이라고 볼 수는 없다. 지난해 내가 했던 상담치료 과정의 결과일 뿐이다. 치료사례를 선발하는 기준은 공개 여부를 원치 않을 경우 배제시키는 선에서 결정되었다.

나는 오랜 기간 동안 동화치료를 해 왔는데, 동화치료의 성공은 올바른 동인에 알맞는 동화를 찾을 때 가능했다. 또 이러한 동인들이 강화되거나, 그 침체의 늪에서 빠져나올 때 치료가 가능했다. '적절하지 않은 시기'에 동화를 제공할 경우 내담자들은 언제나 싫증을 냈다. 또한 내담자의 상황과 그의 무의식적 상황을 거의 반영하지 않을 경우도 그러했다.

치료는 상황에 따라 언제나 달라져야 한다. 치료사와 내담자는 공동으로 동화치료에 임해야 한다. 치료사의 관점과 가치는 변화 가능하다. 대부분 오랜 기간이 지난 후에야 해결단계가 나타난다. 그럼으로써 내담자에게 보다 많은 자율성이 주어진다.

동화치료에서 상징적 과정은 위니코트Winnicott적 의미에서 '대상관계'가 된다.• 작은 아이가 혼자 있을 때 토끼를 손가락으로 만지는 것처럼, 이 토끼는 엄마의 상징이 된다. 엄마와의 관계에서 맺어지는 연대적 쾌감을 상징한다. 스스로 쾌감을 누린다는 증거다. 어떤 상징이 대상관계가 되며, 상징작업은 대상관계와의 작업이 된다. 상징작업은 치료사를 대신한 것으로 간주되기도 하며, 제시된 바의 배후적 사실, 즉 상징의 중요하고 근원적 의미를 애써 밝히는 것이 된다.

동화상들과 접촉하면서 중요한 의미를 체험하게 되는데, 개인적 이야기나 개인적인 고통이 보다 확충된 연관선 상에서 확인되고, 인간적 경험 속에서 반영된다. 그러는 가운데 개인적 이야기나 개인적인 고통은 새로운 의미를 띠게 된다.

또한 동화의 남여주인공에 대한 전이가 이루어진다. 내담자는 동화나 동화 속 인물의 발상, 그리고 치료사를 통해 도움을 받게 된다. 동화의 남녀주인공와 동일시하는 가운데 어떤 결단을 내려 창조적인 작업을 시험해볼 용기를 얻게 된다. 그러할 때 실제로 "원형 캡슐의 희망"이 열리게 되는 것이다.

동화치료는 자율로 가는 과정이다.•• 삶의 상황을 보다 창

• Winnicott D.H.: Von der Kinderheilkunde zur Psychoanalyse. München 1983.

•• Vgl. Kast V.: Wege zur Autonomie. Märchen psychologisch gedeutet, a.a.O.

조적으로 형상화하는 과정이다. 우리가 제시한 대부분의 사례에서는 발전과정이 제시되었다. 「용감한 꼬마재단사」는 아주 이례적 경우였다. 그 내담자에게 동화치료는 전혀 다른 방식으로 진행되었다. 그 내담자의 상호매개 공간은 확신감으로 가득 차 있었다. 이 공간 속에서 그의 견해나 행동이 불과 몇 편의 동화를 통해 결정되어 있음을 확인할 수 있었다. 그 다음 단계에서야 비로소 문제에 대한 대화가 시작될 수 있었다.

모든 내담자와 치료사에게 가장 중요한 것은 동화 속에 나타나는 상징의 상상적 형상들이다. 동화는 전 줄거리 가운데 어떤 구조를 제공하고 있는데, 동화의 구조는 무시될 수 있을지 모르겠지만 상징의 상상적 형상들은 고유한 판타지에 대한 보호막을 제공해주기에 충분했다.

상징의 상호매개 공간, 즉 상징적 과정 형성은 동화 속에 이미 묘사되어 있다. 따라서 이러한 공간 체험과 이와 연관된 감각적 능력과 경험은 동화치료에 중요한 의미로 다가왔다.

번역을 마치며

이 책의 원래 명칭은 『Märchen als Therapie』이다. 저자인 베레나 카스트Verena Kast는 「국제분석심리학회Internationale Gesellschaft für Tiefenpsychologie」 회장직을 역임하고 있는 한편, 스위스 츄리히 대학 심리학 교수이자 이 대학의 융 연구소에서 강의와 심리치료를 맡고 있다. 또한 그는 자신의 심리치료센터를 상트 갈렌St. Gallen에 개원하여 심리치료사로 활동하고 있으며, 저술에도 활발한 활동을 보여주는 매우 의욕적인 여성 심리학자이다. 그의 저서가 우리나라에 소개된 것은 1994년이다. 『동화 속의 남자와 여자』와 『어른이 되는 이야기』가 이진우와 박미애의 공역으로 번역된 바 있고, 최근에는 그의 책들, 『애도』와 『나를 창조하는 콤플렉스』, 『꿈』, 3권이 더 번역 · 출판되어 그에 대한 인식의 폭이 점점 확대되고 있음을 보여준다. 독일에서 그가 쓴 책에 대한 인기는 대단하다. 특히 『동화와 심리치료』는 1986년 초판 이후 여러 판 거듭 간행되는 등, 독일에서 그의 책은 꾸준한 베스트셀러로서 대중적인 인기를 누리고 있다.

그는 마리 루이제 폰 프란쯔Marie-Louise von Franz 이후, 잉

그리드 리델Ingrid Riedel과 함께 융 심리학의 계보를 잇는 심층심리학자이다. 리델이 미술치료에서 기여의 폭을 넓히고 있다면, 카스트는 동화치료에 더 많은 관심을 두고 있는 것으로 볼 수 있다. 그의 동화치료에는 문학작품이나 성서, 동화, 신화, 인류학, 심리학, 철학 등 인류의 정신 문화 자료들이 총망라되어 있다. 그는 스스로 동화치료사를 자처하고 있다. 그의 동화치료는 융의 심층심리학적 확충 방법에 따른 것인데, 심리적 사례를 이에 적합한 동화와 연계시키는 것이 특징적이다. 카스트는 동화에서 제시되는 주제나 모티브, 동화상 등을 중심으로 그 상징적 의미를 해석하고, 인류 정신의 보편적 요소들을 확인하면서 이를 심리 치료에 적용하고 있다.

이 책에서 카스트는 동화치료에 대한 여러 사례들을 제시하고 있다. 치료 사례로서 분석된 동화는 「빨간모자Das Rotkäppchen」, 「용감한 꼬마재단사Das tapfere Schneiderlein」, 「눈의 여왕Die Schneekönigin」, 「사랑하는 로란트Der liebste Roland」, 「흰 셔츠 · 무거운 칼 · 황금반지Das weiße Hemd, das schwere Schwert und der goldene Ring」, 「불행한 공주님Die unglückliche Prinzessin」 등이다.

「빨간모자」장은 38세의 여성 안젤라를 150시간 동안 치료한 사례를 담고 있다. 안젤라에게 그림Grimm 동화 「빨간모자」는 유년시절부터 가장 좋아하는 동화였다. 카스트는 내담자의 이야기를 듣는 즉시 「빨간모자」를 연상하게 되었고, 「빨간모자」에 나타난 인물들의 인간 유형을 중심으로 상담을 진행한다. 할머니와 어머니, 그리고 딸의 가족 체계에 늑대가 개입되고, 사냥꾼이 문제 해결을 담당한다는 것이 이 동화의 대체적인 줄거리이다. 카스트는 동화 속에 내장되어 있는 심층심리학적 해석 가능성을 분석하면서, 「빨간모자」가 담고 있는 심층적이고 복합적인 해석을 제시한다. 안젤라와 늑대, 즉 남성 간의 관계 발전과정이 내담자의 꿈 분석, 적극적 상상, 그림 그리기 등을 통해서 동화가 재구성된다. 카스트는 빨간모자의 순진무구한 태도와 탐욕스러운 늑대상이 보여주는 심리적 심층구조를 심리 치료에 연계시킨다. 그는 이성관계에 대한 안젤라의 대처능력을 복원시키고 활기를 부여함으로써 심리적 치유 가능성을 제시하고 있는 것이다.

다음 장에서 분석되는 것은 그림동화 「용감한 꼬마재단사」이다. 내담자는 세 번의 이혼 경험이 있는 45세의 남자이다. 「용감한 꼬마재단사」는 그의 어린 시절, 아버지가 그에게 즐겨 들려주었던 동화였다. 특히 아버지의 친구가 그를 신동이라고 부른 이후, 이 동화는 그에게 운명적인 것이 된다. 동화 속의 꼬마재단사는 빵에 발라 놓은 잼을 빨아먹고 있는 파리 일곱 마리를 한 방에 때려잡는다. 이러한 일이 있은 후, 그는 자신의 능력에 대한 자의식을 갖게 된다. 이 동화는 그가 특히 거인이나 왕과의 대결에서 자신의 영웅적 능력을 드러내야 한다는 강박관념을 드러내고 있음을 보여준다. 그러나 그는 거인의 과대망상적 약점을 알아채고 재치와 술수로 거인의 허점을 찔러 거인을 자유자재로 조종하는 사기꾼 기질이 농후한 인물에 불과하다. 카스트는 여기서 이 동화 속에 나타나는 혁대나 일각수 등에 대한 신화적 상징 해석을 통해서, 꼬마 재단사의 행동을 보다 심층적으로 이해할 수 있음을 보여 준다. 심리 치료사 카스트는 내담자가 오랜 세월 동안, 동화적 언어 위주의 간주관적 의사소통 공간에서 살아온 사실을 간파한다. 카스트는 내담자가 안고 있는 문제들이 그가 알고 있는 몇 개의 동화언어를 통해 표현될 수 있다는 사실을 알아낸 것이다. 그는 동화를 치료의 의사소통 도구로 삼는다. 카스트는 이 장을 통해서 일 년 반에 걸쳐 대략 70시간의 치료과정 끝에 내담자의 결혼과 인격상의 문제점을 파악하고 그 해결점을 제시한다.

다음 동화는 유명한 안데르센H. Ch. Andersen의 「눈의 여왕」이다. 이 장은 51세의 여성 이사벨이 즉흥적으로 떠올린 동화 모티브를 중심으로 심리치료가 이루어진 경우이다. 그녀는 「눈의 여왕」이외에 「작은 인어공주」, 「백설 공주와 일곱 난쟁이」, 「잠자는 숲 속의 공주」, 「알리바바와 40인의 도둑」, 「유리병 속의 유령」 중에서 자신에게 떠오르는 동화의 장면을 이야기하고, 여기에 나타난 동화상이나 그 모티브를 중심으로 동화 글쓰기를 하게 된다. 「눈의 여왕」에 나오는 카이와 게르다는 눈과 얼음의 경직 모티브를 경험하게 되면서, 장미꽃이 넝쿨진 마을을 배경으로 마냥 영원할 것 같은 우정에 금이 가 이별하게 된다. 카이를 찾기 위한 게르다의 눈물겨운 노력과 깨어진 얼음 조각으로 '영원'이라는 단어를 맞추는 놀이를 하는 가운데, 둘의 사랑에 대한 과거의 기억이 온전히 회복된다는 것이 동화의 내용이다. 「작은 인어공주」에 나오는 벙어리 상황과 걸을 때마다 아픈 발, 「백설 공주와 일곱 난쟁이」의 독 묻은 사과, 「잠자는 숲 속의 공주」에 나타나는 잠 모티브와 가시울타리의 변화 장면, 「알리 바바와 40인의 도둑」에 나오는 보물 동굴 장면 등, 카스트는 여기서 이들 동화에 대한 이사벨의 글쓰기 과정이 '유리병 속의 유령'을 얻은 것처럼 그녀의 빈약한 염세적 삶에 정신적 다양성과 풍요로움을 제공하게 하여 스스로 자신의 심리적 치유가 가능하도록 하고 있다.

그림 동화 「사랑하는 로란트」는 그룹별 동화치료의 사례로 활용된다. 그룹별 동화치료는 동화의 세계를 일정한 그룹 안의 구성원들에게 체험하도록 하고, 이를 통한 그들의 다양한 정신적 변화를 심리치료와 연계시키는 것을 말한다. 여기서는 15명이 한 그룹이 되어 동화의 스토리 전개와 심리적 장면에 따라 소그룹을 짜고 동화 체험을 심화시켜, 한 번에 3시간씩 5회 진행된 사례를 소개하고 있다. 이 동화에 나타나는 계모와 두 딸, 앞치마, 마술봉, 마술신, 오리, 호수, 가시울타리, 바이올린 연주, 길 가의 돌, 꽃, 양치기, 흰 천, 상자, 노래 등은 매우 익숙한 모티브이자 동화상들이다. 카스트는 이들에 대하여 그룹별 역할극과 적극적 상상, 동화 글쓰기 등으로 문제 구성과정에서 떠오른 형상들이 인간의 보편적인 문제들과 결부되어 있고, 그것이 동화가 궁극적으로 제시하려는 의미와 일치하고 있음을 밝혀 준다.

다음 동화는 볼프J.W. Wolf의 『독일 가정동화집Deutsche Hausmärchen』에 수록된 「흰 셔츠 · 무거운 칼 · 황금반지」이다. 카스트는 여기서 꿈과 동화의 유사성에 주목한다. 그는 동화가 환기하는 기대지평과 꿈이 암시하는 희망의 지평을 확인하고 이를 치료과정에 도입한다. 내담자는 35세의 교사 피터이다. 카스트는 피터의 꿈 속에 나타나는 배 모티브를 치료과정에 도입한다. 그는 피터의 꿈 속에 나오는 배 모티브가 이 장에서 분석되는 「흰 셔츠 · 무거운 칼 · 황금반지」의 동화적 정황과 유사하다고 파악한 것이다. 그에 의하면 이 동화 속에 나오는 왕비, 유혹, 노인, 공주, 사자굴, 성, 홍옥, 여관 등은 피터의 심리적 구조를 구성하는 형상들이며, 그러한 구조가 갖는 문제적 정황을 암시하고 지시하는 기호이다. 따라서 동화가 보여주는 '흰 셔츠', '무거운 칼', '황금반지' 등이 갖는 상징적 마법은 그러한 문제적 정황이 해결될 수 있다는 가능성을 암시한다.

『그리스 동화Griechische Volksmärchen』에 나오는 「불행한 공주님」은 '운명 바꾸기'의 사례로 다루어지고 있다. 37세의 법학도인 하이데는 어린 나이에 아버지를 사고로 여읜다. 이때부터 하이데의 가정에는 불행이 찾아오는데, 불안한 환경은 그를 타인과의 관계에서 파괴적 성향으로 만들었다. 카스트는 동화 「불행한 공주님」을 통해서 하이데에게 인간의 운명은 영구히 고정되어 있는 것이 아니라, 변화가 가능한 것임을 보여주고자 한다. 그가 운명에 대항함으로써 자신의 정신적 장애를 스스로 치유할 수 있다는 확신을 갖도록 하는 것이다. 카스트는 「불행한 공주님」이 운명을 바꿀 수 있는 방법을 제시하고 있다고 파악한다. 불행한 셋째 공주가 운명을 바꾸는 과정에는 왕비(친모), 셋째 딸, 유리, 천, 또다른 왕비(대모), 모이라, 실꾸러미, 운명의 산, 소금과 빵 등이 나타나면서 인물들과 모티브들의 긴장과 갈등이 고조되고 있다. 하이데는 동화의 세계와 그 전개과정을 체험하고 이에 대한 적극적 상상을 활용함으로써 자신의 운명과 대결하는 것이 자신을 스스로 치유하는 방법임을 깨닫게 된다. 카스트는 이 장에서 동화에서만 가능한 것으로 알고 있었던 '운명 바꾸기'가 1년 후 하이데에게도 실제로 가능했음을 보여준다.

카스트가 이 책에서 의도하는 것은 동화의 치료 가능성을 사례별로 점검해 보는 것이다. 그에게 동화 해석 방법은 동화치료의 방법이면서 심리치료의 방법이다. 그런 의미에서 동화에 나타난 상징을 해석하는 방법과 이에 대한 탐구는 이 분야의 핵심으로 보인다. 여기에 덧붙여 주목해야 할 사실은, 카스트가 심리치료에서는 상황에 따른 가변성과 오랜 시간을 요하는 인내와 치료의 지속성을 강조하고 있다는 사실이다. 치유와 해결은 더디고 느리며, 내담자에게는 보다 많은 자율성이 부여되어야 함을 카스트는 주장하고 있다.

독일 심리치료사 토마스 쉐퍼Schäfer는 자신의 동화치료 경험담을 이렇게 고백한 바 있다. "동화는 어떤 해석을 시도하고 학문적 근거를 제시하려고 하면 할수록 그 수고가 점점 더 공허해지고 불만족스러워진다". 그의 이러한 고백은 동화와 신화가 정신의 현상학이며, 인간의 '영적 지도자spiritus rector' 임을 지적한 융을 연상시킨다. 그러므로 치유적 활동은 우리들의 판단에 맡겨두기보다 오히려 동화나 신화의 활동성에 양보하는 것이 보다 고유하고 확고한 치료방법이 될지도 모른다는 주장도 가능하다. 그러나 동화나 신화가 인류의 정신현상을 기술한 것이라면, 그리고 그것이 인류의 치유에 기여할 수 있다고 믿는다면 그것을 읽고 즐기고 수용하는 것에만 그칠 수는 없다. 그것에 대한 우리의 이해를 심화시키고, 그 본질을 탐구한다는 것은 대단히 가치있는 노력임에 틀림없다. 동화에 드러나 있는 상징과 그 상징의 형성과정에 대한 이해의 폭을 넓히고 심화시키려는 노력은 바로 우리 삶의 확충과 풍요로움과 관련되어 있기 때문이다. "원형들은 형상, 변형, 의미의 무한한 환담이 자연스레 합주되는 가운데 드러나는 것"이라고 융은 말한 바 있다. 그 원형들의 목소리에 귀기울일 수 있다는 것은 모험적이면서도 즐거운 일이다. 혹시 자기 본연의 '자기'를 만나는 신비의 체험이라면 더더욱 소중한 것이 되지 않겠는가.

끝으로 이 책이 나오기까지 많은 도움을 주신 이종백 선생님과 곽은희 선생님 외 영남대 출판사 관계자 여러분과, 대학원 수업에서 카스트의 책을 함께 읽고 토론했던 손경혜 양, 그리고 교정에 도움을 준 손양 이하 여러분들에게 감사의 말을 전하고 싶다. 끝으로 번역의 어려움을 이해하고 묵묵히 내 옆을 지켜주면서 나의 부족한 점에 대해 따가운 질책을 아끼지 않는 최학출님과, 사랑하는 두 아들, 원석, 원주에게 이 책을 바치고 싶다.

동화와 심리치료
Märchen als Therapie

초판 발행 _ 2008년 9월 5일
초판 2쇄 _ 2010년 8월 10일

지은이 _ 베레나 카스트
옮긴이 _ 최연숙
펴낸이 _ 이효수
펴낸곳 _ 영남대학교출판부
디자인 _ GukjeAD

출판등록 _ 1975년 9월 5일 경산 제16-1호
주소 _ 경북 경산시 대동 214-1
전화 _ 053) 810-1801~3
FAX _ 053) 810-4722
홈페이지 _ book.yu.ac.kr

ISBN 978-89-7581-352-8 93180

*값은 표지 뒷면에 있습니다.
*잘못 만들어진 책은 바꾸어 드립니다.